津軽弘前城之絵図（写真提供：弘前市立博物館）

大学的青森ガイド
——こだわりの歩き方

弘前大学人文社会科学部 編
羽渕一代 責任編集

昭和堂

遮光器土偶（成田コレクション、写真提供：弘前大学北日本考古学研究センター、撮影：小川忠博）

赤漆塗壺（秋田県中山遺跡、写真提供：弘前大学北日本考古学研究センター、撮影：小川忠博）

赤彩壺とりあげ状況（写真提供：上條信彦）

八戸タワーと長根リンク（1959年頃・青森県所蔵　県史編さん資料）

恐山地蔵堂（明治末期・青森県所蔵　県史編さん資料）

旧弘前市立図書館

旧第五十九銀行本店本館（青森銀行記念館）

奥薬研温泉・夫婦かっぱの湯（写真提供：呉書雅）

黄金崎不老ふ死温泉

「哲学は驚きに始まる」
――『大学的青森ガイド』刊行に寄せて

弘前大学人文社会科学部長　今井正浩

この度、昭和堂より『大学的青森ガイド―こだわりの歩き方』が刊行される運びとなったことは、大変喜ばしいことであります。本書は、日本の各地域に位置する大学等において教育研究に携わっている教員・研究者たちがそれぞれの専門分野の知見等を活かしながら、各地域の特色や魅力を強くアピールしていくことを目的としたユニークな出版企画の一つであります。

読者の皆さんは青森県に対して、一般的に、どのようなイメージをお持ちでしょうか。首都圏からみると、青森県は地理的には「本州の北端に位置する県」ということになります。その一方で、歴史文化的には、青森県は全国でも非常に魅力的なエリアの一つに数えられます。青森県を中心として、北東北全域から、津軽海峡を挟んで、北海道の南岸一帯にかけて広く分布している縄文遺跡群は、我が国の歴史の黎明以来、この地域が日本屈指の物流の拠点の一つであったという事実、文化的にも非常に創造性豊かな地域の一つであったという事実を物語っています。青森県の祭と言えば、毎年夏に開催される「青森ねぶた祭」「弘前ねぷた祭」「八戸三社大祭」等が有名です。青森県の各地域を代表するこれらの祭行事も、非常に長い歴史を重ねることによって、現在のような姿形に進化していったということに思いを馳せるとき、まさに「ローマは一日にして成らず」という諺にあるように、この地域特有の歴史文化の重みを実感せずにはおれません。わたくし自身は、今から二三年前、一九九六年四月に、西洋古典学（ヨーロッパの文化的源流の一つである「古代ギリシア・ローマ」の歴史・政治・経済・社会・文学・思想・芸術等を専門に研究する学問）の専任教員として、弘前大学人文学部（当時）に赴任してきました。北国特有の厳しい自然の中で、多くの先人たちによって長い年月をかけて育まれてきた豊かな歴史文化に深い感銘を受けました。

本書は、豊かな歴史文化資源に彩られた青森県の過去と現在、その先に見えてくる青森県の未来像を示すことを通して、青森県の魅力を一人でも多くの方々に共有していただきたいという思いの詰まった「ガイドブック」であります。ただし「大学的」という形容語が付いているという点が、通常の「ガイドブック」と異なっています。「執筆者一覧」をご覧いただくとわかりますが、わたくしの同僚にあたる弘前大学人文社会科学部の教員・研究者諸氏を中心として、本学の教員・研究者が執筆者の大多数を占めています。

いささか手前味噌な話になりますが、これほどの学術レベルの教員・研究者が出揃い、各人の専門性・学問性にしっかりと根ざしながら、全員が一致して青森県の特色と魅力をアピールするという企画は、きわめて珍しいものであります。この点については、本書出版のための企画立案の初段階から、執筆者にあたる教員・研究者や出版元との間の交渉等に尽力されてきた羽渕一代先生（本学人文社会・教育学系教授、専門は情報メディア論）に負う所が大きく、彼女の奮闘ぶりには本当に頭の下がる思いです。

ここで、本書の内容について、ごく簡単にご紹介しておきたいと思います。

第一部では「青森という場所」をテーマとして、いわゆる地政学的な観点から、青森県特有の「風景」を掘り起こすことを意図しています。第二部は「青森県の歴史」をテーマとして、青森県が全世界に誇る縄文遺跡群を出発点として、寄り道も含んだ「青森県の歴史散歩」の中で出逢う様々な文物の魅力を伝えることを意図したものであります。第三部は、青森の民俗・方言・文学・音楽・美術・食（りんご）等、青森特有の文物を介して「青森県の愉しみ方」を伝授することを目的としています。第四部では、自然環境と人々の暮らしとが融和した「生活大国」青森の過去と現在の姿を、さまざまな生業（なりわい）を通して描き出すことを意図しています。

本書は、青森県に縁もゆかりもない方に、本書をきっかけとして、青森県の特色と魅力を共有していただくことを主な目的としています。また同時に、郷土の方々にもご一読いただくことを強く希望するものであります。冒頭に引用したのは、アリストテレス（前三八四年―前三二二年）の『形而上学』の一節であります。この一節の中で、アリストテレスは、一見して何の変哲もない日常の風景の中にこそ、「哲学」（ピロソピアー）の契機となる「驚き」（タウマ）の対象が隠されているということを教えています。本書が青森県の方々にとっても、郷土の「再発見」につながりうる起爆剤となるとしたら、わたくしたちにとって、これ以上の喜びはありません。

二〇一八年　秋

校舎中庭の木々が紅葉し始める頃

第*1*部

青森という場所

地理情報科学のツールでみる青森県

増山　篤

はじめに

本書では、弘前大学に籍を持つ研究者が、各自の専門的な見地から、青森の魅力や特徴を紹介していく。最初の章でもあるので、この章では、青森県という県がどのようなところか概観していきたいと思う。

筆者が専門とするのは、地理情報科学と呼ばれる分野である。耳慣れない分野名かと思われるが、一言で言うと、「地図に記載されるような情報をコンピュータで効果的に扱う技術とその応用」について研究する分野である。そこで、この分野を専門とする筆者ならではの青森県の特徴紹介を行ってみたいと思う。昨今では、地理情報科学研究の成果として、さまざまなソフトウェアやデータが容易に利用可能となっている。これらソフトウェア・データを活用し、人口、交通、地形という点における青森県の特徴を、なるべく直感に訴えかけるように示してみたいと思う。

1 人口

図1は、青森県全体の広がりや形を示した地図である。県の北西には津軽半島があり、北東には鎌のような形の下北半島がある。そして、これら二つの半島に囲まれるようにして陸奥湾がある。大雑把に言って、県の西側は津軽地方、東側は南部地方と呼ばれる。おそらく、他の都道府県と比較しても特徴的な形状であり、ここで図を載せるまでもなく、青森県の概形は広く認識されているものと思う。二〇一八年一〇月時点において、青森県内には、四〇の市町村が存在する。図1には、青森県内四〇市町村の市町村界も示されている。

図1を作成するにあたっては、QGIS(https://www.qgis.org/ja/site/よりダウンロード可)というフリーのソフトウェアを利用している。また、ESRIジャパンが無償で配布する「全国市町村界データ」を利用している。この図で表示された四〇市町村の中には、さまざまな規模のものが存在する。そして、中心都市としての役割を果たす比較的大規模なものから、その逆に位置付けられる小規模なものまでである。市町村規模を表す上で、おそらく最も一般的に用いられる指標は、それぞれの人口であろう。そこで、各市町村の人口規

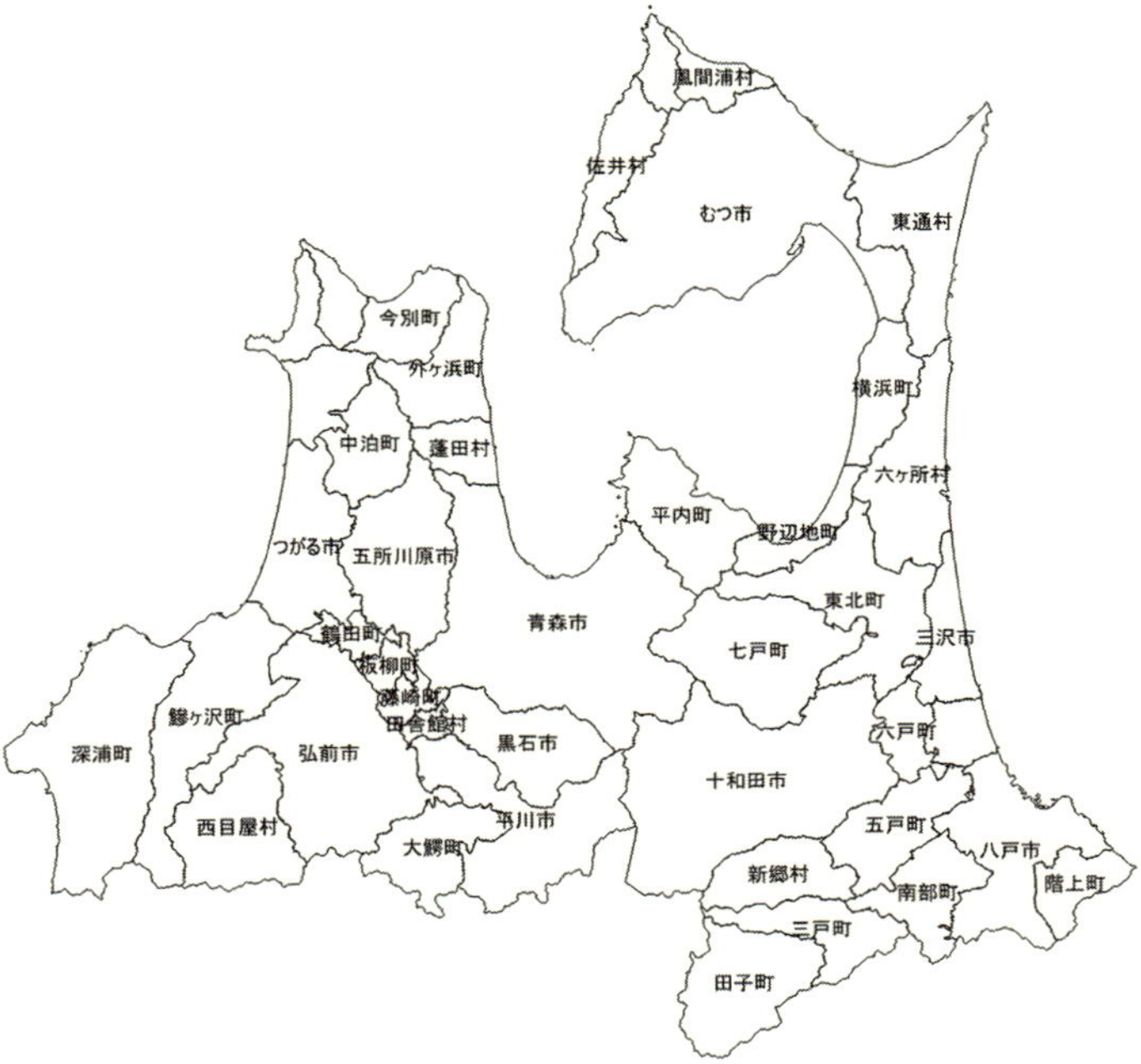

図1　青森県市町村

表1　各市町村人口

市町村名	人口
青森市	293066
弘前市	177189
八戸市	235878
黒石市	35002
五所川原市	57310
十和田市	63444
三沢市	41006
むつ市	60688
つがる市	34399
平川市	32440
平内町	11729
今別町	2922
蓬田村	2996
外ヶ浜町	6647
鰺ヶ沢町	10774
深浦町	8935
西目屋村	1420
藤崎町	15481
大鰐町	10310
田舎館村	8117

市町村名	人口
板柳町	14382
鶴田町	13625
中泊町	11912
野辺地町	13976
七戸町	16538
六戸町	10937
横浜町	4775
東北町	18550
六ヶ所村	10636
おいらせ町	25254
大間町	5709
東通村	6888
風間浦村	2109
佐井村	2237
三戸町	10850
五戸町	18269
田子町	5988
南部町	19343
階上町	14062
新郷村	2672

模がどの程度かをみてみよう。

　表1は、平成二八年一月現在の各市町村の住民基本台帳に基づく人口をまとめたものである。この表をよくよく見れば、県庁所在地でもある青森市が県内最大となる三〇万人程度の人口を有し、八戸市や弘前市がそれに続く、といったことが分かる。つまり、人口規模の点における四〇市町村の序列を把握することが可能である。ここでは、そうした序列だけでなく、市町村間の位置関係をも同時に理解できる地図表現を試みてみよう。言い換えると、市町村間の位置関係をなるべく保ちつつ、人口規模が大きい市町村ほど目立つような地図表現を行ってみることにしよう。

　通常、地図表現においては、距離や面積を正しく表すことが望ましい。しかしながら、あえてデフォルメすることが望まれる場合も少なくない。実際、ここで私たちが行おうとしている地図表現でも、デフォルメした方が望ましいように思われる。例えば、濃淡の異なる色で塗り分けることによって、各市町村人口の大小を表すものとしよう。そして、面積だけが大きく、人口が少ない村があるとしよう。こうした村の面積を正確に描くと、どうしても面積が大きい分、地図を見る側に強い印象を与え、実際以上に人口が多いように感じさせる。むしろ、ここでは、人口規模と面積を比例させるようにデフォルメし、その面積によって人口規模を表すような地図化の方が望ましいだろう。

　表現したい量の大きさにあわせてデフォルメを施した地図を「カルトグラム」と言う。先ほど紹介したＱＧＩＳには、その機能を拡張するためのさまざまなプラグインがある。プラグインとは、一言で言うと、発展的な地理情報処理を実行したいときに使える「助っ人」プログラムである。世界中でさまざまなプラグインが作成されているが、その中に、

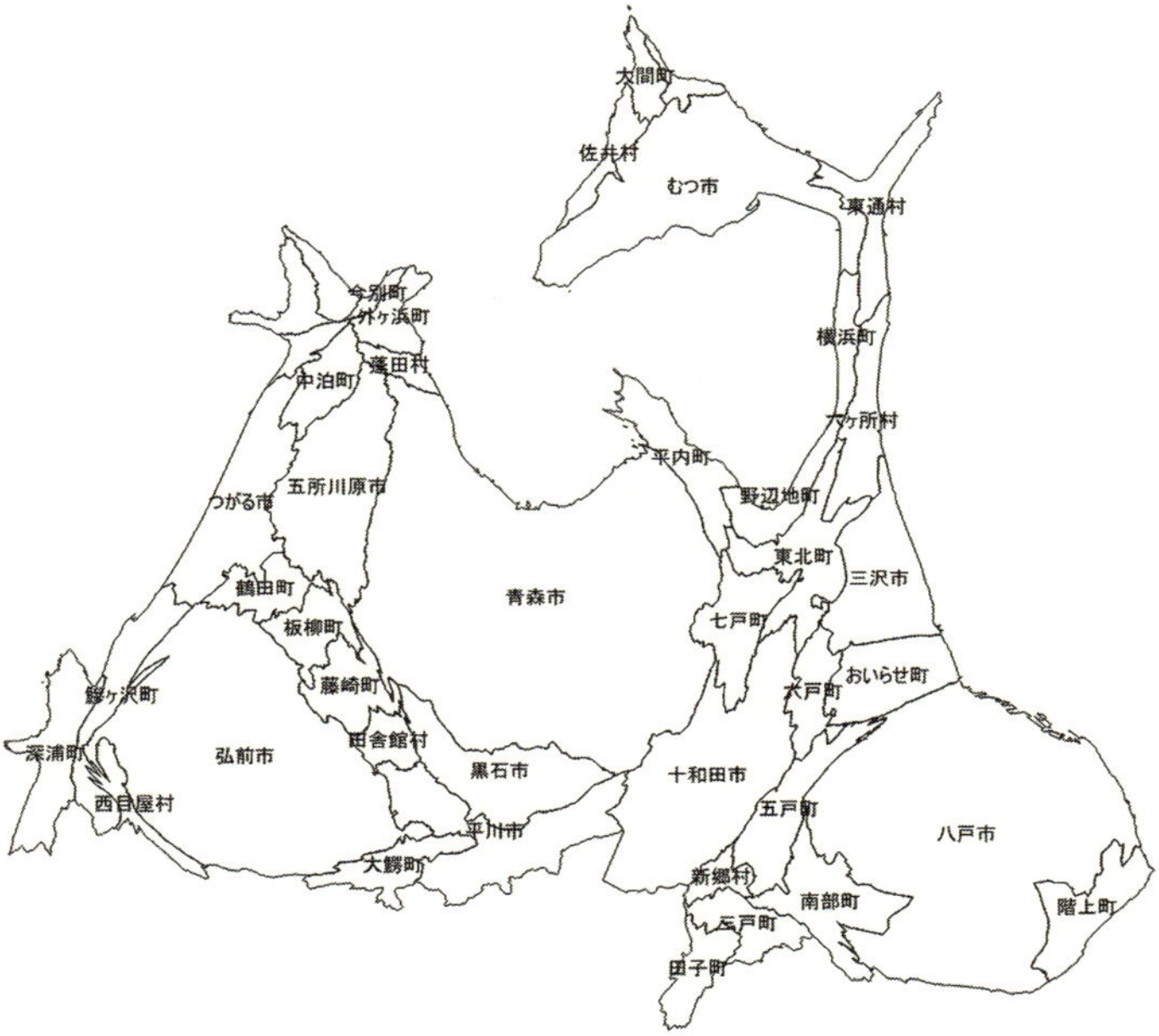

図2　青森県市町村人口カルトグラム

まさにCartogramという名称を持つ、カルトグラム作成のためのプラグインがある。

図2は、県内四〇市町村の人口規模に基づいて作成したカルトグラムである。一般に、視覚的に表現されたものから受ける印象は、見る人の主観にも少なからず左右される。したがって、このカルトグラムを見たときの理解も人によって異なるだろうが、だいたい以下に述べるような感じで解釈されよう。

表1からも容易に分かることではあったが、人口規模という点で傑出し

た存在として青森市があり、それに八戸市、弘前市が続く。これら三都市は、下北半島を除く青森県内でも分散的に配置されるかのように位置しており、その周辺市町村は人口規模の点でかなり小規模である。このことから、三都市はそれぞれ、雇用・経済・サービス等の面において、周辺市町村からは依存されるような関係にあると推測される。つまり、三都市とその周辺市町村が形成する都市圏が浮び上がってくる。また、下北半島においては、決して大きな人口を抱えている訳ではないが、むつ市が中核的な存在であることも見えてくる。

このように、市町村人口に基づくカルトグラムを作成し、それを見ることで、青森県内の都市システムとも言うべき市町村間の関係性が浮かび上がってくる。

2　市町村間の時間距離

私たちは、ともすれば、地図上で近い位置関係にある場所間を移動するのはさほど大変ではないと考えがちである。しかし、実際には必ずしもそうではない。例えば、自動車移動の場合、起終点を結ぶ間に幹線的道路があるかどうかによって移動所要時間も大きく異なりうる。実際に、青森県内においても、地図で見る以上に離れている場所がある。例えば、図1のような地図を見る限りでも、マグロ漁などで有名な大間町は、確かに青森県内でも外れた位置にあるように見えるだろうが、時間距離でみると、見た目以上に足を運びにくい場所に位置している。これはあくまで一例であるが、青森県内のすべての市町村間の時間距離がどのようになっているか、地理情報科学のツールを駆使して、見てみることにしよう。

今や、インターネット上の地図サービスは非常に身近なものとなっている。中でも、Google Maps (https://www.google.com/maps) は代表的である。Google Mapsの機能の一つに、任意の地点間の移動時間を求めるというものがある。通常、この機能は、Internet Explorerなどのウェブブラウザを通じて利用することが多い。このような利用方法で複数地点間の移動時間を求めるとなると、同じようなブラウザ操作を繰り返し行うことになり、いかにも煩雑である。しかし、適当なプログラムコードを作成・実行することで、ここで行いたい処理を一気に済ませることもできる。以下では、青森県四〇市町村間の時間距離を求めるために、実際に行った計算処理の概略を説明しよう。

まずは、各市町村役場の住所リストを作成した。次に、その住所リストに対してアドレスマッチング (あるいは、ジオコーディング) と呼ばれる地理情報処理を実行し、各役場の緯度・経度座標値を取得する。そして、この緯度・経度座標値を入力データとし、Google Mapsによって移動時間計算を実行する (筆者自身によって作成された) プログラムコードを実行した。特にここでは、二〇一八年一〇月一日午前九時を出発時刻、移動手段は自家用車として実行した。これによって、図3のような市町村間の時間距離のマトリックス (行列) が得られた。ちなみに、人の手でブラウザ操作を繰り返してこのようなマトリックスを得ようとなると、おそらく何時間もかかるであろうが、ここではプログラムを作成・利用することによって、わずか数分でこの結果を得ている。

このようにして、あらゆる市町村ペア間の時間距離が得られるが、これだけでは特にどの市町村が（移動時間の点において）他から離れているのか、どのような市町村同士が互いに近いか、といったことが分かりにくい。そこで、より直感的に理解しやすい視覚的表現を試みよう。

ここでの市町村間の時間距離のマトリックスのように、個体間の近さが分かっているとする。こうしたとき、本来の近さ関係をなるべく歪めることなく、近い個体同士は近くに、遠い個体同士は遠くにあるように見せる統計的手法がある。これは「多次元尺度構成法」と呼ばれる。この多次元尺度構成法は、フリーのデータ分析ソフト「R」（https://www.r-project.org/よりダウンロード可）およびstatsパッケージ（パッケージとは、Rの機能を拡張するプログラムのこと）を用いることで、簡単に実行できる。図4は、図3の時間距離マトリックスに対して多次元尺度構成法を実行した結果である。これを見ると、図1のような地図だけでは分からない、自家用車移動の実態に即した市町村間の近さ・遠さが分かってくる。

まず、青森市および弘前市を含む津軽地方の市町村の多くは、図4においても比較的近い位置にあることが分かる。つまり、（少なくとも自家用車では）相互に行き来しやすい関係にあることが分かり、さらにそのことから、ここに人々の行動圏域が存在することも推測される。一方、青森市と八戸市（およびその周辺市町村）の位置関係をみると、やや離れていることが分かる。つまり、県の中心的市町村である青森市とのつながりの良さに欠けることから、八戸市とその周辺市町村を含む都市圏は、県内でもやや独立した存在であることが窺われる。また、弘前市と八戸市についてみると、図4において、これらの都市に相当する点はかなり離れた位置に置かれている。この二都市は、それぞれ津軽地方、南部地方の中心的都市であり、また、青森県でも津軽地方と南部地方の間には様々な意味で大

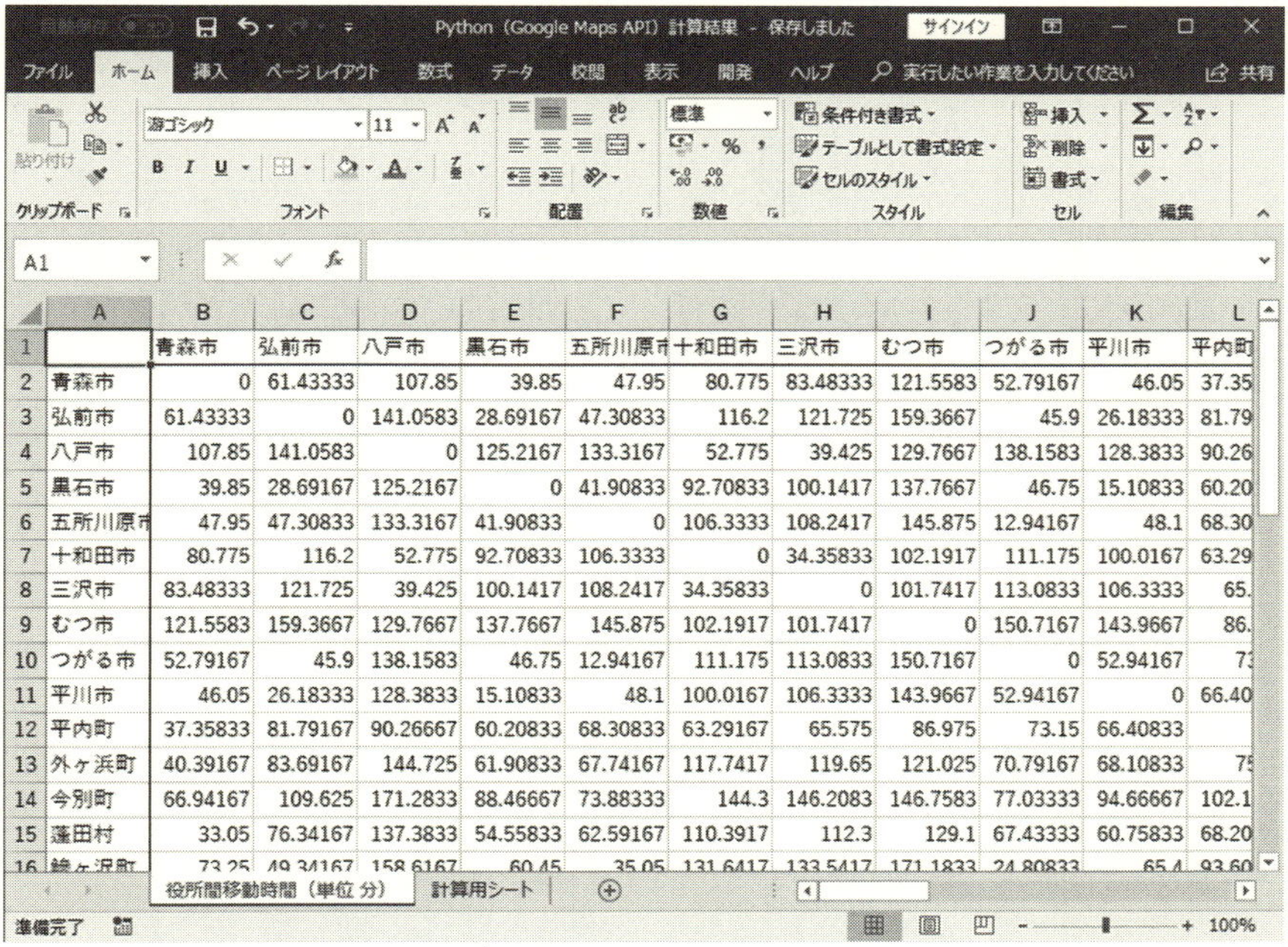

	青森市	弘前市	八戸市	黒石市	五所川原市	十和田市	三沢市	むつ市	つがる市	平川市	平内町
青森市	0	61.43333	107.85	39.85	47.95	80.775	83.48333	121.5583	52.79167	46.05	37.35
弘前市	61.43333	0	141.0583	28.69167	47.30833	116.2	121.725	159.3667	45.9	26.18333	81.79
八戸市	107.85	141.0583	0	125.2167	133.3167	52.775	39.425	129.7667	138.1583	128.3833	90.26
黒石市	39.85	28.69167	125.2167	0	41.90833	92.70833	100.1417	137.7667	46.75	15.10833	60.20
五所川原市	47.95	47.30833	133.3167	41.90833	0	106.3333	108.2417	145.875	12.94167	48.1	68.30
十和田市	80.775	116.2	52.775	92.70833	106.3333	0	34.35833	102.1917	111.175	100.0167	63.29
三沢市	83.48333	121.725	39.425	100.1417	108.2417	34.35833	0	101.7417	113.0833	106.3333	65.
むつ市	121.5583	159.3667	129.7667	137.7667	145.875	102.1917	101.7417	0	150.7167	143.9667	86.
つがる市	52.79167	45.9	138.1583	46.75	12.94167	111.175	113.0833	150.7167	0	52.94167	7
平川市	46.05	26.18333	128.3833	15.10833	48.1	100.0167	106.3333	143.9667	52.94167	0	66.40
平内町	37.35833	81.79167	90.26667	60.20833	68.30833	63.29167	65.575	86.975	73.15	66.40833	
外ヶ浜町	40.39167	83.69167	144.725	61.90833	67.74167	117.7417	119.65	121.025	70.79167	68.10833	75
今別町	66.94167	109.625	171.2833	88.46667	73.88333	144.3	146.2083	146.7583	77.03333	94.66667	102.1
蓬田村	33.05	76.34167	137.3833	54.55833	62.59167	110.3917	112.3	129.1	67.43333	60.75833	68.20
鰺ヶ沢町	73.25	49.34167	158.6167	60.45	35.05	131.6417	133.5417	171.1833	24.80833	65.4	93.60

図３　市町村間時間距離マトリックス

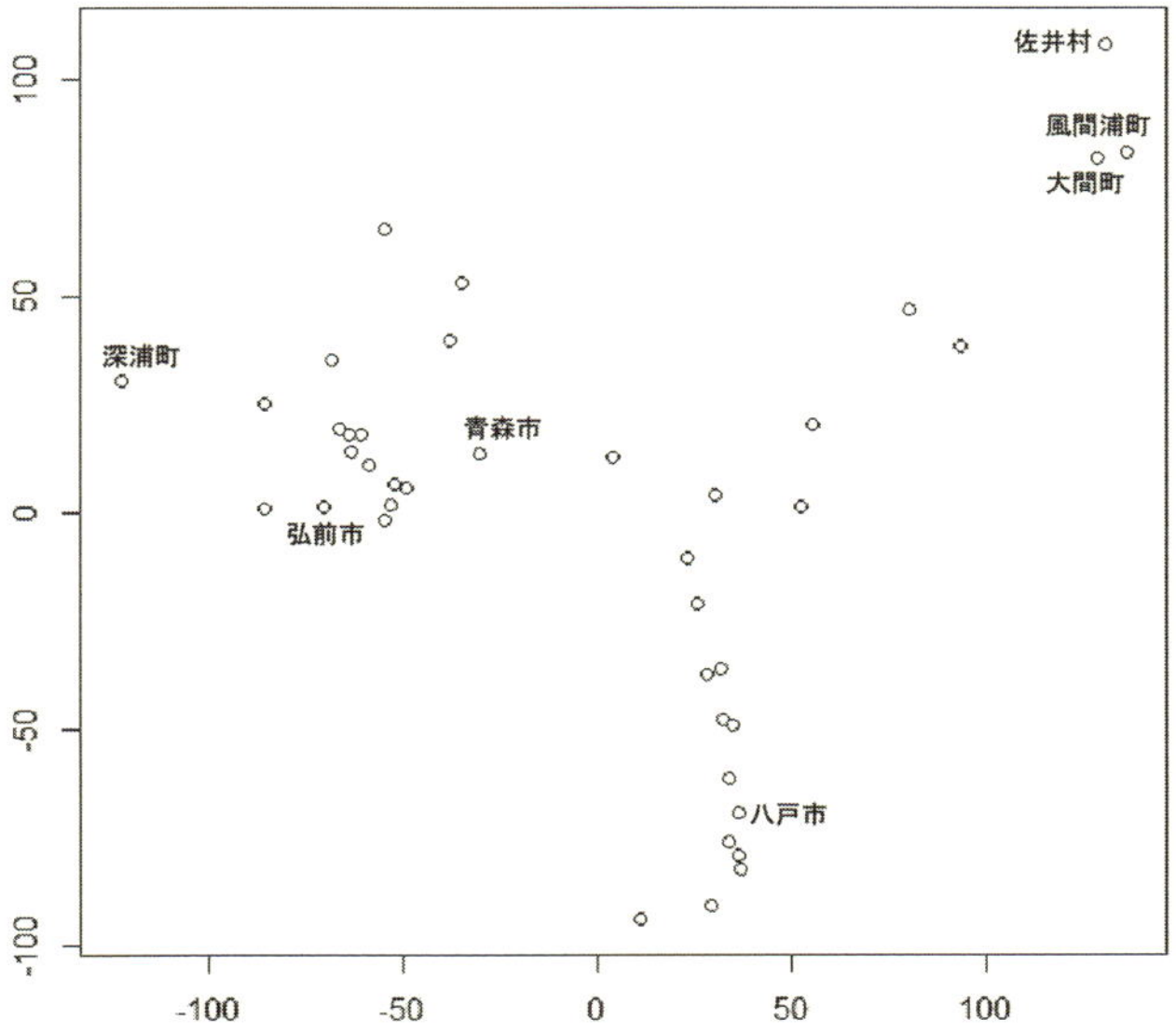

図４　市町村間時間距離

きな隔たりがあるとよく言われるが、少なくとも、かなりの地理的・物理的な隔たりがあることが分かる。

次に、図4の周縁部に注目してみることにする。すると、そこには、佐井村、風間浦村、大間町、深浦町といった町村（に対応する点）があることが分かる。再び図1で確認されたいが、これらの町村は、実際にも青森県内の周縁部に位置している。ただ、図4では、それ以上に外側に離れた位置にあるように見える。その理由は、やはり、これら市町村へ通じる道路は大きく限定されているためである。なお、最後に一つ付け加えておくと、ここで挙げた市町村は、決して行きやすいところではないが、行ってみるだけの魅力が大いにあるところばかりである。例えば、佐井村の仏ヶ浦、深浦町の千畳敷などの光景は、なかなか他県では見られない絶景である。

3　地形

青森県は、地形に関する話題に事欠かない。例えば、世界遺産にも指定された白神山地や映画の舞台となったことでも有名な八甲田山系がある。いずれも非常に美しい自然景観を持ち、是非話題として触れたいところではあるが、ここでは、それ以外の対象を取り上げたい。具体的には、地理情報科学のツールを使って、岩木山（標高一六二五m）を「文字通りの意味で」さまざまな角度から眺めてみたい。

岩木山は弘前市と鰺ヶ沢町にまたがってそびえ立つ火山である。そのすぐ南側には、白神山地が広がっている。県内最高峰であることもあって、津軽平野の中では際だった存在感を放っている。「津軽富士」という別名を持っていると言えば、岩木山を目にしたことはなくとも、富士山を見たことのある方には、その存在感がいくらかは伝わるであろうか。

岩木山は、物理的な大きさという点だけでなく、津軽平野の人々にとっては、精神的にも大きな存在である。古くから山岳信仰の対象となっており、重要文化財にも指定されている岩木山神社は、五穀豊穣や家内安全を祈る参詣者を多く集めている。一九八〇年代のヒット曲の中でも、異性との別れの背景場面として印象的に登場することからも、津軽の人々の意識の中での岩木山の大きさをうかがい知れる。

当然のことながら、どこから眺めるかによって、岩木山の見え方は少なからず変化する。また、何度も強調するように、津軽の人々にとっての岩木山は重要なシンボルである。そのため、岩木山の周辺市町村では、どの角度からみる岩木山が最も美しいか、ということがしばしば議論になる。ここからは、地理情報科学のツールを使って、この議論に参加する気分を味わってみよう。

先にも紹介したＱＧＩＳを用いると、地表面の起伏の三次元表示を簡単に作成することができる。具体的には、国土地理院のサーバーがインターネット経由で提供する標高データを読み込み、Qgis2threejsというプラグインを利用することで可能となる。ここでは、岩木山周辺の標高データから、そのような三次元表示を作成してみた。その結果をみてみよう。

図5(a)は、津軽平野の中心でもある弘前市街地から岩木山を見上げたときの三次元表示である。筆者の勤務先からも、かなり大きく感じられるほどに岩木山を見ることができる

が、図5(a)の三次元表示は、そのときの見え方とかなり近い。これをご覧いただくと、まずは、津軽地方における岩木山の存在感とでも言うべきものが感じられるのではないかと思う。個人的な感想だが、頂部の形が丸みを帯びており、そのため、この角度からの岩木山は柔らかい表情を湛えているように思われる。

同様に、QGISによって、他の角度からは岩木山がどのように見えるか三次元表示し

図5(a)　岩木山(弘前)

図5(b)　岩木山(鶴田)

図5(c)　岩木山(鰺ヶ沢)

てみることにしよう。図5(b)は、弘前市の北側に位置する鶴田町から見た場合の三次元表示である。この角度からは、山頂部の形状がやや鋭利であり、先ほどに比べて力強さを感じさせるように思われる。

さらに、別の角度からも見てみよう。図5(c)は、日本海側の鰺ヶ沢町から見た場合の三次元表示である。この角度では、右手にも丘陵が広がっているのが見えるが、これは白神山地の北端周縁部である。先ほどまでとは異なって、かなり起伏に富んだ地形の広がりが感じられ、そこに連なりながらも、岩木山が際立った存在であることを印象付けられる。

おわりに

以上のように、地理情報科学のツールを使って、人口、交通、地形という点における青森県の概要・特徴をみてきた。筆者としては、この章をお読みいただくことが、少しでも実感を持ってこの先を読み進めるのに役立てば幸いである。

column

弘前の公共交通

大橋忠宏

弘前市の交通網は城下町としての弘前公園（弘前城跡）を中心とした街路に加えて、明治時代に開業した弘前駅を中心とする街路から形成されている（たとえば、佐藤（一九九五））。市街地には文化的な資源が点在し、郊外には自然豊かな風景が広がるなど都市と農村の両方を併せ持つ。

弘前市では、二〇〇〇年代に地域公共交通会議が設置され、公共交通に関する調査・計画の検討やモビリティマネジメントの推進等に関して議論が行われている。最近では、交通政策基本法、地域公共交通活性化及び再生に関する法律の成立を受け、他の地域同様に長期的な人口減少が見込まれている中、まちづくりと連携した公共交通の再編が進められている。二〇一八年八月、弘前市地域公共交通再編実施計画が東北地方では初となる国土交通大臣の認定を受けている。

弘前駅と駅前バス乗り場

弘前の公共交通網は、弘前駅から弘前公園に広がる中心市街地から概ね放射状に形成されている。現在、他都市への玄関口となる弘前駅には東日本旅客鉄道の奥羽線（青森・秋田方面）と弘南鉄道弘南線（黒石方面）が乗り入れている。弘前駅・弘前バスターミナルを中心に弘南バスが首都圏等との間の高速バス路線や津軽地方の諸地域と市内の路線を展開している。また、弘前市の中心部から大鰐方面へは弘南鉄道大鰐線があり、起点となる中央弘前駅ではバスとの接続改善も視野に入れた駅前広場の整備が進められている。市中心部から周辺市街地等に向けてバスや鉄道による旅客サービスが供給されているが、バスサービスの維持が難しい地域については、乗り合いタクシーによるサービス供給が行われている。これは、周辺市街地の拠点的役割を担う施設やバス停、鉄道駅を交通結節点と位置づけ、市内から交通結節点までバスを利用し、交通結節点より郊外側では主として予約型の乗り合いタクシーを利用するものである。乗り合いタクシーは事前登録が必要となるが、一時間前までに配車センターへ予約することで利用できる（二〇一八年一〇月時点）。

弘前の公共交通網に関する情報は、「ひろさき公共交通マップ[1]」としてまとめられたものが市窓口やホームページから入手可能である。マップには、路線に関する情報とあわせて鉄道やバス、乗り合いタクシーの利用方法などが掲載されている。

上記の他、自転車での移動に際して、大鰐線では通勤通学時間外に自転車を車両に持ち込めるサイクルトレインの利用や、沿線施設の利用等と組み合わせた各種企画切符の活用など公共交通の利用可能性は広がりつつあるので是非試して欲しい。

〔注〕

（1） http://www.city.hirosaki.aomori.jp/kurashi/kotsu/2016-0801-1704-46.html（最終閲覧日：二〇一八年一二月四日）

〔参考文献〕

秋山哲男・中村文彦『バスはよみがえる』日本評論社、二〇〇〇年
弘前市『弘前市地域公共交通網形成計画』二〇一六年
弘前市『弘前市地域公共交通再編実施計画』mimeo.、二〇一八年
佐藤滋『城下町の近代都市づくり』鹿島出版会、一九九五年

弘前駅

弘前の寺社をめぐる
――最勝院と報恩寺・袋宮寺をあるく――

渡辺麻里子

はじめに

青森には、豊かな宗教文化がある。津軽地方には津軽一円の信仰の山、岩木山にある岩木山神社など、数多くの霊地・寺社があるが、本章では、弘前の寺社のうち、市街地にあって訪れやすい、最勝院（真言宗）と報恩寺・袋宮寺（天台宗）を中心に、弘前の宗教と歴史の一端を紹介したい。

1　最勝院（金剛山光明寺最勝院、弘前市銅屋町六三）

歴史

最勝院は、五重塔で著名な寺院である。宗派は、真言宗智山派で、本尊は大日如来。寺伝によれば、最勝院は、天文元（一五三二）年に、常陸国からきた僧弘信により、堀越城外萩野の地に堂宇を建立したのがそのはじまりとされる。岩木山百沢寺に寄進された金灯籠には「大浦西勝院弘信」という銘があり、当初は「西勝院」と称していた可能性がある。その後慶長年間に、津軽家とともに弘前城下に移り、弘前城下の鬼門鎮護として「最勝院構」の聖域を形成した。最勝院構には、十二の塔頭《たっちゅう》寺院があり、八幡宮の別当として禄高三〇〇石を拝領していた。一八六八（明治元）年の「神仏分離令」発布後、大円寺は大鰐町蔵館へ移転し、最勝院は塔頭寺院と合併して現在の地（大円寺跡地）に移転し、今に至る。このように、最勝院は、当初から今の場所にあったのではなく、移転を重ねてきたのである。なお五重塔はもと大円寺の塔として建てられたもので、建立以来、場所を変えていない。「弘前城下御町絵図」（十八世紀中期・図2）

図1　最勝院本堂

図 2　弘前城下御町絵図（18世紀中期）

には「大円寺」に五重塔の絵が確認できる。

最勝院は、藩政時代、藩主から津軽領内一三一三社の総別当として神社を統括する権限を与えられた。歴代住職は津軽真言五山筆頭をつとめ、真言宗総録所の役を負うなど、弘前藩において重要な役割を担っていた。

五重塔

最勝院五重塔は、大円寺住職の京海が、津軽為信による津軽統一の過程で戦死した者たちを、敵・味方を問わず供養するために発願したものと伝えられている。三代藩主信義の帰依を受けて、一六五六（明暦二）年に着工したが、一六六〇（万治二）年、三重の部分まで完成したところで京海が死去し、工事が一時中断する。その後、京海の遺志を継いだ当海が、四代藩主信政の支援を受けて、一六六六（寛文六）年に完成させたという。一九九一（平成三）年の台風で大きな被害を受け、解体修理を実施した折りに、初重の内法《うちのり》貫《ぬき》から一六六四（寛文四）年八月の刻銘が発見された。そこで、この頃から塔の組み立てが開始されたことが確かめ

図3　五重塔　最勝院

られた。

最勝院五重塔（弘前市重要文化財）は、明治期の指定説明に、「東北地方第一ノ美塔ナリ」と記された。塔は、三間五層で、総高三一・二m。屋根は宝形で銅板葺。組物は、各重とも和様三手先《みてさき》である。中備《なかぞなえ》は、初層は柱間に十二支の文字を書いた蟇股《かえるまた》、二重は蓑束《みのづか》、三・四・五重は間斗束《けんとづか》となる窓は、初層が正面を連子窓、他の面では円形の板連子窓とする。二・三重は格狭間型の窓、四・五重は矩形の盲連子型に作るなど、層によって変化が付けられている。心柱《しんばしら》は角柱で二重で止まり、初層には、大日如来像が安置されている（塔内は非公開）。

五智如来堂・五智如来像

境内の左手には五智如来堂があり、五智如来像が納められている。この五智如来像は、毎年、年二回、例大祭（宵宮）とお盆の時に公開されている。津軽らしい独特の風情ある仏像なので是非紹介しておきたい。

この五智如来像は、もと大円寺末寺の普光寺本尊であったが、普光寺の荒廃により、一八四六（弘化三）年に大円寺に移された。五智如来堂には、建立当初の棟札が残され、「五智山普光寺廃虚に付本寺境内に建立／奉再建五智如来堂一宇　連光山大円寺二十一世上人朝宗欽言／維弘化三丙午年（一八四六）五月吉祥日」と記されている。なお現在の五智如来堂は当初のものではなく、最勝院第三十六世智猛和尚によって、一九三二（昭和七）年五月に再建されたものである。

五智如来像の制作年や制作者は未詳である。背面はほぼ平面の立像で、金色に覆われ、衣は細かく彫られる。顔や手足の彫りは角張っているが、表情は穏やかな独特な風情である。一見して都の仏師の作風とは異なり、作者は未詳ながら、在地での制作を思わせる。五智とは、密教の五つの智恵のことで、それらを備える五体の如来を五智如来という。五智如来の作例は全国でも少なく、作例としては、東寺（教王護国寺）の講堂や、京都安祥寺が古い例として著名である。

キリスト教徒の墓

図４　キリスト教徒の墓

五智如来堂を過ぎ、聖徳太子堂を過ぎてさらに境内の裏手に進むと、墓地が広がっている。墓地の奥まで進み、岩木山が正面に大きく姿を現すのと同時に、多くのキリスト教徒の墓が見えてくる。その中で最も古いものは、メアリー・アレキサンダー（一八六七～一八九九）の白い墓石である。彼女の夫、ロバート・アレキサンダーは、一八九七（明治三〇）年に、弘前福音教会の夜間学校校長に任命され、また東奥義塾の嘱託教師としても迎えられて、弘前の教育に尽力した[1]。この一家が、一八九九年一月一九日に火災の悲劇に見舞われ、メアリー夫人が焼死してしまう。東奥日報は連日この事件を報道し、深く悲しんだ弘前市民によって寄せられた弔慰金は三六〇〇円に達したという。

メアリー夫人は「亡骸は第二の故郷である弘前に埋め

（1）　保村和良「明治期に弘前に滞在したアレキサンダー　――一家と其の時代――」『東北女子大学・東北女子短期大学　紀要』五〇、二〇一一年に詳しい。

て欲しい」と遺言していたため、宣教師たちは弘前で埋葬先を探すが、どこにも断られてしまう。そのような状況下で、最勝院第三十五世の鷲尾照堯師が、「宗教は何であろうと行く末は皆同じ」として埋葬を許可したため、この最勝院に葬られたという。以降、最勝院にはキリスト教徒が埋葬されるようになった。お寺とキリスト教徒の墓と岩木山が同時に見える景色。最勝院にお参りする際は、裏手に回って、こうした歴史を感じてみたい。

境内に戻ってみよう。本堂と護摩堂の前に、真言宗の祖、弘法大師空海の立像があり、その前に、うさぎの像がある。津軽地方には、「一代様」という自分の生まれ年の干支ごとに決められた寺社をお参りするという信仰があり、最勝院は、うさぎ年の人の守り本尊とされているためである。境内入口の仁王門にある仁王像は、もと岩木山百沢寺の楼門にあったもので、廃仏毀釈の折に引き取られて安置されたと伝えられている。

2　報恩寺（一輪山桂光院報恩寺、弘前市新寺町）

歴史

最勝院の仁王門を出て左に進むと、八坂神社があり、それを過ぎていくとグラウンドが見える。この低地のグラウンドは藩政時代にはため池であったところで、高い道路は土塁の跡である。左手に進むと弘前高校があり、さらに進むと、左手に報恩寺がある。道路の向かいには「しかないせんべい」という在地の材料にこだわるお菓子屋さんと稲荷神社がある。最勝院から報恩寺は歩いて五分〜一〇分位の距離である。

図５　報恩寺本堂

報恩寺は、四代藩主信政が、一六五五（明暦元）年に江戸で亡くなった父信義の菩提を弔うために、翌年の明暦二年に創建した寺である。開山は上野津梁院の第二世本好和尚、寺名の「桂光院」は信義の戒名である。宗派は天台宗で、本尊は釈迦如来（釈迦三尊）である。本堂には他に、弘前城五層の天守閣を守護したと伝えられる不動尊像が祀られる。

津軽家は、当初は曹洞宗に帰依し、曹洞宗三十三箇寺をまとめて「禅林街」を作ったほどであったが、徳川三代に仕えた天海僧正と親交が深かったことから天台宗に改宗し、天台宗の報恩寺を歴代の津軽家の菩提寺とした。

伽藍は壮麗を極めたが、一六八七（貞享四）年の火災で焼失してしまう。現在の本堂は、信義の五〇回忌を期して、一七〇四（宝永元）年に再建したものである。年代は、棟札が遺されていたために判明した。藩政時代は、バス通りの道から、現在の報恩寺までの道の両側に、了智院・一乗院・光善院・観明院・正善院・理教院などの塔頭寺院が並び、「報恩寺構」と言われていた。寺域は、現在の弘前高校から桔梗野通りに至る一帯で、その広さは二万坪（六万六〇〇〇㎡）もあった。寺の周囲には堀がめぐらされ、途中には小川があり、下乗橋が架けられていたという。弘前の多くの寺社が、近世の仏教統制や明治の神仏分離の際に移動を余儀なくされる中、報恩寺は、寺域の縮小こそすれ、創建以来、名前も場所も移動していない寺である。

報恩寺は、津軽家の菩提寺として、三代信義以来、十二代承昭《つぐあきら》までの十代と、十二代を継ぐ予定ながら十八歳で亡くなった承祜《つぐとみ》の、合わせて十一基の墓所があった。四代藩主信政は、山鹿素行を信奉し、吉川神道にならって高照神社を建立した。高照神社において自身の葬儀を行い、御廟も高照神社にあるが、高照神社での葬儀のあと、改めて報恩寺でも葬儀が行われている。

長らく、歴代藩主の墓所として重要な役目を負っていたが、一九五四(昭和二九)年に、藩主の墓がまとめられることになり、墓所にあった五輪塔は、すべて長勝寺に移された。この折りに承祜公の屍蠟が発見されている(のちに火葬された)。歴代藩主の墓地跡地は、弘前高校拡張用の土地となり、弘前高校のラグビー場として使用された。現在の報恩寺境内右手の墓地の向こう、フェンスの先にある弘前高校のグラウンドが藩主の墓地であった場所である。一部、出っ張った区画は信義の墓があった場所という。

八代信明・九代寧親木像(通常非公開)

報恩寺には、八代藩主信明《のぶはる》公と九代藩主寧親《やすちか》の木像がある。いずれも胎内に遺髪が入れられている。通常非公開であるが、津軽の歴史にとって重要なものであるので紹介しておきたい。

制作は九代藩主の像が先である。寧親像は、九代藩主寧親が隠居した一八二五(文政八)年に、江戸の人形師、原舟月・舟山親子に命じて造像された。その姿はかなり写実的である。この像は、はじめ城内にあったが、薬王院に安置され、明治になってから報恩寺に移された。

八代藩主信明像は、一八三五（天保六）年に正室である瑶池院の発願により作られた。信明《のぶはる》（一七六二～九一）は、学問・武芸を奨励した好学の藩主であったが、三十歳の若さで亡くなった。八代藩主信明の死後の造像のため、那須芝山筆の画像をもとに、江戸の人形師二代目原舟月に造らせた。そのため写実的な寧親像とは対照的に、人形のような抽象的な面立ちとなっている。

早逝の信明には男子がいなかったため、黒石の津軽家から寧親が養子となり、九代を継ぐこととなった。閑話休題、二代信枚《のぶひら》には、二人の奥方がいた。一人は石田三成の三女で秀吉の妻高台院の養女となった辰子姫と、松平康元の女で徳川家康の養女となった満天姫である。どちらにも男子が生まれたが、先に生まれた辰子姫の子が三代藩主信義となり、後に生まれた満天姫の子は、分家して黒石初代藩主信英《のぶふさ》となった。八代藩主信明の死後、跡継ぎがいないという本家の窮地を、黒石第六代の寧親が救ったのである。

悪戸御前の墓

報恩寺境内にある墓地の手前に、三代藩主信義が寵愛した「悪戸御前《あくどごぜん》」の墓がある。悪戸の出身のため、悪戸御前と呼ばれた。下悪戸の百姓の甚五兵衛という者の娘であったが、三代信義が鷹野で遊ばれている折に、この娘を目に留めて取り立てたという。

信義には多くの妾・愛女がいた。その数は数十人と言われるが、その中で特に大事にされたのが、久祥院《きゅうしょういん》（一六三〇～一六九二）と悪戸御前で、二人だけが「お部屋様」と称された。とりわけ悪戸御前は「御前様」と通称されて、格別に愛されていた。しかし久祥院に男子が次々と生まれ、その一人が世継ぎの信政となったのに対して、悪戸御前には女子しか生まれなかった。信政の母である久祥院は、特別待遇となり、御祝儀事の際には女性の中で久祥院が最上位に着座することになる。悪戸御前は、自分の着座が久祥院の次座になることを、いつも憤り、激しく嫉妬していたという。

信義が亡くなると、菩提を弔うため、また嫉妬ばかりしていた懺悔のために、報恩寺に鐘楼を建立した。悪戸御前は、一七一三（正徳三）年七月二十二日に亡くなり、法名を「長泉院殿光岳妙清大姉」とする。報恩寺には、境内右手の墓地、手前側に、墓碑銘の文字が薄くなっているものの、戒名が刻まれた墓がある。悪戸御前の墓の前で、後宮の様々なドラマに思いをはせてみたい。

図 6　悪戸御前の墓　報恩寺

なお一方の久祥院は、賢妻で知られていた。夫の信義は気性の荒い面があった。特にお酒が入るとかなり乱暴になり、即座にお手討ちということも多かったらしい。当番出仕の者たちにとっては、大変なことである。本城に登る日は、出勤前に家内と盃を取り替わし、「今日限りの命なり」と覚悟を決めて奉公したという。久祥院はそのような夫を慰め、気持ちを和らげ、お手討ちをとどめたエピソードが伝わる。[2] 菊花を愛したために「菊御前」との通名もあり、お茶やお花、琴にも熟達したということである。久祥院が『法華経』を仮名書きで写経した『久祥院殿写

（2）青森県文化財保護協会編『津軽歴代記類』みちのく叢書4、国書刊行会、一九八二年

経』（青森県重要文化財、隣松寺蔵）は、弘前市立博物館で展示されている。[3]

3　袋宮寺（那智山袋宮寺、弘前市新寺町）

報恩寺と弘前高校の間、バス通りから弘前高校正門に向かって右側にある小さなお堂が、袋宮寺（天台宗）である。随時拝観可能で、入口の戸を自分で開けて、堂内に入る。現在は袋宮寺と称するが、もともとここは、無量院観音堂という。四代藩主信政は、父の三代藩主信義の菩提を弔うために報恩寺を建立したが、それに引き続いて、一六七七（延宝五）年に、この無量院観音堂を建立し、観音像を作らせた。観音像は、弘前城内のヒバの木を用い、京都あるいは江戸の仏師を招いて作らせたものと伝え、作者を江戸の仏師松雲元慶（一六四八～一七一〇）とする伝承もある。堂内の天井は、本尊の像の高さに合わせたために高く、内陣天井の一間四方の鏡天井には天女が描かれている。内部の柱には彩色が施され、裳階《もこし》付きの形態の優れた堂舎である。報恩寺の火災の折りも、このお堂および観音像は罹災を免れ、建立当初のまま現在に伝えられている。

図7　袋宮寺本堂

袋宮寺の諸解説は、弘前市樋ノ口にある熊野宮の別当寺であったものが、明治初期の神仏分離によってこの地に

（3）　渡辺麻里子「隣松寺蔵『久祥院殿写経』（仮名書き法華経）をめぐる一考察―付【翻刻】隣松寺蔵『久祥院殿写経』第一冊（序品第一・方便品第二）―」弘前大学人文社会科学部『人文社会科学論叢』三、二〇一七年を参照。

図8　十一面観音像　袋宮寺

移ったと記すが、現在の袋宮寺の観音像およびお堂は、樋ノ口から移動してきたものではなく、無量院観音堂としてこの地にあったものである。袋宮寺の移動とは、わかりやすく言えば「名前だけ」が移動してきたもので、もとの観音堂という名から袋宮寺に名称が変わったものである。

袋宮寺の本尊は十一面観音像である。圧倒される高さで、「背高観音」「丈六観音」の異名を持つ。高さは、六・一五mで、肩幅は一・五mある。ちなみに、「丈六」とは、仏像の背丈の基準で、仏の身長が一丈六尺（＝約四・八五m）あるといわれることに由来する。袋宮寺の本尊は、「丈六観音」の通称を持つが、実際には丈六像よりはるかに大きい。寄木造漆箔彫眼で、津軽地域最大の近世彫刻である。まじかく見るとその大きさと美しさには圧倒される。是非一度お参りしてみてほしい。

おわりに

以上、紙幅の関係で、最勝院、報恩寺・袋宮寺のみを紹介したが、弘前および津軽一円には多くの寺社・霊地がある。岩木山を拝する岩木山信仰の中心として岩木山神社があり、その東には、四代藩主信政が、自ら建立した高照神社がある。また弘前城の南西には、初代藩主為信が禅宗寺院を移動し、形成した禅林街があり、その一番奥には長勝寺がある。弘前を少し離れた平川市猿賀には、古来から信仰を集めた猿賀神社がある。弘前で育まれた宗教文化や歴史を感じる旅を、一人でも多くの方にしていただきたい。

弘前城公園内には弘前市立博物館があるが、高照神社のそばには、高岡の森弘前藩博物館が二〇一八年四月に開館した。また弘前市立弘前図書館では、二〇一八年三月に「おくゆかしき津軽の古典籍」として、古絵図や古典籍資料のデジタル公開が開始された。これらの古絵図とともに現代の弘前を旅することもまた楽しいことだろう。

〔参考文献〕
『新編弘前市史　資料編3（近世編2）』「新編弘前市史」編纂委員会、二〇〇〇年
『弘前の文化財』弘前市教育委員会、二〇一〇年
本田伸『弘前藩』シリーズ藩物語、現代書館、二〇〇八年
長谷川成一『弘前藩』日本歴史叢書、吉川弘文館、二〇〇四年
『弘前の仏像―弘前市内寺院彫刻・絵画調査報告書―』『新編弘前市史　特別編』「新編弘前市史」編纂委員会、一九九八年

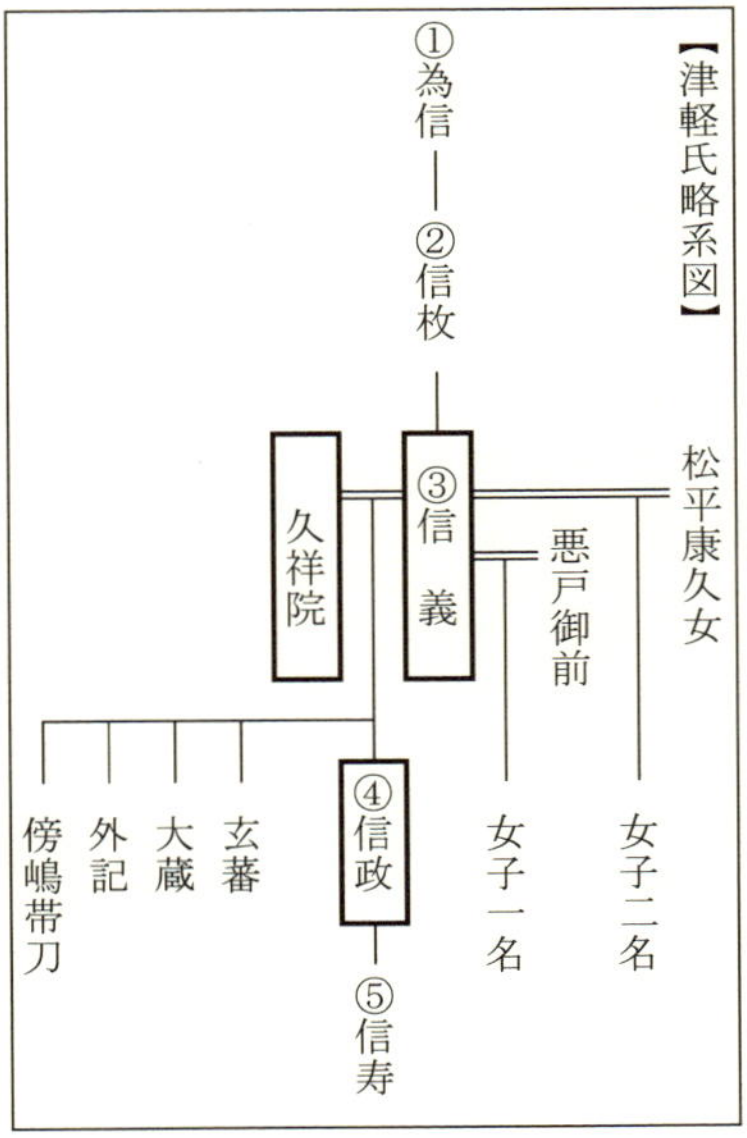
【津軽氏略系図】
①為信
②信枚
③信　義
松平康久女
悪戸御前
久祥院
女子二名
女子一名
④信政
⑤信寿
玄蕃
大蔵
外記
傍嶋帯刀

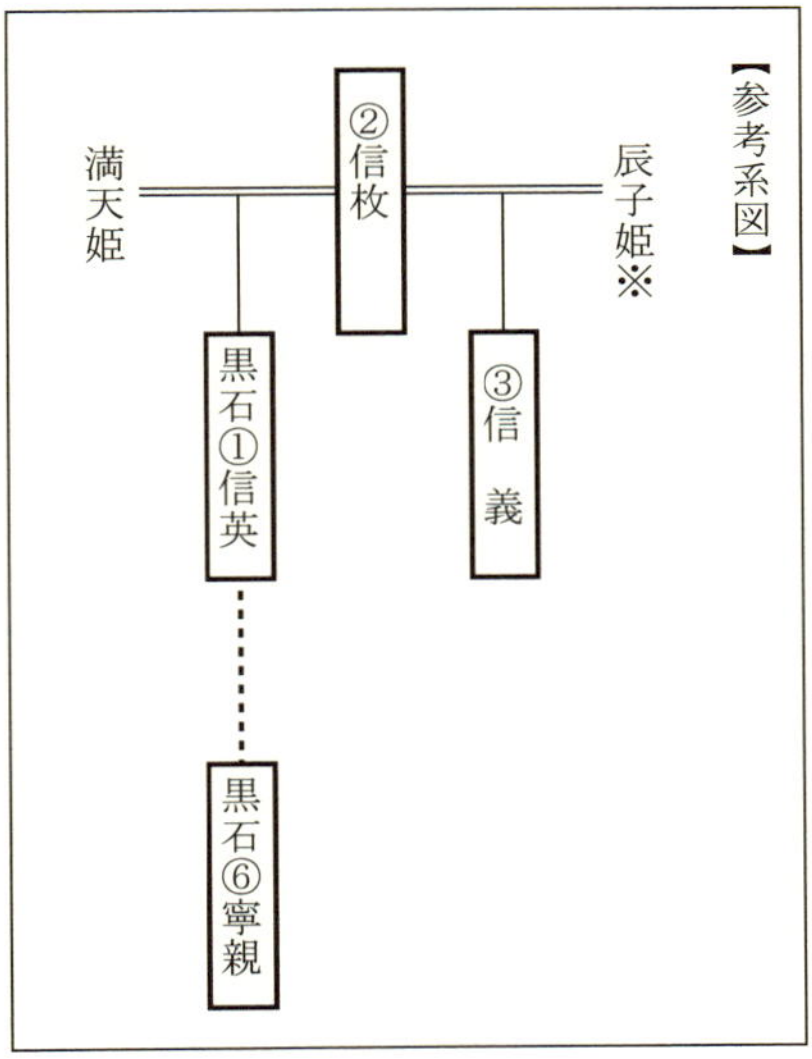
【参考系図】
辰子姫※
②信枚
満天姫
③信　義
黒石①信英
黒石⑥寧親

column

津軽の教会建築巡り

片岡太郎

ふらふらと弘前の町を散策していると、洋風建築が多いことに気付く。津軽の教会建築に興味を持ったのは、もともとは、私の本来の専門である文化財の保存に関連して、古い建物をみると、その構造体の劣化（木造であれレンガ造であれ）を勝手に想像してしまい、この雪国でどうやったらより良い状態で後世に遺せるだろう、と考えているうちに、単純に魅了されてしまったからである。観光者視点で、いくつか紹介させていただきたい。

ＪＲ弘前駅中央口から西へ徒歩二〇分、中瓦《なかかわら》ケ《け》町《ちょう》と南瓦ケ町の大通りを通り、いわゆる中土手町と交わる交差点から岩木山方向を望むと、日本聖公会弘前昇天教会教会堂（弘前昇天教会）がみえる。教会堂は、ジェームズ・ガーディナーが設計を手がけたもので、一九二〇（大正九）年に竣工した。ジェームズ・ガーディナーはアメリカ人建築家であり、一八九一（明治二四）年に立教大学校長を退任されたのち、博物館明治村（愛知県犬山市）に移築されている聖ヨハネ教会教会堂や聖アグネス教会聖堂（京都府京都市）などの教会建築の設計を手がけている。外観の赤レンガ造が印象的で、積み方は、壁正面から見て長手のレンガと小口のレンガの列を交互に重ねていくイングリッシュボンド（イギリス積み）である。余談だが、世界遺産にも登録されている木骨レンガ造の富岡製糸場（群馬県富岡市）はフランス積みであり、これは、フランス人の技術者であるポール・ブリューナが計画から建設まで携わったことによる。弘前昇天教会は聖公会でありイングランドで生まれたキリスト教の一派であるため、レンガ積みも当然、イングリッシュボンドというわけである。教会堂は、夜にライトアップされれば、そのゴシック調の幻想さが増す。中土手町に接する立地にあるため、毎年八月に開催される弘前ねぷたまつりにおいて、ねぷたが運行する土手町コースから近く、夜開催のねぷたの彩りと併せて堪能できる。また、正面入口

図１　弘前昇天教会教会堂

図２　日本基督教団弘前教会教会堂

からみて右寄りにそびえる三角形の鐘塔が空に伸び、その鐘の音は今も周辺に澄み渡るように美しい。内部構造では、チューダー式のアーチを描く梁やトラス構造が、白壁に浮かび上がる。また、現役で使用されているリードオルガンは、一八八二〜三年製であり、明治時代にアメリカから婦人宣教師が持ち込んだものらしい。

中土手町を通り土淵川にかかる蓬莱橋を渡って下土手町へと進む。さらに、百石町《ひゃっこくまち》から百石町小路へ入ると、緑色の尖塔が正面中央にそびえるカトリック弘前教会教会堂が落ち着いた基調で建っている。現在の教会堂は、一九一〇（明治四三）年竣工のもので、設計が当時のオージェ神父であり、施工が堀江佐吉の弟で敬虔なクリスチャンでもあった横山常吉である。青森の近代洋風建築の第一人者である堀江佐吉については120頁を参照されたい。教会堂内に入るとまず目を見張るのが、ナラ材を使ってゴシック調に製作された祭壇である。この祭壇は、一九三九（昭和一四）年に当時の主任司祭であったコールス師がアムステルダムの教会から譲り受けたものとされる。正面から入っての左右の窓には、一九八四年に寄贈された色鮮やかなステンドグラスから光が差し込んでいる。ステンドグラスに描かれた物語は、キリスト教に関わるものだけでなく、りんご、岩木山、最勝院の五重塔など、津軽っぽい趣があってとても心が暖かくなる。

日本基督教団弘前教会教会堂は、元寺町にあり、カトリック弘前教会教会堂から南西へ向かって二分のところにある。当教会の設立が一八七五（明治八）年と東北地方では最も古く、教会堂自体が一八八〇（明治一三）年の木造平屋造りの和風建築に始まる。一八九七（明治三〇）年、堀江佐吉によるゴシック調で正面中央に尖塔を構える洋風建築とその焼失を経て、現在の教会堂は一九〇六（明治三九）年の桜庭駒五郎設計、斎藤伊三郎（堀江佐吉の四男）施工のもと竣工したものである。ゴシック調の双塔形式が特徴的で、木造平屋建（一部二階建）の教会堂は、外壁をベージュ色に施している。また、正面の左右の入口から礼拝堂へ入って階段を上ると、畳敷きの和室がある。内部外壁が板張りであり、天井が白漆喰で仕上げられてあり、全体的に質朴な調子で仕上げられており、外観の様相と相まって、全体的に親しみのある印象を受ける。

イギリス積みレンガ造り、尖塔と祭壇とステンドグラス、双塔のレトロ感ある木造建築と、明治の終わりから大正にかけて作られた弘前の教会堂は、当時の面影を保ったまま、現役で教会としての機能を維持したまま使われているのである。

〔参考文献〕
青森県教育庁「青森県の近代化遺産―近代化遺産総合調査報告書―」二〇〇三年
青森県史編さん文化財部会「青森県史　文化財編　建物」二〇一五年

ウラとヤマのしごと―風間浦村《かざまうら》―

白石壮一郎

はじめに

マサカリの形をした下北半島には、漁業が盛んな地区が多い。「北東北三県」の岩手・秋田・青森で経営体（漁家や事業体）の数をみると、二〇一一年の東日本大震災以後は、青森県が他の二県を上回っている。二〇一三年の漁業センサスの数字では、海面漁業経営体数（海で漁業を営んでいる漁家や経営体の数）は青森県が四五〇一、岩手県が三三六五、宮城県が二三一一であり、青森県の経営体のうちおよそ四五％にあたる二〇三二が下北半島の経営体となっている。

この章では、この下北半島のある漁村のくらしと歴史にみなさんをご案内し、その味わい深い魅力に迫ってみたい。

1　風間浦村

下北半島の中心商業地であるむつ市街地を国道二七五号線に沿って自動車で北上していくと、三〇分もすれば目の前に津軽海峡が開ける。正津川を渡ってから下北半島を西に、佐井村牛滝までは北通《きたどおり》と呼ばれ、海沿いに漁港をそなえた漁村が連なっている。旧大畑町までが現在のむつ市で、ヘアピンカーブの木野部《きのっぷ》峠を越えていけば、風間浦村である。むつ市街地から約一時間。村に入ってしばらく走れば、下風呂《しもふろ》の温泉旅館群が現れる。その先には、海の幸を堪能できる食堂も、乾燥海産物の直売所もある。

漁家が並ぶ海岸沿いの道路をはさんだ海の反対側は、急峻な斜面が続くヒバ林になっている。二〇一七年現在、青森県面積の六六%が森林面積で、下北半島にその多くが分布する。青森ヒバ（ヒノキ科アスナロ属）の針葉樹林は、秋田のスギ林、木曽のヒノキ林とならび日本三大天然美林と称されている。漁村にはウラ（浦）の世界とヤマ（山）の世界とがある。

村の人口は二〇一八年現在で二〇〇〇人弱、世帯数にすれば九三〇である。二〇一五年の国勢調査では、風間浦村は青森県内でも人口減少率がナンバーワンという、あまり名誉でない記録を作った。村からの人口流出の動きを長期でみてみると、一九八〇年代のバブル景気の辺りをピークに、その後は現在まで転出人数は減っている。これは少子化が進み、村の若者の人数自体が減っていったためだろう。たしかにお年寄りが多いが、おもてに出ている人が目立つので、淋しいところというかんじはまったくしない。[1] みなさんお元気に歩いていたり、コンブを運んでいたり、道端で笑い合っておしゃべりしていたりする。何度訪れても「明るい漁村」の印象だ。

　風間浦の村名は、村の三つの集落の名である下風呂、易国間、蛇浦から一字ずつとってできている。[2] 各集落は、それぞれ特色があり、お祭りも集落ごとにある。子どもの頃から参加していたお祭りが好きで、東京に出ていても毎年お祭りの日に合わせて帰省する、という村出身の若者もいる。彼の話によると、いまの若者は昔の若者よりも祭りでいい思いができる。それは、昔は人数が多く、先輩たちの層が厚かったので祭りの中心的な役回りは二〇歳代ではやりようがなかったのだが、いまは少人数だからそれができるから、ということだった。

図１　旧小学校の校庭に集落の方がたが集まって草取りをする。校舎は青森ヒバをふんだんに使った木造建築だ

　二〇一六年に、それまで各集落にあった小学校は統合されて「風間浦小学校」ひとつになったが、漁協は下風呂、易国間、蛇浦の各集落にある。[3]「浦《ウラ》」によっていろいろな自然条件がちがう。隣接する大間町は近海マグロ漁で全国的に有名になったが、風間浦村の漁は沿岸漁業で、現在マグロ漁師はいない（明治期には、沿岸でマグロの大謀網《だいぼうあみ》漁がおこなわれていた）。村全体

（1）　竹内利美は、一九六三年にはじまる九学会連合「下北調査」をもとに出版した『下北の村落社会』（未来社、一九六八）のなかで、北通の漁業について「漁業従事者は大畑と大間を除き、かなり老齢化の傾向が強い」と述べていたが、当時のこの傾向は高度経済成長期の若年人口流出によるものだろう。つまり、少子化の時代を迎える前から、漁業者の高齢化の傾向自体はずっと言われ続けていることになる。

（2）　一八八九年四月の町村制施行によって、下風呂村、易国間村、蛇浦村の三つの村が合併した。

（3）　このうち易国間には易国間と桑畑のふたつの漁港がある。

では、現在のおもな漁獲種はアワビ、ウニ、アンコウ、スルメイカ、コンブなど、と説明できるが、三つの集落ごとに漁場となる浦が違い、獲れるものが違っていたり、同じウニでもこちらのウニは身入りがよく、隣のウニよりも数倍程度も値がつく、という話も当たり前のように聞く。

「みなさん、おはようございます」。朝六時には、各漁協から屋外放送が流れる。するとまもなく、各集落の漁港から船がそれぞれの漁に出て行き、漁村の一日が始まる（もちろん、その前に起きて準備している漁家の朝は、もう少し早くに始まっている）。午前中、海岸から津軽海峡を見渡すと、あちらこちらに小型和船や動力船が漁に出ているのがみえる。

2 沿岸漁業は「食えない」のか？

一般に「漁師」といえば、漁の仕事ぶりも、お金の稼ぎ方や使い方も、お酒の呑み方までどこか「一本気で豪快」というイメージを持たれているように思う。また、漁師は食えないとか、食えなくなったという話もよく聞く。以下では、私が垣間みた村の漁家の暮らしを紹介していこう。

実際の沿岸漁業の漁師さんたちをみていると、まじめで、堅実に、マメに働かれているという印象だ。風間浦の人たちは、こまめによく働く人のことを「マメしい」と言って褒める。逆にちゃらんぽらんだとか、いいかげんな仕事のしかたをする漁師のことは「ナマコ漁師」などと言う。

図 2　採取のあと、吊るして天日干しされるコンブ（養殖）。天然ものは砂利敷きに寝かせて乾かすことが多い

沿岸漁の漁家は、とにかく忙しい。漁師さんだけが仕事をしているわけではない。とくにコンブを扱う漁家は、商品として出荷するまでの作業に手間と時間がかかるので一家総出で作業する。採取したコンブの天日干しは、砂利敷きの干場に寝かせて干す場合と、材木を組み立てた干場に吊るして干す場合とがある。当然、雨が降ると乾燥中のコンブを取り込まなくてはいけない。乾燥させたあとは、コンブを一枚ずつハサミを使って整形する作業が待っている。これが採取シーズン中繰り返されるので、コンブの忙しい時季にはレジャーに出かけようがない。六〇歳代の漁師さんによれば、「自分たちが子どもの頃は、それが当たり前だと思っていたけど、勤め人も増え兼業化が進んだいまの時代、よその家の子が連休で遊びに出かけているときにうちの子はそれができないので可哀想だと思うようになった」。

一方で、「漁は、やっていて本当におもしろい」「だから、なかなかやめられない」という話を、現役漁師さんからよく聞く。漁業のあり方は、その時代の造船技術や探知技術にも左右されるが、近海漁業に比べると風間浦村の沿岸漁業、とくにイソブネと呼ばれる小型和船でおこなう漁は、比較的ずっと変わらない。もちろん、五〇年前には船材はすべて木材で動力も櫂《かい》による手漕ぎだったものが、現在は船体が繊維強化プラスチックとなり、

図3　漁のあと、イソブネを浜につなぐ

図4　ガンペキ（漁港）につけられたチャッカ船

どの船にも動力として船外機がついている。[4] しかし、ハコメガネで海底を覗きながらアワビやタコなどをヤス・ホコ・モリで突く、カマやネジリなどの道具を使ってコンブを採るなど、基本的な部分は少なくともこの一〇〇年くらいは大きく変わっていない。つまりイソブネでおこなう漁撈に関しては、動力部分は機械化されたが「技」の部分は昔と同じく漁師さんの経験と技量によっているのだ。

腕のいい漁師さんは、ウニ、アワビ、コンブなどそれぞれのよい漁場はどこか、経験を積んで知っている。大まかには岩などの沿岸の地形、細かい所は海底の地形が頭に入っていて、着実に漁獲をあげていく。イソブネの操業はふたりか、ひとりでおこなわれるのが通常だ。現在の五〇歳代の世代までは、男子は子どものころに父親のイソブネに乗って手伝いをした。漁師になったら、若いうちに腕のいい先輩漁師の話を聞いて、自分なりに研究しながら漁を続ける。そこに漁の「おもしろさ」がある。自分が研究や工夫を重ねて、結果が出たときの喜び、自分が腕を上げて仲間に認められていく、あるいは認め合う嬉しさ。だから「漁師は、倒れるまでやる」。実際

（4）竹内利美の前掲書（一九六八）によれば、北通では戦後に動力漁船がいちじるしく増加したが、大畑を除いてはすべて小型漁船にとどまっていた。

に村では、イソブネ漁は七〇歳になっても引退しないで舟を出し続けている人が多くいる。イソブネだけやっている漁師さんは、コンブの時季のほかはそれほど忙しくはならず、マイペースでいられるのかもしれない。

スルメイカやアンコウなどは「チャッカ」と呼ばれる焼玉エンジン搭載の中型の動力船で漁をおこなう。こちらには探知機が搭載されており、人力によらず網の巻き上げをおこなうウィンチなどの機械も取り付けられている。蛇浦集落の漁師さんによれば、このチャッカで漁を始めたのは現在六〇歳代の世代が若い頃だ。かれらの父親世代はチャッカは持たず、木舟のイソブネ一本で漁をしていた。イソブネとチャッカとのかけもちをするとなると、かなり忙しくなる。コンブの時季と重なるピーク期には、夜間にイカをやって早朝からウニやコンブというように、本当に「寝るひまなく」働くので人一倍体力が要る。

かつてはイカ漁もイソブネでおこなわれていたが、一九世紀末期に日本海沿岸の越前、越中、加賀などから帆掛けの「川崎船《カワサキセン》」と呼ばれる木造の八～一〇人乗りの船がやってきて、下風呂集落で入漁料を支払ってイカ漁を始めた。もともとかれらは函館で出稼ぎをやり、旧大畑町や風間浦村に進出したのだった。この影響で、村でもイカの夜釣りが始まったのである。

現在チャッカを操業している漁師さんは少なくなった。二〇〇〇年代の半ばから後半の燃料費の高騰によって、大きなエンジンを搭載した中型漁船であるチャッカは出漁するコストが嵩み、漁獲と魚価がそれに見合わないとたちどころに経営難におちいるためだ。「漁では食っていけない」とは村でもよく言われていることだが、もっとも分かりやすい要因とされるのはこの燃料費の高騰だ。

このように、漁には「経営」の部分と、「おもしろくてやめられない」という「技と生業」の部分とがある。チャッカ船での漁を辞めても、イソブネ漁でマイペースに操業できる部分がベースにあることは強みだ。だから、七〇歳を過ぎても現役漁師として続ければ、老夫婦ふたりが「食べるには困らない」。だがその一方で、これから一家を養っていくことを考えて稼がなければならない二〇歳代、三〇歳代にとっては、経営面が厳しく「食っていけない」のでなかなか参入はしにくい。二〇一八年現在、もっとも漁家数の多い集落の場合でも、二〇歳代の現役漁師はおらず、三〇歳代の専業漁師は四～五人という状況らしい。

「だから逆に言えば、いまそれほど漁場で競合がないので、まじめにやっていけば食っていけると思う」と言う漁師さんもいる。そう言う彼自身は、三〇歳で村にUターンして以来専業漁師としての腕を磨き、四人の子どもを育て上げ、末の子がすでに大卒就職して独立している。だが彼は、これまで息子に漁師になれ、と言ったことは一度もない。食っていけるもいけないも、本人のやり方次第だと思っているし、一〇年先でも、気が向いたらやってくれればいいと思っている。おそらく漁師さんが継承したいのは「漁業経営」のノウハウや船・漁具などの財産の部分などよりも、「技と生業」のおもしろさの部分なのだろう。

3　ヤマとのかかわり

風間浦村の面積六九五五ヘクタールのうち、実に九割を超える六四一一ヘクタールは林野である。大部分は国有林で、そのなかに村の人びとの「共有林」（「入会《いりあい》」「部落林」とも呼ばれる）や民有地が点在する。[5] 歴史的には、山樵（杣夫《そまふ》、山子《やまご》、スミヤキニン）らの山仕事や、昭和初期につくられた各集落の木炭組合などについての記録がある。

そもそも下北半島の林業は歴史上、人びとにとっても藩や政府といった政治権力にとっても重大な収入源だった。収入は大まかにいえば、近世の江戸や京都・大阪への建材出荷、それに加えて戦後エネルギー革命までの青森・函館への燃料出荷によるものである。材質強靭なヒバは、江戸時代には建材として全国市場に出荷されていた（出荷量ピークは一六六〇年代）。当時の南部藩は「檜山運上制度」のもと、移出木材に運上金を課して藩の財政に充てた。これに関わる請負商、杣夫、舟役、宿役など関係業者が収入を得た。一七七〇年代半ばになって南部藩は、山奉行を配置して藩が一手に森林資源を管理する「留山制度」を導入するに至る。た

図5　フノリの養殖場でフノリ採りにはげむオカアサンたち

（5）近年の営林に関しての情報の一部は、東北森林管理局下北森林管理署次長の尾野譲氏からご教示いただいた。

だしこの制度には、留山のほかにも村人のための入会薪炭林や、留山の一部を請負商などが払い下げる明山、植林によって村人が藩と収益を折半できる制度なども含まれた。ここに、いまに至る近代林政の原型をみることができる。留山制度発布から一〇〇年、明治近代に入って以降の炭焼きは、三戸や五戸などからやってきた出稼ぎの人びとが従事したが、集落に木炭組合ができてからは、講習会などを開いて学び、漁のない時季の安定した収入源として村人たち自身で焼くようになった。田名部（むつ市街）から風間浦村を経由して佐井村までを結ぶバスは、一九六〇年代には木炭を燃料にして走っていたと聞く。[6]

現在の村の人びとの山林との関係は、農業（田畑）と製材所を通してのものだ。農業は規模としては小さく、従事者も少ない。畑をやっている人もほとんどが販売用に出荷するということはないので、自家菜園という方がふさわしい。自家消費のほかは、人にあげるのだ（私自身も、その恩恵に何度も与っている）。海岸沿いから坂道を登っていったヤマにはそうした田畑がところどころみられ、作業している人の姿もある。

易国間集落でいつもお話を聞かせていただくある六〇歳代の女性は、時間をみつけては週に何度となくオトウサン（夫）の運転する軽トラックに乗って、ヤマにあるビニールハウスと畑に通う。そこでジャガイモ、ニンジン、ナス、ズッキーニ、マメ類などを栽培している。週末に、オトウサンや息子の運転で青森市に出かけたときには、かならずタネ屋に立ち寄って野菜の種を買ってくる。かの女にとって畑仕事は「趣味」であり、「売るほど作っているが、あげるだけ」のものだ。

村での現在の林業従事者といえば製材所の方がたである。日本の近代化、そして敗戦後の復興の過程で国内各地の林業は全盛期を迎えるが、その後輸入材などの普及によって落

（6）乗り合いバスは、一九三五年頃にはすでに旧大畑町と佐井村の間を走っていた。木炭車は木部峠を登りきれず途中で止まってしまうので、乗客はいったん下車して後ろから押して加勢した。

ち込む。風間浦村の集落のなかでは易国間、とくに小字の桑畑で林業がさかんであり、現在村内にある四軒の製材所も森林事務所も易国間集落の村役場付近に位置している。(7)以前はヤマから森林軌道のトロッコが伐り出した丸太を搬出したが、現在の製材所のあたりがその終点で、集積地点だったのだ。一九六〇年代半ばごろまでは、製材所の数は八軒あって、当時の中卒男子の地元就職先のひとつとなっていた。「高校を卒業すれば教員や役場勤めになれたが、製材所のほうが稼ぎがよかったので、体が丈夫であればそちらに流れることもあった」という。

大工さんも各集落にいる。家の新築・増築・移築などのほとんどが村の製材所から建材を買い、集落の大工さんに建築作業をお願いしている。集落の大工さんなら話が早いし、いろいろと融通も利かせてくれる。ある家が改築されたら、その人がどの大工さんに頼んだかということも皆知っている。作業小屋の建築程度であれば、自分でやってしまうという人も多い。伐り出した生木を家まで運び、知り合いの大工さんに来てもらい、代金を支払って建材にしてもらうのだ（これを「賃挽き」と呼ぶ）。

一九六〇〜七〇年代には海岸沿いの道路事情は現在より悪く、自動車も各世帯に普及していなかったので、山林で伐り出した丸太の運び出し（「山出し」）は川が利用され、易国間川に丸太を流して運んだ。いったん堤《つづめ》を設けて水流を塞き止めてから一気に流す（堤流し）。ところが大正時代の初期に、この堤流しのため海に泥水が流入し、コンブやテングサの繁殖に悪影響が及んだことが漁協の訴えで明らかになり、下流域に森林軌道（トロッコ）が設置された経緯がある。トロッコも川も使えない集落でも、雪の上なら橇を使える。冬の漁閑期に、バジソリと呼ばれる橇で運搬した。この橇はカーブやブレーキに経験を要

(7) 現在、国有林と製材所とのあいだの直接の取引はなく、森林管理署の委託販売先を介して購入している。

し、バジソリを操作できたら一人前の山子と言われた。

また、かつては船大工も村に四人いた（易国間集落）。材を仕入れ、木造のイソブネを造船していたのである。[8] 一九七〇年代には全国的に繊維強化プラスチック製の漁船が普及していったが、風間浦村でも徐々に、船大工も木造のイソブネもなくなっていった。

最近では、薪ストーブのリバイバルが小さなブームとなっており、集落の共有林は自家用薪の採取に利用される。私の知り合いの漁師さんのご自宅も薪ストーブがあり、冬にお邪魔したときには薪をくべながらお話をしてくださる。ご自分が父親に習ったように、息子さんに樹を伐り出す仕事を教えようと思ってもいっこうに興味を示さない、と笑いながら言う。集落の共有林も、昔は自分たちで枝打ちなどの手入れをしていたものだが、最近では若い人たちはやり方を知らず、知っている者は高齢化している。いまのヤマの樹々の枝ぶりを見れば、まったく手入れがなされていないことは見る人が見ればすぐ分かる、と彼は残念そうに続ける。漁の場合と同じく、漁家経営面とは別に、当たり前に引き継がれてきた生活知を伝えたいという思いを強く感じる。

（8）　船大工は八〜一〇人乗りの川崎船（カワサキセン）も造船した。なお、伝統和船の衰退を調査した濱田武士の著書『伝統的和船の経済』（農林統計出版、二〇一〇）によれば、函館の船大工は下北半島のヒバを調達して造船していたという。

おわりに

下北半島の漁村は、ひとことでは言い尽くせない魅力がある。観光で訪れる立場からみても、晴れた日の津軽海峡の眺めは美しく、温泉がいくつもあり、おいしい海産物があり、木工品や乾燥海産物などお土産を買える店もあるなど、風間浦は小さな村ながら見どころは多いと思う。
何度もお話を聞きに伺っている私にとって、風間浦村の最大の魅力は、やはりそこに暮らす人びとである。かれらは働き者で、自分たちの生活に関わることを、かなりの範囲において自前であれこれとやってきたジェネラリストにみえるのだ。それはやはり、コンパクトな小世界のなかにいろいろな生業の経験や生活知が蓄積されてきた村の歴史があるからであり、その歴史のなかで外部世界との交渉を経たさまざまな相互影響をみることができるからでもあるだろう。

〔参考文献〕
青森県環境生活部文化・スポーツ振興課県史編纂室編『青森県史叢書　下北半島北通りの民俗』青森県、二〇〇二年
工藤睦男編『風間浦村史（補正版）』風間浦村役場、二〇〇九年

図6　村の乾燥海産物直売所の豊富な品揃え（例年春季〜秋季に営業）

column

絆の探訪——下北と台湾に隠された命の絆

——呉書雅・西村君平

舞台は昭和四〇年代。本州最北端に位置し、寒風吹きすさぶ下北半島。無医村に苦しむ人々を助けるために、燦々たる太陽が輝く台湾から医師がやってくる。医師は身を粉にして人々を助け、人々の病を癒していく。まるで出来すぎた古い映画のようだが、この物語は、下北と台湾の「命の絆」として今日に伝えられてきた、歴史的な事実である。みなさんも下北と台湾の「命の絆」の物語に耳を傾けていただけないだろうか。

図1　かつての風間浦村（画像提供：風間浦村役場）

弘前大学では教養教育の一環として学生たちとともに、下北地域県民局の協力を得て、下北半島に今も息づく「命の絆」を紐解くためにオーラル・ヒストリーの聴取を行った。

下北半島の中ほどに位置する風間浦村。かつて台湾からきた医師たちとともに働いた経験を持つ能渡テイ子さんと高橋美保さんに話を伺った。彼女たちによれば、昭和四〇年代の下北半島には医師が決定的に不足していた。しかも、集落をつなぐ道路も整備されていなかった。下北半島の人々にとって、病院は決して身近な存在ではなかったのである。こうした苦境を脱するべく、下北の有力者や政治家は、青森日華親善協会の助力を得て台湾から医師を招くことを決めた。

「どんな先生が来るか、不安だった」と正直に語ってくれた能渡さん。彼女はすぐに続ける。「でもその不安はすぐに消えました」。最初に台湾から来てくれた医師の名は黄河治。彼は弘前大学に留学して医師免許を取得。さらに日本に帰化し、名前を「黄」から「黄河」[1]に変えていた。

黄河先生の思い出を聞くと、皆の口から「パジャマのお医者さん」という言葉が聞かれる。黄河先生はいつもパジャマの上に白衣を着て、朝も夜もなく往診や急患の対応に取り組んでいたそうである。

風間浦村、下風呂地区にある「まるほん旅館」の大女将《おおおかみ》長谷津恵子さんは、黄河先生によって救われた患者の一人だ。かつて大女将は流産という悲劇に見舞われたことがあった。しかも、術後の経過が悪く、なかなか体調が戻らなかった。「もう子どもは望めないかもしれない。」そんな思いに囚われそうになった大女将を助けてくれたのが黄河先生であった。

黄河先生は産婦人科を専門としていたわけではなかったが、全力を尽くし大女将の療養を支えてくれた。黄河先生は「もしこれで子どもができなかったら、それは夫が悪い。あなたの責任ではないんだよ」と冗談のように

図2　佐井診療所（筆者撮影）

図3　下風呂診療所（筆者撮影）

図4　調査の様子（筆者撮影）

励ましてくれたと大女将は笑う。療養が身を結んだのか、のちに大女将は長男を授かることになる。そのときの黄河先生は「そらみろ！」と大女将に大いばり。大女将に新しい家族が増えたことを、黄河先生は自分のことのように喜んでくれた。

学生がふと尋ねる。「もし今、黄河先生に会うことができたらどんな言葉をかけたいですか」。しばらく涙を拭きながら語り続けていた「まるほん旅館」の大女将は心からの笑顔を浮かべて言った。「黄河先生、長男に会わせてくれてありがとう」。

黄河先生は、彼にとっては異国の地、下北でその人生を終えた。しかし、黄河先生の遺志を継ぐかのように、次々に台湾から医師が訪れる。森方宝子先生、高峰達人先生、高峰正先生、佐伯寿美先生、秋好宗敏先生が続く。台湾人医師の派遣は、平成の世が始まるころまで続いた。

下北半島には、今も無数の「命の絆」が揺蕩っている。佐々木旅館の大女将に「命の絆」を尋ねると、「よく一緒にお茶を飲んだよ。佐伯先生は寂しかったのかな。」と友人を思いやるような優しい言葉が溢れる。かつて台湾人医師とともに働いた職員の方々に話を聞くと「今でも台湾人医師とともに働いたことを誇りに思っている」と真剣な眼差しで語ってくれる。佐井村の現村長樋口秀視氏は「先生とは夜は一緒に麻雀をしたよ」と、まるで昨日のことのように先生の思い出が語られる。

今回紹介した物語の他にも、数多くの「命の絆」の物語が下北に隠されている。もし下北に足を向ける機会があれば、その時は是非ともまちの人々に下北と台湾の命の絆について尋ねて欲しい。ここにしかない本当の物語にであうことができるから。

〔注〕
（1）本名は「黄伝福」で、来日後帰化して「黄河治」と名乗る。

青森にみるトランスローカリティの現在

——平井太郎

はじめに——トランスローカリティという生き方

今「トランスローカリティ」という言葉が注目されはじめている。提唱者の一人は、他でもない本書の編者である羽渕一代さんだ。だがそもそも「ローカリティ」とは何だろう。さらにそこに「トランス＝乗り越え」が付くとはどういうことだろう。

似たような言葉と比べてみるとわかりやすい。二〇一八年夏、「LGBTは生産性がない」という雑誌記事を書いて炎上した国会議員がいた。彼女が標的にしているLGBTの一つに「トランスジェンダー」がある。私たちは生まれるとすぐ男の子か女の子かという性別が与えられる。それがずっとつきまとい、日常の行動や人生のあり方まで左右してしまう。こういうあり方を乗り越え、出生時の性別に縛られない生き方が「トランスジェンダー」と呼ばれている。

そうすると「トランスローカリティ」というのも、たとえば出生地によって縛られがちな行動や人生のあり方を乗り越えるような生き方だと考えるとわかりやすい。そもそもそんな縛りなんてあるのだろうか？　と思った人も少なくないかも知れない。だが、考えてみてほしい。たとえばぼくが七年間研究している青森県佐井村という場所がある。下北半島の西はじに広がる二〇〇〇人ほどの村だ。

この村には高校も大学もない。大きな会社も工場もない。だから、ここに生まれた子どもたちは、下手をすると高校に通うのにもアパートを借りなければならない。大きな会社で働きたいと思えば村を離れるしかない。さらに子どもたちに話を聞くと、村からは通えない遠くの高校に行くには、特定のスポーツの技を磨くか勉強に励むかして、どちらにしても県トップクラスの成績を挙げないとダメだそうだ。そんなふうにして、自分がどこに生まれたのかによって、どんな日常を送らねばならないのか、そしてどういう人生が歩めるのかが、かなり縛られることもあるのだ。

もう一つ注意してほしいことがある。それは生まれた場所を離れたり、また戻ってきたりといった地域間の移動をしているだけで「トランスローカリティ」とは呼べないことだ。たとえば、先の佐井村の子どもたちにとって、進学や就職のために村を離れるのは、村に生まれた者として当たり前のことだ。つまり、佐井村に生まれたという「ローカリティ」には、初めから村を離れて都市に移り住む生き方が埋め込まれていて、佐井村の子どもたちにとって都会に出たことだけでは、そういう「ローカリティ」を乗り越えたことにはならない、むしろ、佐井村の「ローカリティ」そのものを生きていることになる。

その意味では「ローカリティ」の縛りの強さは、進学や就職の際に移動を強いられる青森のような地方圏の方が実感しやすいかもしれない。実際、社会学者の吉川徹は島根県を例にとって『学歴社会のローカル・トラック』という本を出している（吉川二〇〇一）。「学歴社会」というと、出身地とかではなく学歴によって、その人の人生が決まるかのように見える。だが、その学歴を得るのに、どの地域に生まれるかによって、まるで陸上のトラックのようにルートが決まってしまっている、というのが吉川の結論だ。

ここで注目しようとしている「トランスローカリティ」とは、こういう「ローカル・トラック」を乗り越えた生き方に他ならない。

1 田園回帰と地域おこし協力隊

現代の「ローカル・トラック」で最もがっちりしたものと言えば、地方から大都市への移動、つまり「都市化」である。日本でも一九九〇年代末から東京への人口一極集中がふたたび加速し、二〇一〇年代半ばから「地方消滅」とか、逆に「地方創生」とか叫ばれている。こういう大都市への人口集中は日本だけでなくグローバルな現象だ。

この「ローカル・トラック」を逆走するのが大都市から地方への移動で、一九八〇年代のイギリスでは文字どおり「逆都市化」と呼ばれ注目された。日本では二〇一〇年代に入って同じような人の流れを「田園回帰」と呼び、政策的にも後押ししようとしている。さまざまな政策のなかで最も注目されているのが「地域おこし協力隊（協力隊）」だ。

二〇〇九年から始まった「協力隊」は、大都市圏に住む若者に地方に移り住み、その地域のさまざまな活動に協力してもらうというものだ。年間約四〇〇万円の経費が三年間支給される。初めはさっぱり応募者がいなかったが、二〇一二年から徐々に増え、二〇一七年には五〇〇〇人近くが活動している。しかも経費支給が切れた後も六割の「協力隊」が移住地周辺に定住していることから、政府としても地方から大都市への人の流れを逆転させるものとして注目し、予算枠を五〇〇〇人から八〇〇〇人に増やした。

とは言え移動するだけでは「トランスローカリティ」な生き方とは言えないのと同様、「ローカル・トラック」を逆走しているだけでは、今までの常識を乗り越えたことにはならない。そこでぼくは二〇一〇年から実際に「協力隊」がどんな新しい生き方を切り拓いているのか、特に「ローカリティ」つまり地域による縛りに注目しながら研究を進めてきた。

2 「青森ではできない」を乗り越える

青森の場合、「協力隊」採用は全国的にみても低調で、二〇一二年に初めての例が生まれた。その「協力隊」もとてもユニークな人だったが、残念ながら地域と折り合いがずっと悪く、ぼくも仲介を試みたりしたが、四年後には北海道に移り住んでいった（平井二〇一四）。「地方ではこんな暮らし方ができるはずだ！」という「協力隊」の思い込みと「都会生まれの協力隊ならこんなことができるはずだ！」という地域側の思い込みがともに強くて折り合わなかったのだ。これではせっかく大都市から地方に移住してきているのに、「ローカリティ」の罠にはまったままだ。こういうケースは全国で見られる。そこでぼくは、どうしたら「ローカリティの罠」を乗り越えられるのかを考えた。そして、地域も「協力隊」もよく話し合って互いの思い込みを意識的に乗り越える場づくりを仕掛け、その効果を見てゆくことにした（平井二〇一八）。

そこにやってきた「協力隊」がAさんだった。Aさんは東京生まれの東京育ち。大学も就職先も東京で広告代理店に勤めていた。二〇代後半、ふとしたことから青森のご当地アイドルと縁ができ、月に一回は東京から青森まで通うようになった。初めは一観客だったが、次第に仕事のスキルを生かしてプログラムのシナリオなども持ち込むようになった。そうした裏方仕事をしているうちに「青森に移住して来ないか」と誘われはじめた。そんなとき目にしたのが「協力隊」の募集だった。

もっともAさんには三年後の展望はなかった。なぜなら、自分は広告代理店的な仕事を続けたいが、それで食べていくにはさまざまな職種の人と組んで仕事をしていかないといけない。Aさんが得意なのはシナリオだが、スチール、ムービーのカメラマンも要るし、コピーライターや演出家、平面、立体のデザイナーも必要だ。Aさんは当初、青森にはそれだけの多様な職種の人がいないと思っていたし、ご当地アイドルの仕事を重ねてもその感触は変わらなかった。「青森には人材がいない、だから東京に頼む、だから青森には人材が育たない」――こういう悪循環にはまっているように見えた。

だが「協力隊」としての最初の一年が過ぎようとしていたある年度末。突然、採用先の市役所から依頼が来た。「動画制作を受注したD通さんが納期に間に合わないと言ってきた。何とか下請に入って仕上げてもらえないか」。Aさんは頭に来たが、落ち着いて考え直した。この仕事がこなせれば、東京に流れている同じような仕事を、これからどんどん受注できるかも知れない。「協力隊」の一年、さまざまな情報発信の仕事をこなしてきた。その時のメンバーを必死に想い出して口説き落とし、無事仕上げた。これがきっかけとなって、Aさんは思い切って「協力隊」を一年で卒業し、青森で広告代理店を起こした。D通など在京の広告代理店と伍しつつ、今まで広告などを依頼することすら思いつかなかった、地場のりんご農家さんからも仕事をもらえるようになっている。

「青森には人がいない、青森では広告で食えないってのは思い込みだったんですよね」——まさにこのAさんの言葉が「トランスローカリティ」を象徴している。たしかに「青森ではこうだ」「青森ではこれがない」といった思い込みはさまざまなものがある。そうした思い込みによってこの例のように、「人材がいない→仕事が出せない→人材が育たない→仕事が……」という悪循環が生まれ、思い込みが思い込みでなく現実になっている例も少なくない。Aさんはこの悪循環の矢印の一つを反転させ、今、逆に好循環を生み出しつつある。

Aさんがこのような反転をなしえたのは、「協力隊」として大都市圏から地方へ移動してきたからだろうか？　ぼくはそれだけではないと考えている。というのも、Aさんの起死回生のプロジェクトには、青森の地元のカメラマンや演出家などの協力が欠かせなかったからだ。そうした人びとが塊となって動かなければ悪循環の反転はなしえなかった。彼ら彼女らは必ずしも全員がUターン者でもIターン者でもなく、地元で映像技術を学んで淡々と仕事をこなしてきた人も少なくない。「トランスローカリティ」の具現化は、現実に地域を移動したりネットワーク化したりしなくてもなしうるのだ。ではどうしたら「トランスローカリティ」は具現化しうるのだろうか。別の「協力隊」の例を引きつつ探ってみたい。

3 地域はべったりと単色ではない

ぼくが研究上深く関わる青森の「協力隊」にBさんがいる。彼も東京生まれの東京育ちで、大企業の製造ラインで働いていた。三〇代前半になったある日、友だちに誘われ、青森のねぶたを見に来た。一瞬にして虜になり、こんなねぶたとともに暮らす生き方に憧れ、移住してみたくなった。やはりちょうど「協力隊」の募集があって、すぐに採用された。

だが、最初に紹介した青森第一号の「協力隊」と同様、地域とのすれ違いがひどかった。Bさんは人懐っこく地域に溶け込もうとイベントにも行事にも欠かさず顔を出し続けるが、Bさんを採用した市町村では、地域の側に「協力隊」に対する期待が全くなく、どうしても受け入れてもらえなかった。そうしたBさんの相談を受けたぼくは、三か月に一回、自分のアクションと地域のリアクションを整理して、三年後の自分と地域の理想像の実現にむけ、何をしていったらよいか話し合うワークショップを重ねていった。

そんなあるとき、今まで役所や地域の愚痴ばかり言っていたBさんが、急に前向きなロードマップを描くようになった。地元のりんご農家さんの娘と結婚することになったのだという。以前からぼくは冗談で、Bさんが定住するには地元の農家さんに婿入りでもするしかない！　と言っていたが、現実のものとなったのだ。これでBさんも地域の地縁のなかに組み込まれ、りんご農家として頑張っていくのか。そういう人生もたしかにあるし、間違いはないよな、などと勝手に想像していた。

だがBさんはお相手の農家の娘さんから「絶対、消防団には入らないで。入ったら別れる」と釘を刺されたのだという。そして彼女が志半ばで畳んだカフェを、もう一度一緒に開業し何とか軌道に乗せてゆくつもりだという。さらに話を聞いていくと、開業にむけて、もちろん双方の親からも支援を受けつつも、大半は地元のイベントで知り合った地方銀行の支店長の口利きで借入を起こす計画なのだと熱弁をふるっていた。――その後Bさんは実際にカフェを開業。瞬く間に評判となり地元、というよりは車で三〇分圏内から顧客が集まる人気店になっている。さらに「Bさんのカフェで働きたい」という人も、やはり同じような圏内から数名現れ、開業一年にして五名の従業員を抱えるまでになった。

つい先日も話を聞くと、見た目ほど経営は順調ではないというが、間違いなくBさんもまた「トランスローカリティ」の担い手の一人だ。彼もまたAさんと同様、「青森には仕事がない」、だから「特にスキルも何もないよそ者が生き延びるには、農家の嫁か婿になるしかない」という思い込みを鮮やかに裏切っているからだ。

しかもその裏切り方がポイントだ。この思い込みは、青森のような地方にはがっちりとしたコミュニティが生きていて、そこにうまくはまれば何とか生き延びられるという地方社会に対するありきたりなイメージを前提にしている。だが、Bさんはそういうがっちりとしたコミュニティとは距離を取り、それとは異なる別のコミュニティと結びついている。

すなわち、イベントで知り合った地銀の支店長、車で三〇分圏内から通う客や従業員によって構成されるような、狭い範囲を超えたゆるやかなコミュニティと結びつくことによって、これまでの常識を覆す「トランスローカリティ」を具現化しつつある。

Bさんの例からわかるように現在の地方には、「消防団」で象徴されるコミュニティと「イベント／カフェ」に象徴されるようなコミュニティとが重なり合っている。それを地方＝消防団のように思い込んだり、逆に現代の地方こそ「消費社会の先端」（貞包二〇一五）のように考えたりしがちだ。だが現実には、わかりやすく言えばそうした二つのコミュニティが互いに交じり合いながら重なり合っている。Bさんの「トランスローカリティ」で大切なのは、そのように地方がべったりとした単色の社会ではないという、立ち止まって考えてみれば当たり前のことを、しっかり想い起こさせる生き方を具現化している点にある。

4　地域の暮らしを内側から問い直す

こう紹介してくると、どうしても「消防団」で象徴されるようながっちりとしたコミュニティには「トランスローカリティ」の芽がないように感じられるだろう。だがもう一人、ぼくが六年にわたってお付き合いしている、冒頭の佐井村に採用された「協力隊」のCさんは、「消防団」で象徴されるコミュニティにどっぷり漬かりながら、「トランスローカリティ」のたしかな担い手と呼べる新しい生き方を切り拓きつつある。

Cさんも東京生まれの東京育ちだったが、就職後、通信系コンサルタントの仕事で地方を転々としていた。青森に来る直前は島根にいて、そこで結婚もしていた。コンサルタントとして各地を転々とする働き方、生き方に限界を感じていたところ、佐井村での「協力隊」募集を知った。たまたま仕事の関係で佐井村には縁があった。

Cさんは移住後「消防団」の付き合いを、とにかく村で広げていった。漁師たちの日々の車座にも行けば、観光船のもぎりも船頭もする。秋の祭では青年団に顔を出し続け、冬になれば猟師たちについて山に入り、村芝居にも加わって頼まれれば段取りもする。

ただしCさんは酒が呑めない。お茶を片手にいつまでも話の輪に加わっている。そんなCさんを大酒飲みばかりの村の男たちはからかう。何が楽しくているんだと。素面で生意気なことばかり言って酒がまずくなると。Cさんも腹を立てていないわけではないが座を立たない。村の男たちもからかうけれども、Cさんを認めている。Cさんが経済的に困っていると見れば、みんなでやりくりして仕事を出す。それがわかっているから、Cさんも顔を出すのをやめない。こういう間柄が「消防団」で象徴される、地域のがっちりしたコミュニティの実相だ。

だがCさんはそうしたコミュニティにどっぷり漬かって何をしているのか。彼は村の人が一〇年以上放置している田んぼの跡を開墾し、サルも食べないというアピオスを育て、独自に加工品の製造販売や通信販売も始めている。下北のサルは天然記念物でいたずらに駆除できない。だから何を育ててもサルに食われると離農が相次いできた。そのため今、農で食おう、農に村の未来があるなどと考える村の人は誰もいない。もともと佐井と言えば青森ヒバの林業、津軽海峡の漁業と誰もが言い、長くそれらの振興が行われてきた。だが六〇年前、村が最も人口が多かった時、最大の産業は農業だった。つまり村の暮らしのおもとは農業にあり、しかもそれは商品作物を大規模に生産するというより、日々の暮らしを支える生業だった。

Cさんが実践しようとしているのもまさにそうした暮らし方だ。言うならばそれは、地域の人たちがいつの間にか忘れてしまおうとしている、地域に根差した暮らし方である。だからこそ村の男たちには「生意気だ」と思われながらも認められている。さらに何人かの追随者も現れつつある。

村の小さな産直では、Cさんのアピオスの花茶に刺激されたのか、かつて村では当たり前のように飲んでいたヨモギやシャクナゲの茶葉、さらにはスグリやハシバミなど、そこら辺に生えている実を生かそうとする取組みが始まっている。これらの取組みは「そういえば昔はあんなこともしてた、こんなこともしていた」と語り合うワークショップから芽生え、次の回には「生えてたから持ってきた」と話が一歩具体化し、商品化まで進んでいくサイクルとして回りはじめている（平井二〇一七）。そこに集う七〇前後の人たちは村の外には生まれてこの方一度も出たことはない。だが「この村ではこれしかない」という生き方を乗り越えようとしている意味ではまさに、Cさんともども「トランスローカリティ」の体現者なのだ。

おわりに──ローカリティの向こう側

ここで紹介してきた三つの「トランスローカリティ」は、たんに地域を移動したり複数の帰属意識をもったりしているという以上に、生まれた場所や住んでいる場所による縛りを超える生き方を実現している点がポイントだ。青森はそうした地域による縛りが強いだけに、逆にそれを乗り越える可能性にも開かれている。乗り越えの鍵は、地域によく目を配り、足を運び、人びとと語らうこと。そして、意外な人との結びつきを大切にして、新しい地域のつながりを紡ぎ出すこと。さらに言えば、地域に暮らしているとつい忘れがちな、その土地固有の生き方をよみがえらせること。「トランスローカリティ」にはそうしたいくつかの方向性がありうることを、青森という土地そのものが気づかせてくれるのである。

〔参考文献〕

平井太郎「「地域」が「地域」を評価することは如何に可能か」『日本都市学会年報』第四八号、二四九―二五八頁、二〇一四年
平井太郎『ふだん着の地域づくりワークショップ』筑波書房、二〇一七年
平井太郎「地域社会の再構築にむけた「周辺」の正統化」『日本都市学会年報』第五一号、三〇一―三一〇頁、二〇一八年
吉川徹『学歴社会のローカル・トラック』世界思想社、二〇〇一年
貞包英之『地方都市を考える』花伝社、二〇一五年

「青森の湘南」。
ぼくの故郷を想い起こさせる脇野沢への海岸道路。
三方を海に囲まれた青森で、南向きに開けているのは、唯一、
ここだけ。

column

学生と社会人をつなぐサードプレイス

――澤田真一

第97回『時の音ゼミ』　**参加費：五〇〇円（1ドリンク付）　時間：一九時～二〇時三〇分**

弘前市の城下町、和徳の大通りから少し外れたところに、築六〇年以上の古民家を改築したカフェは静かに佇む。時の流れをゆっくりと感じ、忙しさの中に忘れ去られた自分を取り戻してもらいたいという願いを込めて、その店は『時の音エスプレッソ』と命名された。キャパシティは一〇人程度。シンボルは柱時計。黒い天井から吊るされた裸電球の灯す暖かな明かり。大切に使い込まれた箪笥と椅子。イタリア製のエスプレッソマシーン。参加者は七時少し前に暖簾をくぐり、白い壁を背にテーブルにつく。

マスターのシュウさんは、弘前大学農学部を卒業して医療機器メーカーに一三年勤務した後、平成二四年にお店を、その二年後に市民の対話の場となる『時の音ゼミ』を隔週で始めた。目的は、参加者の考える力と伝える力を養うこと。唯一の規則は、相手の意見を批判しないこと。高校生、大学生から七〇代の専業主婦、公務員、行政書士、ＬＧＢＴ、教師、医師、看護師、銀行員、モデル、外国人、アナウンサーなど実に多様な人々が、今まで様々なテーマについて語り合ってきた。ゼミが始まると参加者の肩書は忘れ去られ、お互いが対等者として向かい合うのがエチケット。ここでは、教師は自分の生徒からファーストネームで呼んでもらえる。

「時の音」（マスター）

今晩の参加者は七名。その中に、初めてやって来た高校生のＥimがいる。彼は今、自分がバラバラにならないために、学校に通うことを止めている。ゼミのテーマは『生きやすい社会』。マスターはまず、「何が社会を生きにくくしているのかな?」と問いかけ、出てきた答えをボードに書いていく。「贈答・返礼のわずらわしさ」「書き手の姿が見えないネットでの中傷」「道徳の押し付け」ここでEimが口を開いた。「僕は転校してきた時に、津軽弁が話せないことで小学校のクラスで仲間外れにされた。教師もそれに同調した。それから…」彼は語り続ける。まわりは静かに耳を傾ける。過去を言語化すること、その自分の声をしっかりと聴くことで、彼はそれらから少し距離を取り、出来事の意味を考えながら思想化していく。独りでいることは、彼に何と多くのことを考えさせたのだろう。「差異への不寛容」がボードに書き足された。

一つ目の生きにくさを解決するために出されたアイディアの中で、みんなからの賛同を得たのは、「誰かから贈り物をもらったら、今度は贈り主とは異なる第三者に贈り物をすればよい」であった。そうすれば、義理ではなく本当に必要としている人の所に物が届けられ、やさしさの輪が広がっていく。残念ながらここで八時半になりゼミは終了。最後にEimは言った。「これってひとつの文化ですよね。この文化を学校に持ち帰りたい」

家庭(第一の場所)、職場・学校(第二の場所)とは異なる、とびきり居心地の良いもう一つの場所のことをオルデンバーグは「サードプレイス」と呼んだ。その大切な機能は人と人を結びつけることだ。社会で生きていく上で、自分と他者との間に対話を通じて有機的な関係を築くこと、そしてその際に育まれた友愛を決して一人の他者のみに限定せず外側に拡げていくこと以上に必要なアート(技巧)は存在するだろうか。肩書や地位という鎧(What)を脱いで、かけがえのない一人の人格(Who)としてお互いが触れ合うことができる場においてこそ、人は自由な交わりと生きた時間を享受することができる。多様性と平等が保証され、何か新しいものが生み出される媒介となれる「場」と「文化」があれば、社会は分断の深化に立ち向かえる。

column

地域の人間関係が担う〝夢おこし〟

古村健太郎

雪も降り始め、本格的に冬の寒さが訪れはじめた二〇一七年一一月一八日、弘前市相馬地区は熱い夜であった。「相馬でJAZZを聴かNight」が開催され、多くの人がJAZZの演奏に酔いしれ、相馬産りんご最高の1コ決定選手権「〝わ〟の1コを選んでけ！」に熱狂した。これらのイベントの注目すべき点は、その内容だけではない。その運営スタッフにもある。りんご選手権のプレゼンターはりんご農家の青年と相馬地区地域おこし協力隊隊員、カメラマンは相馬地区地域おこし協力隊（現在は新聞記者）、スポットライトは相馬村農協職員、さらには市役所職員など、運営スタッフは年齢や職業が様々であった。彼らは、このイベントを作り上げた「相馬で夢おこし実行委員会」のメンバーとして運営に携わっていた。

職業や年齢を飛び越えた様々なメンバーで構成される「相馬で夢おこし実行委員会」は、青森県弘前市相馬地区で活動するチームであり、地元の若者たちと地域おこし協力隊が相馬地区を盛り上げるべく共に活動している。その活動は、相馬地区の人々の想いを形にするものである。例えば、上記のりんご選手権は、相馬地区の若者の提案によって始まった企画で、旧相馬村で行われていたりんご品評会をアレンジしたものであり、一種の文化伝承の側面を見て取れる。また、二〇一八年二月に行われた「相馬・岩木スポーツ交流会」は、相馬の若手交流として行われたもつ焼きパーティーにおいて出されたアイデアを実現したものである。しかし、ただ開催するだけではなく、相馬地区と隣接する岩木地区と共催し、地域間の人々の橋渡しの役割を果たした。このように、相馬で夢おこし実行委員会の活動は、相馬地区を盛り上げる役割を果たすだけではなく、その活動の中に相馬地区内の文化的継続性を担う役割や、相馬地区と他地区の間との関係性を保つ役割を内包する活動となっていることが伺える。

また、相馬で夢おこし実行委員会の活動をよりマクロに見た場合、行政と地域の人々を結びつけるという役割を果たしていると考えられる。地域おこし協力隊は、行政に関わる人々（例えば、弘前市役所）、地域の人々、さらに相馬地区外部の人々（例えば、弘前大学、新聞社）が集まるチームである。そのため、行政と地域の人々という縦の関係性、地域の人々同士という横の関係性、相馬地区外部との関係性がごく自然に内在化されている。活動創出のためのミーティングでは、時に互いの立場に関係なく、時に互いの立場を尊重しながら、様々なアイデアを創発し、実際に行政と地域を巻き込みながら様々な活動を行っている。すなわち、相馬で夢おこし実行委員会は、行政と地域を結びつけるハブのような役割を果たしていると考えられる。行政と地域の連携の必要性が主張され、実際に様々な連携が生み出されてから久しいが、相馬で行われている連携もまた注目に資するであろう。

以上のような活動を行っている相馬で夢おこし実行委員会が果たす役割は大きい。しかし何よりも、メンバーが楽しんで活動していることが実行委員会の最大の特徴であろう。メンバーは、それぞれに想いや志を持ち、それを実現すべく活動している。しかし、活動を本質的に楽しめなければ、重荷になってしまう。一方で、活動で多少なりとも負担があったとしても、その活動が楽しく魅力的であれば、何らかの形で継続されていくであろう。楽しいことややりがいは活動を継続し、活動の質を上げていくために重要な要素である。実行委員会の活動から楽しみややりがいが生み出されているからこそ、魅力的なイベントが創発されているのであろう。そのような思いを馳せながら、筆者は実行委員会が開催し

弘前リレーマラソンの一コマ

たイベントを楽しみ、そして新しいイベントが開催されるのを心待ちにしているのである。興味のある人は、相馬地区で彼らの活動に少し参加してみてはいかがだろうか。

なお、ここまで相馬で夢おこし実行委員会の活動を紹介してきたが、少しでも相馬地区や相馬で夢おこし実行委員会に興味を持っていただければ幸いである。実行委員会の活動や相馬地区の様子は、Facebook上で見ることができ、相馬地区の様子は「フォト・ストーリー相馬３６５」でインターネット検索をすると見ることができる。お手隙の際にぜひご覧いただきたい。

第2部

時間の流れを感じる

考古学者と行く「北のまほろば」

——関根達人

はじめに

作家の司馬遼太郎は、シリーズ『街道をゆく』で青森県を、すばらしく住みやすい場所を指す古語にちなんで、「北のまほろば」と呼んだ。その理由として司馬は、太宰治が「悲しき国」と嘆き、稲作が始まった弥生以降飢饉に悩まされてきた本州最北端の地には縄文の豊かな生活の跡が埋まっていることを挙げた。「北のまほろば」は、県営野球場の建設工事に伴い行われていた青森市三内丸山遺跡の発掘調査が全国的に注目され、遺跡の保存が決まった一九九五年に刊行された。司馬が「北のまほろば」執筆のため青森を訪れたのは、まさに三内丸山遺跡で「縄文の常識を覆す世紀の大発見」が続く最中であった。

司馬の青森訪問から約二〇年を経た二〇一八年、三内丸山遺跡をはじめとする北海道・北東北の縄文遺跡群が、世界文化遺産登録に向け国内推薦される見通しが立った。構成資産に挙げられている一六の縄文遺跡のうち半数は青森県内にある。古代にはエミシ、中世・近世には和人と本州アイヌの人々が暮らしていた青森県内には、他所では見られないユニークな遺跡が存在する。ここでは、青森県内の主要な遺跡を巡りながら、本州北端の地に生きた人々に出会う旅に出かけよう。

1　縄文のかがやき

青森県はしばしば「縄文の宝庫」と呼ばれる。三方を海に囲まれ、陸奥湾や八甲田山系によって津軽・南部・下北の三地域に分けられる青森県は、全国的にみても地形変化に富んでおり、縄文人にとっても多様な食料資源が利用可能な魅力的な土地であった。

縄文時代には旧石器時代にない土器と弓矢が出現する。粘土から焼物を作る工程は人類が初めて体験した「化学変化」であり、土器の発明は人々の生活を大きく変えた。すなわち土器で調理することで利用できる食料の幅が広がるとともに、重く壊れやすい土器は長距離の移動に向かないことから、定住性が高まった。これまでのところ、最古の土器が見つかっているのが、外ヶ浜町の史跡大平山元《おおだいやまもと》遺跡である。陸奥湾と日本海側の地域とを結ぶ交通の要所に位置する大平山元遺跡は、旧石器時代から縄文時代草創期にかけて営まれた遺跡で、石器の材料となる頁岩《けつがん》の原産地としても知られる。大平山元Ⅰ遺跡から出土した約一万六〇〇〇年前の土器は世界最古とされている。

今日、縄文土器や土偶のもつ造形美が注目されるとともに、自然と共生した縄文人の生活にも関心が集まっている。縄文時代は一万三五〇〇年以上も続いたが、遺跡数や発見される竪穴住居の数などから、盛衰を繰り返していた可能性が高い。「縄文の宝庫」ともいわれる青森県内では、約六〇〇〇年前頃の縄文前期前半までは太平洋側の南部地方に人口が大きく偏っていたが、三内丸山遺跡に代表される「円筒土器文化」と呼ばれる前期後半から中期中頃の時期に、日本海側の津軽地方や津軽海峡と陸奥湾に挟まれた下北地方でも遺跡数が急増した。三内丸山遺跡が営まれた時期には、北海道南部から東北北部の円筒土器文化圏内では大規模な集落が数多くみられる。大規模集落が生まれた背景には、人口規模の拡大を可能にしたクリなどの堅果類の管理・貯蔵・調理技法の発達があったとみられる。

青森市の特別史跡三内丸山遺跡からは、北海道や長野県産の黒曜石や新潟県糸魚川産のヒスイの玉類、北海道日高産の石を使った石斧をはじめとして遠隔地からもたらされた遺物が数多く発見されていることから、本州と北海道を結ぶ重要な交易の拠点であったとみられる。また、国内最多の土偶や大規模な集団墓地からみて、周辺の集落からも人が集まってくるような祭祀の拠点であった可能性が高い。

約四〇〇〇年前には寒冷化により中部高地や関東地方では遺跡数が激減する。青森県内でも三内丸山遺跡のような大規模拠点集落が姿を消すが、代わりに小規模な遺跡が増えるとともに、遺跡の立地に変化がみられるようになる。すなわち、寒冷化により人口規模を支えていたクリなどの植物質食料の獲得が難しくなったのを受け、大きな集落が解体され、人々は多様な食料資源を求めて、より標高の低い場所から山間地まで様々な場所に、小規模な集落を営むようになった。

そうした社会の変化は縄文の祭祀の形も大きく変えた。北海道から北東北では、縄文後期の初め頃からストーンサークルと呼ばれる環状に石をならべた大規模な施設が営まれるようになる。青森県内では、青森市の史跡小牧野《こまきの》遺跡（縄文時代後期）や弘前市の史跡大《おお》森勝山《もりかつやま》遺跡（縄文時代晩期）などで大規模なストーンサークルが発見されている（図1）。いずれも単に石をならべる前に、平坦地を作り出すため大規模な土地造成が行われている。土の移動や石の運搬には多くの労働力が必要であり、複数の集落から人が集まる必要があったと考えられる。ストーンサークルは、地域の祭祀の拠点として、集落どうしを結びつける役割を担っていたと考えられる。

図1　史跡大森勝山遺跡のストーンサークル
出典：弘前市教育委員会写真提供

約三二〇〇年前頃には、北海道南部から東北地方一円に「亀ヶ岡《かめがおか》文化」と呼ばれる特徴的な文化が成立する。亀ヶ岡文化は、つがる市の史跡亀ヶ岡遺跡に基づき命名された縄文時代終末の文化で、多様な漆製品・遮光器《しゃこうき》土偶・亀ヶ岡式土器にみられる高い工芸的技術と、多くの祭祀用具に文化の特徴が表れている。亀ヶ岡遺跡や八戸市の史跡是川《これかわ》遺跡は漆製品など通常の遺跡では残りにくい有機質遺物の保存に適した低湿地遺跡である。是川遺跡から発見された漆製品はあまりにも精巧すぎるため新しく見え、石器時代の終末時期を巡って論争があった一九三〇年代には、東北地方では縄文文化が鎌倉時代頃まで続いたとする説の根拠の一つになったほどである。そうした誤った見方は、全国各地から見つかる亀ヶ岡式土器とそれに伴う在地の土器との共伴関係を追求することで是正された。

亀ヶ岡式土器やそれを模倣した土器は文化圏を超え、北は北海道最北の稚内市から南は沖縄本島の北谷《ちゃたん》町まで、驚くべき広範囲から発見されている（図2）。縄文時代には各地で地域色豊かな文化がみられるとともに、列島全体を繋ぐような一体性も存在したのである。

2　北限の稲作とエミシの時代

冷害による飢饉の記憶が語り継がれていた東北地方では、かつて弥生時代の稲作の存否を巡って論争があった。論争に終止符を打ったのが、田舎館村の史跡垂柳《たれやなぎ》遺跡で発見された水田跡である。津軽海峡を隔てた北海道で本格的に水田稲作が始まったのは、一九世紀である。津軽半島北端の竜飛《たっぴ》崎と北海道南端の白神《しらかみ》崎との間の距離は約二〇㎞に過ぎないが、水稲技術はおよそ二〇〇〇年もの間、アイヌ語で「しょっぱい川」と呼ばれる津軽海峡を越えることはなかったとみられる。垂柳遺跡が営まれた弥生中期には津軽平野でも農耕村落が展開したが、ちょうど紀元〇年頃を境に弥生後期以降、寒冷化により水田が放棄され、遺跡数は激減する。東北北部の人口は激減し、残された人々は再び狩猟・採集を

図2　沖縄県北谷町平安山原《はんざんばる》B遺跡出土の亀ヶ岡系土器（右）とそのモデルとなった亀ヶ岡遺跡出土土器（左）
出典：筆者撮影

中心とする生活に戻ったとみられる。弥生時代以降、北海道や東北地方は、典型的な日本史の時代区分では括り切れない複雑な歴史を歩み始めたのである（図3）。

前方後円墳は、太平洋側では岩手県南部の胆沢平野、日本海側では山形盆地より北では見つかっていない。律令国家によって城柵が営まれたのも盛岡市と秋田市を結ぶラインまでであった。古代の東北地方には律令国家により異民族視された蝦夷（エミシ）と呼ばれ

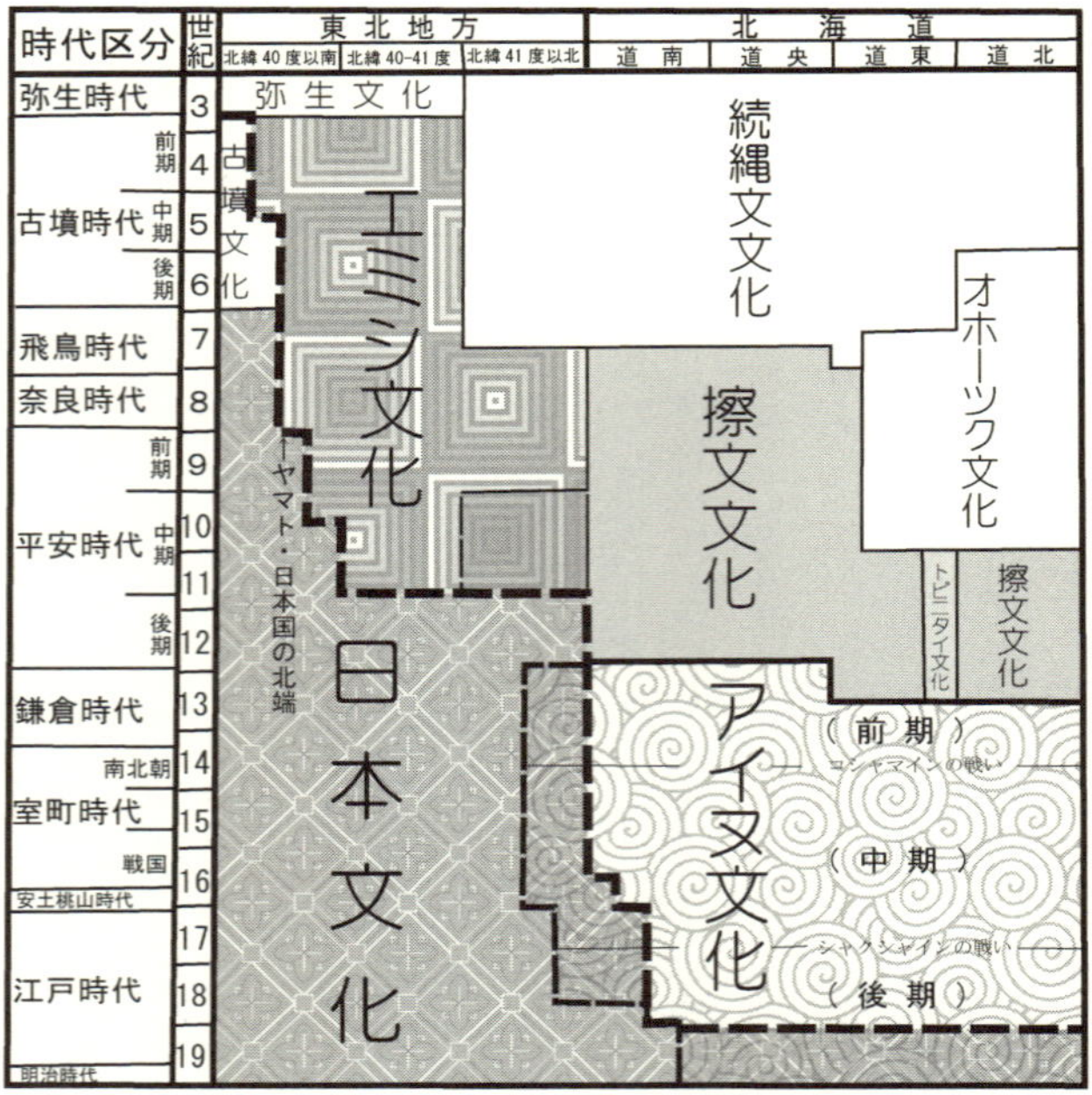

図3　青森県・北海道の文化変遷

出典：関根達人『モノから見たアイヌ文化史』吉川弘文館、2016年

る人々がいた。倭国やそれを母体とする日本国の北方進出により、エミシの領域は四世紀から九世紀にかけて北へ北へと範囲を狭めたものの、北緯四〇度以北の地が古代日本の国家領域に組み込まれることはなかった。エミシの人々は、精神面では仏教に感化された痕跡はほとんど見られないものの、基本的には日本国の住人である東北南部の人々とさほど変わらぬ生活を営んでいたとみられる。

東北北部の太平洋側では、五世紀以降、東北中部以南の古墳文化圏・古代日本国から移住してきた人々によって雑穀の栽培や馬産が営まれた。一方、脊梁山脈の西側、津軽地方では、弥生後期以降八世紀頃まで約七〇〇年間にわたり、非常に人口密度の低い状況が続くが、九世紀には北陸や会津地方から多数の移民が押し寄せ、爆発的に人口が増加する。津軽地方では人口の増加に伴い、九世紀には鉄・塩・須恵器生産が始まり、地球規模で温暖化した一〇世紀には水田稲作が再開される。

九世紀頃までは秋田城を中心とする律令国家が、シカ・クマの毛皮や鮭・昆布など北海道から産出されるものと、鉄・須恵器・米など本州で生産されたものを交換する北方交易をリードする役割を果たしていた。しかし、一〇世紀には律令体制の弛緩によりそうした機能は国家の手から、北緯四〇度以北の地に暮らすエミシの人々の手に委ねられることとなった。北方交易が生み出す富は莫大であり、富を巡ってエミシ社会の緊張関係が高まった。その結果、一〇・一一世紀には青森県内を中心に周囲を壕で囲んだ防御性に富む集落が営まれた。青森市の史跡高屋敷館遺跡、八戸市の林ノ前遺跡、外ヶ浜町の山本遺跡は、そうした北の防御性集落の代表的遺跡である（図４）。

一〇七〇（延久二）年、陸奥守源《みなもとの》頼俊《よりとし》と「山北三郡《せんぼくさんぐん》」（山本《やまもと》・平鹿《ひらか》・雄勝《おがち》）・「奥六郡《おくろくぐん》」

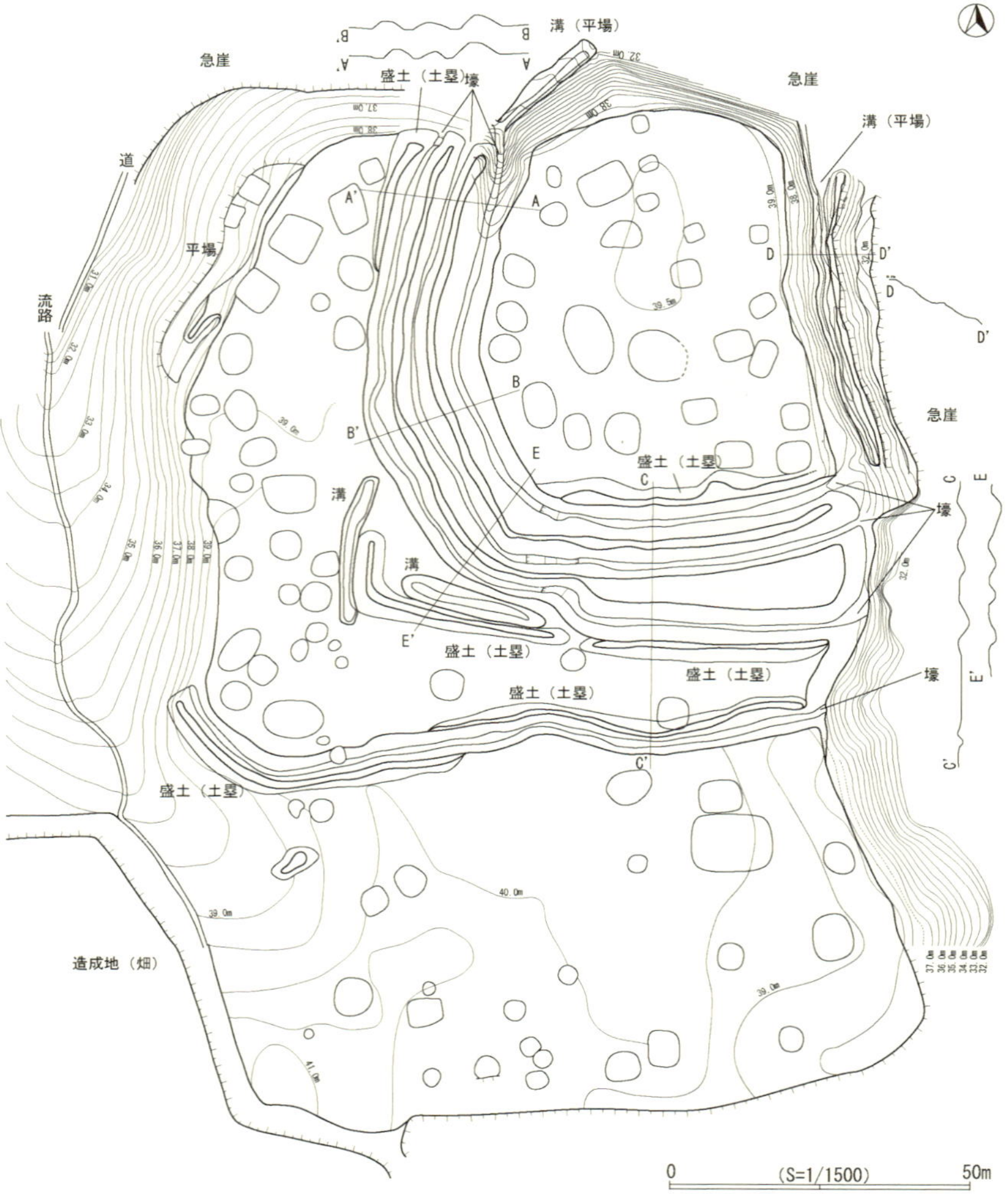

図4　壕で囲まれたエミシの集落（外ヶ浜町山本遺跡）

出典：関根達人「三重の壕をもつ古代集落：青森県外ヶ浜町山本遺跡」『古代国家と北方世界』同成社、2017年

（胆沢《いさわ》・江刺《えさし》・和賀《わが》・紫波《しわ》・稗貫《ひえぬき》・岩手《いわて》）の首長である清原真衡《きよはらのさねひら》の連合軍が「衣曽別島《えぞのわけしま》（北海道南部もしくは下北）荒夷《あらえびす》」と「閉伊《へい》七村（北上山地およびその東側の沿岸地域）山徒」を武力攻撃し、北東北に郡や一戸～九戸などの特別行政区が設けられる下地が創られた。そして一二世紀、奥州藤原氏による支配が東北一円に及び、エミシ社会は終焉を迎えた。

3　北奥の中世的世界

奥州合戦を経て鎌倉幕府の支配権が津軽海峡に面した外浜まで及ぶと、そこが日本国の東の果てと認識され、その外側に位置する夷島（北海道）に住む人々が蝦夷（エゾ）と呼ばれ始める。津軽海峡に「国境」が設定された後も、列島に人が住み着いて以来続いてきた本州と北海道島との交流が絶えることはなく、幕藩体制が成立する一七世紀初頭までは海峡の自由な往来が保たれていた。中世の青森県域には、北海道南西部の渡島《おしま》半島同様、和人と本州アイヌという二つの異なる民族が居住しており、そうした状況は、本州アイヌが完全に和人に同化される一八世紀まで続いた。

本州アイヌの主たる生業は、北海道アイヌ同様、和人との交易を前提とした狩猟・漁撈活動であった。下北半島尻屋崎に近い東通村の史跡浜尻屋《はましりや》貝塚は、全国的にも珍しい中世のアワビを主体とする貝塚である（図５）。そこでは本州アイヌの人々が、和人から入手した鉄鍋を使って干しアワビを作り、同じく和人から手にいれた鉄製の銛先を先端に装着した骨角製の銛頭を用いてトド・ニホンアシカ・アザラシ・ラッコ・オットセイ・クジラなどの海獣類を捕獲していた。干しアワビ・海獣類の毛皮・鯨油はいずれも和人向けの交易品である。浜尻屋貝塚からは、北海道アイヌの遺跡では非常に稀な陶磁器類や銭貨、さらには天目茶碗や茶臼などの茶道具が出土しているほか、牛や馬などの家畜や猫の骨も発見されている。一四・一五世紀には本州北端に暮らすアイヌにも貨幣経済が及んでおり、その生活様式は多分に和風化していたようだ。

青森県内では、史跡に指定されている青森市浪岡《なみおか》城跡・南部町聖寿寺《しょうじゅじ》館跡・八戸市根《ね》城《じょう》跡などの大規模な中世城館跡からも、ガラス玉や骨角製狩猟具など本州アイヌ特有の遺物が発見されている。北海道渡島半島西側に位置する上ノ国《かみのくに》は古くから和人が拠点とした場所だが、松前氏の先祖である蠣崎《かきざき》氏が本拠を置いた上ノ国勝山館《かつやまだて》跡周辺から出土した遺物や、勝山館に隣接する夷王山《いおうざん》墳墓群で発見されたアイヌ墓などから、和人とアイヌが共生していたことが判明している。青森県内の中世城館跡から発見された本州アイヌの遺物は、上ノ国同様、戦国期には青森県域でも和人とアイヌが共生していたことを物語っている。

おわりに

本州北端に位置するとともに三方を海で囲まれ、北は津軽海峡を挟んで植生や動物相の異なる北海道に隣接する青森県域は、旧石器時代以来、人・物・情報が南北に行きかう場であった。また陸奥湾と十和田山系で隔てられていることで、太平洋側と日本海側とで、

図5　東通村浜尻屋貝塚のアワビの貝層
出典：筆者撮影

異なる文化、異なる歴史性がみられる。その地理的環境や気候をうまく活用することで、いつの時代にもこの地は「北のまほろば」になりうるものと信じたい。

〔参考文献〕
青森県『青森県史 通史編一 原始 古代 中世』二〇一八年
司馬遼太郎『街道をゆく四一 北のまほろば』朝日新聞社、一九九五年
関根達人『モノから見たアイヌ文化史』吉川弘文館、二〇一六年

column

工藤忠とその時代

荷見守義

工藤忠《くどうちゅう》（一八八二〜一九六五）はいまだ謎の多い人物である。かつて大陸浪人という言葉があった。明治維新後、定職に就くことなく、中国大陸に活動の場を求めた人々。胡散臭いというイメージが強いが、当人にとっては世俗に束縛されない孤高のプライドでもあった。確かに大陸浪人には、政官界や財界や陸海軍のエリートに繋がる道を外れた人々が多かったが、宮崎滔天《みやざきとうてん》や内田《うちだ》良平《りょうへい》など、これらエリート社会と深く結びつき、大きな影響を与えた人々もいたことは見逃してはならない。工藤もそのような人物であった。

この工藤に学問的な光を当てたのが、日本を代表する中国古代史家、山田勝芳東北大学教授（当時、現名誉教授）であった。本欄は山田の研究を足がかりに、工藤、及び同時代の青森出身の活動家の足跡をみていきたい。

工藤は一八八二（明治一五）年一二月一〇日に、板柳町に生まれ、鐵三郎と名付けられた。学歴は東奥義塾で学んだ後、中退・上京して錦城中学・順天中学を経て専修学校（現在の専修大学）に進み、それを中退した後、中国に渡って活動家としての生活に入った。東奥義塾は弘前藩校「稽古館」を継いで、一八七二（明治五）年に開学した青森県最初の旧制中学であった。この東奥義塾出身者の繋がりは強く、工藤の活動に大きな影響を与えた陸実《くがみのる》（陸羯南《くがかつなん》、一八五七〜一九〇七）も同校の出身であった。また、義塾時代、工藤は町道場の一つである北辰堂で剣道に励み、有数の腕前になった。工藤が上京したのは一八九九（明治三二）年であったが、青森県の学生寄宿舎である修養社に入り、ここで修養社設立の中心人物である陸に接してその強い影響を受けた。陸は日本新聞社の主筆として明治言論界の重鎮であり、一八九八（明治三一）年に興亜会として設立された東亜同文会（会長は近衛篤麿）の幹事でもあった。この陸の影響で多感な青年であった工藤の目は中国に向けられていった。

図1　貞昌寺に立つ「山田良政先生之碑」（孫文謹撰并書）

図2　貞昌寺に立つ「山田純三郎先生紀念碑」（蒋中正（蒋介石）題、何応欽敬撰并書）

陸と言えば、一九〇〇（明治三三）年、中国革命の最中、消息を絶った同郷の山田良政（一八六八～一九〇〇）は見逃せない。山田は旧弘前藩士の子として現在の弘前市在府町に生まれ、工藤と同じ東奥義塾の出身であり、陸の勧めで清国研究に志した。そもそも山田の生家は陸の生家の向かいというよしみであった。一八九九年、清朝打倒の革命運動に邁進していた孫文と東京で出会って意気投合し、その協力者となった。山田は東亜同文会に入会して、一九〇〇年に東亜同文書院が開校した南京同文書院の教授兼舎監となったが、これを辞して香港に赴き、孫文の活動に加わり、孫文の武装蜂起への日本側の支援の取り付けに奔走した。ところが、同年に成立した伊藤博文内閣は孫文への支援を認めなかったので、折から進められた広東省恵州（現在の広東省恵州市）での武装蜂起は作戦変更を余儀なくされた。この作戦変更を同志数名と前線に伝達しに向かった山田は、帰途、消息が途絶えた。のち、一九一八（大正六）年になって、清軍に捕らえられて処刑されたことが判明した。一九一三（大正二）年、孫文は東京谷中の全生庵に山田の顕彰碑を建立し、また、その死が判明した翌一九一九（大正七）年、山田家の菩提寺貞昌寺《ていしょうじ》（弘前市新寺町）にも同碑が建碑された。日台国交時（一九五二〜七二）には、駐日台湾大使はその離着任時の献花を続けた。なお、良政の弟である山田純三郎（一八七六〜一九六〇）も東奥義塾を出た後、一九〇〇年、兄の勧めで南京同文書院に入学し、義和団事件の影響で同校が上海に移転し、東亜同文書院として再出発すると、事務員兼教授として勤務した。のち、日露戦争に従軍した後、南満洲鉄道に入社し、上海で業務に従事した。この頃から純三郎は孫文の支援に情熱を傾け、以後、終戦まで上海に居を構え、工藤とも知己があった。つまり、青森県出身かつ東奥義塾の卒業生で中国大陸に目を向けた者をみていくと、共通して陸の影響を見て取ることができる。

さて、工藤に話を戻すと、陸の影響で東亜同文会の小川平吉、頭山満、内田良平、佃信夫、川島浪速などの国粋主義・アジア主義の錚々《そうそう》たる指導者たちや、日本新聞社で正岡子規とともに句作に励んだ五百木良三《いおきりょうぞう》らとの面識を得た。これらの人脈はこれからのちの工藤の大陸での活動を支えていくことになった。

一九一一（明治四四）年、辛亥革命によって、孫文は一九一二（明治四五）年、臨時大総統となり南京に中華民国臨時政府を樹立したものの、宣統帝溥儀《ふぎ》を退位させて清朝の実権を握った袁世凱《えんせいがい》の実力の前に、大総統の地位を譲り渡した。この袁世凱政権に対して、革命派は第二、第三革命を起こす一方、清朝遺臣を中心として帝政復活を目指す復辟派「宗社党」も反袁活動を活発化させた。工藤は一九一三（大正二）年の第二革命から革命派の活動に加わり、蔣介石らとともに南京に籠城した。結局、第二革命は失敗に終わるが、折から匪賊の大勢力として華中から西北に勢いのあった白狼軍を革命派に使えないかと内部探査に乗り込み、この活動によって工藤の名は日本で高まり、外務省や軍部、志士たちとの関係は深まっていった。

ただ、この頃、中国の実情を知った工藤の心は革命派から離れ、復辟派の巨頭で陝甘総督であったモンゴル人の升允《しょういん》と出会って心服し、以後、復辟派として甘粛での活動に集中していった。中国は革命ではうまくまとまれず、帝政の方が安定するという判断があったようだ。この活動の中で工藤は溥儀との面識を得て行った。溥儀は退位ののちも引き続き宮城であった紫禁城（現在の故宮博物院）に居住することを許されていたが、一九二四（大正一三）年にはついに紫禁城を追われることになると、北京を脱出して天津の日本租界内にある張園、次いで静園に居を置くことになった。宗社党としての升允は溥儀の厚い信認を得ていたが、工藤も升允との関係から溥儀の信頼を得て、身辺に仕えることになった。

一九三一（昭和六）年、関東軍によって満洲事変が起こされると、満洲国の傀儡《かいらい》として溥儀の擁立が図られ、関東軍司令部は工藤を動かして渋る溥儀を無理やり説得させた。かくて、工藤は溥儀を伴って天津を脱出し、満洲に向かったのであった。満洲国における溥儀は最初、執政、のち皇帝に祭り上げられるが、この国の実権は関東軍が掌握していて、溥儀に主導権はなかった。工藤はこの溥儀の侍従武官となり、のち、警護官（事実上の侍衛長）として身辺に仕えた。工藤は軍のエリートではなく、軍の意のままになる人物でもなかったので、関東軍は溥儀に対して工藤を更迭するよう強い圧力をかけ続けた。このため、溥儀は工藤に忠の名を贈る異例の恩典を示して、彼の更迭を防ぎ続けた。工藤自身もこの機会に日本の戸籍上も忠と改名したが、この工藤は日本の政財界から軍までの指導層と分厚い人脈があって、関東軍の圧力に容易に屈することがなかった。このような工藤を溥儀も関東軍に対抗していく必要上からも手放すことはなかった。

一九四五（昭和二〇）年、満洲国崩壊、日本敗戦の年、親族の葬儀などで帰国していた工藤は、その後、溥儀と運命を共にすることはなく、日本で生涯を終えた。

〔参考文献〕
粟田尚弥『上海東亜同文書院―日中を架けんとした男たち―』新人物往来社、一九九三年
岡井禮子『孫文を助けた山田良政兄弟を巡る旅』彩流社、二〇一六年

武井義和『孫文を支えた日本人　山田良政・純三郎兄弟』〔増補改訂版〕愛知大学東亜同文書院ブックレット7、あるむ、二〇一四年
譚璐美『革命いまだ成らず　日中百年の群像』上下、新潮社、二〇一〇年、二〇一二年
山田勝芳『溥儀の忠臣・工藤忠　忘れられた日本人の満洲国』朝日新聞出版〔朝日選書〕、二〇一〇年
山田勝芳『「工藤忠関係資料」による東北アジア近代史研究』二〇一四年

縄文青森を掘る

上條信彦

はじめに

青森県は、三内丸山遺跡や是川中居遺跡《これかわなかい》はじめ、数々の縄文遺跡がある地域で知られる。弘前大学では、この立地を生かし、縄文時代から弥生時代を中心とした研究をしている。大学の発掘調査は、開発のために行われる自治体の調査に比べて、期間と調査範囲が限られ、かつ成果を出さなくてならないプレッシャーがある。しかし、地権者の協力、予算などのいくつかの条件を超え、調査で新たな知見が得られる点は何にも代えがたい喜びである。近年、遺跡の情報をできるだけ引き出すために、調査を単なる発掘に終わらせずに、様々な分野との協働で新たな知見をえることが不可欠となってきた。これによって、これまでよく分からなかった先史時代の生活の姿も明らかになりつつある。ここでは、青森の縄文遺跡の調査の雰囲気を知ってもらうために、まず弘前大学が行った発掘調査の成果について触れた後に、普段余り知ることのできない自然科学からみた成果について紹介したい。

1　亀ヶ岡文化の遺跡発掘

亀ヶ岡文化は、つがる市亀ヶ岡遺跡の出土品の時期を基準とする文化の総称で、いまから約三〇〇〇年～二三〇〇年前の縄文時代晩期に北海道南西部の渡島半島から東北地方一円に盛行した文化である。土偶や石刀、土版・岩版などの祭祀的遺物、精巧な土器や漆器などの工芸的な遺物に彩られている。亀ヶ岡文化の影響を受けた土器は、亀ヶ岡文化圏をはるかに超えて北は北海道、南は近畿・四国地方、最近では沖縄からも出土していて、その文化圏の広がりにおいても注目されている。また縄文時代の終末や弥生文化の接触を探る上でも亀ヶ岡文化の研究はとても重要である。そこで弘前大学では、学術的に素晴らしく価値があり、解明されていない要素の多い亀ヶ岡文化に焦点をあてた研究を展開している。

青森県は大きく津軽半島と下北半島、そして南部地域という三つの地理的特徴がある。津軽半島は日本海沿岸、下北半島は津軽海峡域、南部地域は太平洋沿岸という三つの海域に面し気候や風土も異なる。これらの自然環境の違いは遠い縄文時代にもあり、それぞれの地域の亀ヶ岡文化の実態を解明することが、縄文時代の評価にもつながると考え、各地域の遺跡の発掘調査を行った。なお、遺物の一部は弘前大学資料館で見ることができる。

津軽半島の亀ヶ岡文化研究　今津遺跡

今津遺跡は、東津軽郡外ヶ浜町今津地区にあり、標高一〇～二〇ｍの海岸段丘に位置する。平成一四（二〇〇二）年、弘前大学の調査面積は四五㎡で、竪穴住居跡や墓などの遺構は発見されなかったが、捨て場とよばれる遺物包含層から晩期中葉（約二八〇〇年前）を中心とする各種の遺物が多数出土した。

出土品には土器・土製品、石器・石製品がある（図1）。土器は、縄文晩期中葉の深鉢・鉢・台付鉢・浅鉢・皿・壺・製塩土器などがある。鉢・深鉢・台付鉢には、煮炊きに用いたことを示す炭化物が付着したものが多く、赤く彩色された土器もみられる。土製品は、土偶・土器片を加工した円板状土製品・小型土器がある。石器は石鏃・石錐・石匙・石べら、磨製石斧、磨石・砥石・石皿などがある。また、石製品には凝灰岩製小玉、軽石製浮子がある。

図１　今津遺跡出土品

さらに、ここでは、海水を煮詰めて塩分濃度を高めるための製塩土器も出土した。製塩土器は火熱をうけたため割れてもろくなっており、すべて破片で出土した。これによって、縄文時代晩期の製塩技術が津軽半島まであったことが分かった。縄文時代の製塩は、東北地方では本遺跡のある陸奥湾周辺のほか三陸北部沿岸、松島湾沿岸の三ヶ所が知られる。いずれも縄文時代晩期から塩作りが始まるが、細かな時期や製塩土器の特徴、出土状態はそれぞれ異なり、お互いの関係は不明である。ただ、縄文時代晩期に時期が限られる点から、時代を通した生活必需品というより嗜好品として内陸まで流通していたと考えられている。

南部地域の亀ヶ岡文化研究　杉沢遺跡

杉沢遺跡は、三戸郡三戸町貝守地区にあり、馬淵川の支流、猿辺川の河岸段丘、標高一七〇mに位置する。平成一八（二〇〇六）年、弘前大学による調査面積は五一㎡で、竪穴住居跡や土坑墓などの遺構は発見されなかったものの、捨て場がみつかり、そこからは晩期前葉～中葉（約三二〇〇～二八〇〇年前）を中心とする各種遺物が多数出土した。

図２　杉沢遺跡出土品

出土品には土器・土製品、石器・石製品がある（図２）。土器は、縄文晩期前半を中心とするもので、深鉢・鉢・台付鉢・浅鉢・皿・壺・注口土器などがある。深鉢・台付鉢には、煮炊きに用いたことを示す炭化物が付着している。浅鉢・皿・注口土器は丁寧なつくりで、雲形文を主とした文様が施されており、漆を塗ったものも多くある。土製品では、土偶、土器片を加工した円板状土製品、匙形土製品・小型土器などがある。石器には石鏃・石錐・石匙・石べら・磨製石斧・磨石・凹石《くぼみいし》・敲石《たたきいし》・石皿などがある。また、石製品には、人がたを模した岩偶、護符的な用途で幾何学文様が施された岩版のほか、円板状石製品・ボタン状石製品・石刀などがある。

下北半島の亀ヶ岡文化　不備無《ふびなし》遺跡

不備無遺跡は、青森県むつ市川内町宿野部にあり、宿野部川の河口から約五〇〇m上流の低位段丘にあり標高約五mにある。平成二一（二〇〇九）年に調査され、調査面積は四五㎡だった。狭い調査範囲にもかかわらず、層位は五層もあり、下の層から上の層へと時期が順々に新しくなるという貴重な保存状態であった。詳しくいうと、第二層からは大洞A・A式、三層から大洞BC・C1式、四層から大洞B2式となる。また、三層を掘り込む土坑墓を確認した。土壙墓からは大洞C2式の浅鉢の上に鉢をかぶせた副葬品が出土した。

図4　不備無遺跡出土品

この調査の結果、この遺跡は、捨て場としての機能と墓域としての機能を経つつ晩期全体にわたって生活が営まれていたことが分かった。下北半島での晩期資料の層位的な検出例は初めてであり、当地域の土器編年研究や文化変

図3　発掘風景

化を解明するうえで貴重な資料になった。加えて土壙墓の特徴や、土器の文様・石器の形には、北海道の遺跡と共通するものがあり、地域間の交流を知ることができた。

2　ミクロな世界の発掘

考古学というと、地中を発掘し、土器や石器といった残りやすい遺物から人間活動を復元すること、というイメージがある。結果なんとなく、茶色や灰色といった地味な時代像を描いてしまうかもしれない。しかし、目に見えないものを含む細かな遺物をみることによってそのイメージは払拭されるだろう。そして、人間活動が自然にどのように関わっていたのか、その移り変わりを一〇〇〇年以上の長い年月レベルで検討できる。これら、ヒトと生態系との関連を調べる分野として「考古植物学」「考古環境学」といった分野がある。代表例として、三内丸山遺跡（五八〇〇〜四一〇〇年前）では、花粉分析やDNA分析の結果、ヒトが潜在植生であったブナ林を、縄文人が食料として重要なクリ林に改変したことが分かっている。さらにこの遺跡では、フルイがけして土から細かな遺物を回収した結果、ブドウ属やニワトコ属、ダイズ属など様々な種子が検出され、北の縄文文化が様々な植物利用によって繁栄を築いていたことが分かった。

このように、考古学にはない視点も採り入れ、肉眼では観察しにくい資料を発掘以外の分析法を用いることによって、これまで分からなかった縄文人の生活と彼らが暮らした環境を知ることができる。これが考古学の醍醐味ともいえる。ただ、以上のような研究は残

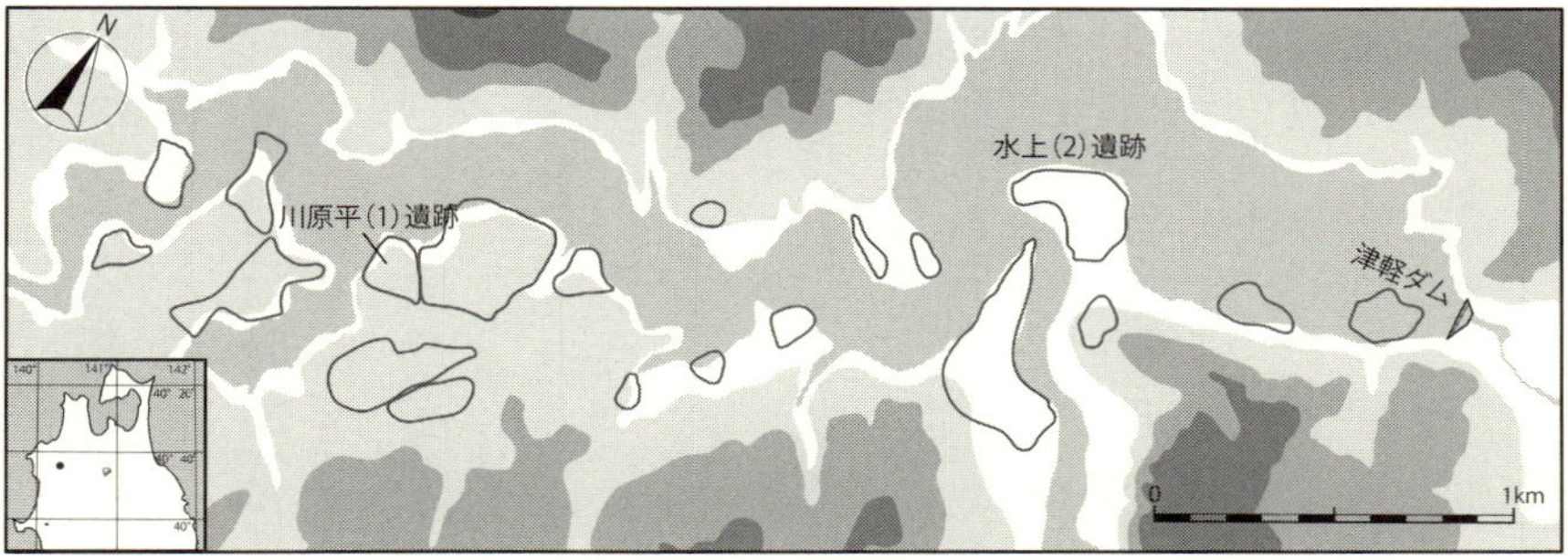

図 5 津軽ダム周辺の遺跡 (囲み枠は見つかった遺跡の範囲)

りのよい遺跡に恵まれなければ難しいうえ、時間がかかる地道な作業を、研究者と発掘主体者が互いに理解しあい進めていく必要がある。そのため分析事例自体がとても貴重といえる。

3 考古学からみた白神山地

世界遺産で知られる白神山地のふもとでは、近年、津軽ダム建設に伴って多数の遺跡が調査されている(図5)。ダムで沈む岩木川上流の砂子瀬~大川添地区は、狭い段丘面が集中しており、その段丘面上の平地に何千年も連綿と続いた縄文遺跡群が密集する。ここは山に囲まれ、定点的な変化を分析できるという利点がある。さらに白神山地の重要な点は、原生的なブナ天然林が分布しているだけでなく、そこを維持するふもとの人々の活動が数千年にわたることである。つまり、ヒトの活動と生態系とのバランスが長期にわたって保たれていたのである。こうした長期にわたり自然と共存してきたヒトの資源利用を解明することができるのが考古学の大きな特

図 6 遺跡がある西目屋村の谷(今はダムの底となっている)

徴であり、その利用の解明が今後の生態系維持を考えるうえでのヒントにもなる。

研究では、発掘調査の際捨てられる土に注目し、各層や遺構の種子や花粉、植物珪酸体など微細遺物を検討した。もう一つは石器を使った際に付着するデンプンに注目した。これらによって、集落の環境変遷と食料などの植物利用の実態が明らかになる。具体的には、水上《みずかみ》（2）遺跡（約五三〇〇〜四五〇〇年前）、川原平《かわらたい》（1）遺跡（約三五〇〇〜二三〇〇年前）という二つの遺跡を取り上げたい。

4　ここまで分かった縄文の白神

縄文時代前〜中期の植物質食料利用　水上（2）遺跡

この遺跡では石器の残存デンプン粒分析を行った。デンプン粒は、植物の種類によって形や文様などが異なるという特徴をもつ。特に遺跡の中で残りにくいイモやマメなどの特定ができる。分析は、プレパラートを作成した後偏光顕微鏡で観察する。その結果、磨石・敲石類、扁平石器、石皿・台石類からデンプンが検出された。少なくとも、これらの石器が植物加工に用いられたことが分かる。さらにこれらの石器の形や使用痕によってデンプンが異なっていた。発達した磨耗痕がある磨石や、使用前にあらかじめ表面を凹ませた石皿からは、ユリ科やクズなど根茎類のデンプンが見つかった（図7）。ユリ科やクズは、蕨もちや葛もちで知られるように根茎に沢山のデンプンが含まれており、民俗例ではこれをつぶして水にさらすことでデンプンを取り出す。よってこれらの石器も根茎類のデンプン抽出のための敲打に用いられたとみられる。また、何度もの敲打でできた径一㎝ほどの凹痕のある敲石からはオニグルミとみられるデンプンが見つかった。したがって、オニグルミの殻割りに使われたとみられる。側面に弱い敲打痕のある扁平石器は、軟物質の敲打に使われたと推定された。この石器からはナラ類やイネ科植物に多いデンプンが見つかったことから、殻剥きや皮むきに用いられたと推定される。このように、磨石や石皿とよばれる石器にはいくつかの形や使用痕があり、実験石器で観察された使用痕と比較することでどのように使ったのかが分かる。さらに、残存デンプン粒分析を通じて加工対象物が分かったことにより、各形態によって道具が使い分けられていたことが分かった。

図７　石皿と磨石、見つかったデンプン粒

川原平（１）遺跡の環境変化と植物利用

遺跡調査の際には、肉眼で発見されやすい土器や石器のほかに、見落とされやすい微細試料が多数見つかる。そこで、土壌のフルイ分けにより微細資料を回収する。そして回収した試料から顕微鏡を用いて種子や骨を探す。

この遺跡では捨て場と呼ばれる、縄文人のごみ捨て場（今のような意味ではなく当時は魂を送る場でもあった）を調査した。水洗選別した種子同定の結果、計五一分類群もの多様な種子が発見された。さらに種子だけでなく、ニシンの骨が見つかり、海の集落との交流が明らかになった。さて、種子のほうは、縄文時代後期まではクリ・コナラ亜属が多く、後期後葉～晩期にはオニグルミ、トチノキ、クリ、コナラ属のドングリなどエネルギー源の食用植物が多様になる。トチノキやオニグルミ、クリは全て破片で中身がない。特にトチノキは潜在植生に対し、極端に多く積極的な利用がうかがえる。トチノキの実はアクが強い実であるが、アクを抜くことができれば、高いカロリーが得られる。また、栽培植物であるウルシとヒエ、アサが検出された。ウルシは容器の塗料、ヒエは今でも十六穀米などに入っている雑穀類の代表的な植物である。ヒエ属は野生種に近いヒエ属のタイプと、栽培種に近い丸みを帯びたタイプ、いわゆる「縄文ヒエ」型（吉崎 一九九七）が確認された。吉崎（一九九五）では縄文時代前期後半にはかなり広い地域でヒエ属の粗放な農耕が始まっていた可能性が指摘されており、本遺跡の結果とも整合的である。アサは破片が多く含まれており、水洗時に割れた可能性もあるが、利用方法と何らかの関係があるかもしれない。

　そのほか、食用可能な種実として、ブナ、エノキ、クワ属、マタタビ属、キイチゴ属、キハダ、サンショウ、ブドウ属、ミズキ、ニワトコが得られた。クワ属やキイチゴ属、ブドウ属、ニワトコはジュースやお酒にしたかもしれない。イヌガヤやアサ、カラスザンショウは、食用のほか油としても利用できる。

花粉分析

花粉とは、種子植物の花のおしべから出る大きさ数十μmほどの細胞である。花粉の外壁は極めて化学的に安定した物質を含むため、土中の成分や、腐食に強い微化石として残り

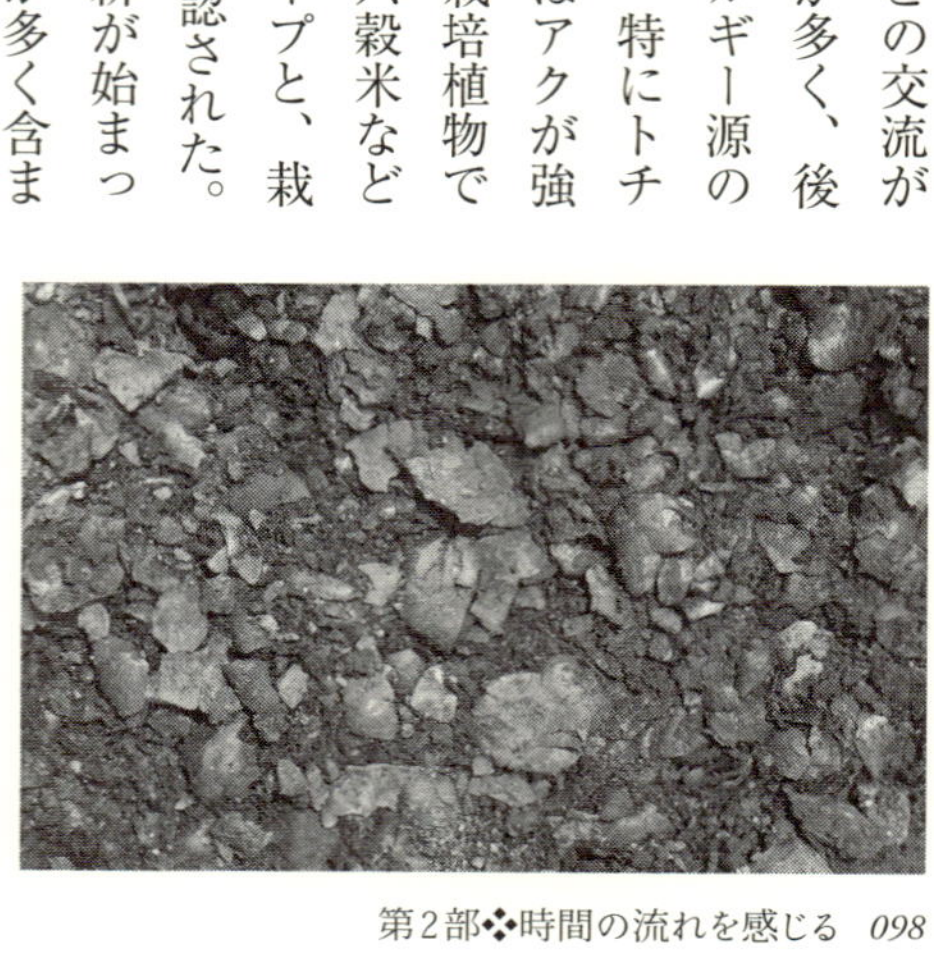

図８　遺跡から出てきたトチノキの皮捨て場

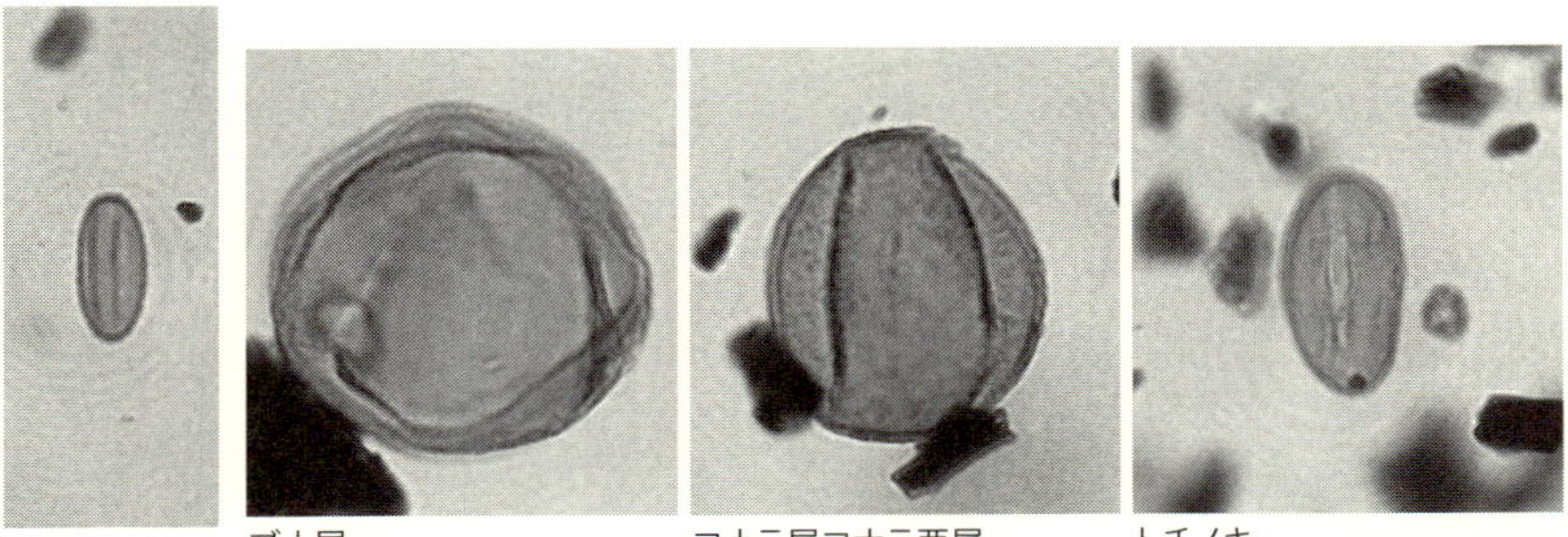

図9　見つかった花粉(川原平(1)遺跡)

やすい。花粉は個々に違った形態、構造があり、顕微鏡などでそれらを観察することによって属レベルまで識別できる。考古学では、堆積時期や環境の異なる地層や遺構ごとに分析すると、当時の環境の変遷や遺構の用途が分かる。分析の結果、遺跡の環境が大きく三段階にわたって変化していることが分かった。第一の段階は、分析した地層の下部からクリ林が優勢に分布するが上層に向かって減少し、イネ科の草本域が増加する縄文時代中期から後期後葉の時期、第二段階は、トチノキ林とイネ科の草本域が優勢な縄文時代晩期、第三段階は、森林が減少するがマツ属複維管束亜属の二次林やスギの造林が成立し、水田を主とする畑作も伴う耕地が拡大する古代～近世である。

　第一段階の変化は、縄文人が樹木を伐採し日の当たる環境を作り出していったことが予測される。次の第二段階の縄文晩期にはトチノキが優勢となり、クリからトチノキへ資源利用が変わったことが分かる。第三段階になると農村が展開し、生活材で必要なマツ属やスギの利用のほか、水田も展開していたとみられる。

植物珪酸体分析

植物珪酸体は、主にイネ科植物の細胞内に珪酸が蓄積したもので、植物が枯れたあともガラス質の微化石（プラント・オパール）となって土壌中に半永久的に残る。そのため、イネなどの栽培植物の有無および古植生・古環境の推定などに応用されている。分析の結果、地層の下部では、チマキザサ節などの笹類が繁茂していた。チマキザサ節は日本海側の積雪五〇cm以上の多雪地帯に分布する。この地域はいまでも多雪地帯であるが、縄文時代中期から晩期も積雪量が多かったと考えられる。

また、笹類は冬の草食動物の重要な食物となっている。遺跡周辺にこれらの笹類が豊富に存在したことから、動物達にとっても過ごしやすい環境であったとみられる。

おわりに―考古学からみた白神山地のヒトと自然とのかかわり

このように、この地域の自然に対するヒトの関与は少なくとも縄文時代中期より始まっていたことが分かった。おそらく、この地域では大規模な集落が形成され始める縄文時代前期後葉（約五〇〇〇年前）から、コナラ亜属を含むブナ林を開発し始めたとみられる。クリの花粉は風媒ではなく局所的に分布する点が特徴である。したがって、クリが多いという状態は、ヒトが意図的に介在しない限り起こりえない状態といえる。同様なことはトチノキでもいえる。トチノキは谷部などの湿性を好み、群落を作らない。丘の上にある捨て場から沢山見つかったということからは、縄文人が食べ物として利用していたことが分か

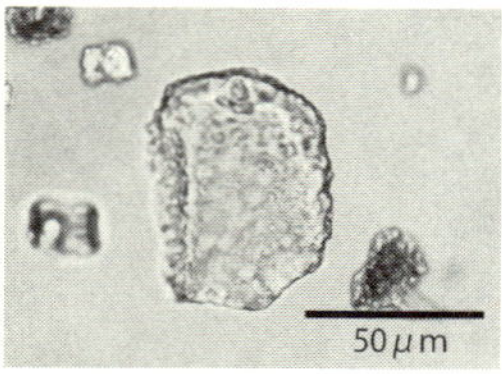

チマキザサ節型

図10　見つかった植物珪酸体（川原平（1）遺跡）

る。

しかも今回、同じ縄文時代でも利用した食料資源が大きく変わった。後期後葉（約三六〇〇年前）まではクリを利用していたとみられるが、晩期（約二九〇〇年前）になるとトチノキが主体となり、さらにウルシ近似種やヒエ属など栽培種が現れる。下部植生は時期を通じて笹類が茂り、縄文時代から雪の多い土地であった。マタギは冬の雪の中で猟を行うが、その背景は、縄文時代にはすでに築かれていた。石鏃や石槍の存在からは、冬に狩猟を行った縄文人の姿が浮かび上がってくる。

＊謝辞　本稿を執筆するにあたり、試料採取・分析の機会を与えていただいた青森県埋蔵文化財調査センターに末筆ながら記して御礼申し上げます。

〔参考文献〕

上條信彦・加藤有貴・鈴木夏海・小林晃太郎・鎌田光相・佐々木由香・バンダリ スダルシャン・松田隆二・杉山真二「種実分析・花粉・植物珪酸体分析」『川原平（1）遺跡Ⅷ』三二一―七一頁、青森県埋蔵文化財調査センター、二〇一七年
上條信彦「水上（2）遺跡検出礫石器の残存デンプン粒分析」『水上（2）遺跡Ⅲ』九五―九九頁、青森県埋蔵文化財調査センター、二〇一七年
上條信彦『縄文時代における脱殻・粉砕技術の研究』六一書房、二〇一五年
杉山真二・藤原宏志「機動細胞珪酸体の形態によるタケ亜科植物の同定―古環境推定の基礎資料として」『考古学と自然科学』一九、一九八六年
吉崎昌一「日本における栽培植物の出現」『季刊考古学』五〇、一九九五年
吉崎昌一「縄文時代の栽培植物」『第四紀研究』三六―五、一九九七年

column

縄文の手工芸を楽しむ

片岡太郎

青森を代表する伝統工芸品である津軽漆器（津軽塗）。経済産業大臣指定伝統的工芸品に選定（一九七五年）されてから約四〇年後の二〇一七年、津軽塗の「技術」そのものが国の重要無形文化財として指定された。漆工技術として指定されたのは、輪島塗に続いて二例目である。

津軽塗という名前が一般化したのは、一八七三年に青森県がウィーン万国博覧会に「津軽塗」の名前で漆器を出展したときであるが、そもそも津軽の地に、現代に通じる漆器産業を根付かせたのは、一七世紀の終わり頃までさかのぼる。参勤交代制度やそれにともなう街道整備、すなわち全国的な流通ネットワーク基盤の構築を背景として、ここ津軽でも地場産業を、という考えのもと、弘前藩第四代藩主津軽信政公が、全国からさまざまな技術者や職人を招き、津軽の地域産業の育成がなされた。そのなかに塗師《ぬし》である池田源兵衛がおり、その子息である源太郎（のちの青海源兵衛）が津軽の漆器に創意工夫を加えつつ、津軽漆器の礎を生み出していくことになる。江戸時代末期の政情や廃藩置県後の藩の庇護の喪失を乗り越えて、戦後の津軽塗関連団体や技術者などの多角的なアプローチによって現代の津軽塗産業が発展してきた。

ところで、一七世紀の終わり頃以前には、ここ青森で漆工技術がなかったといえば、必ずしもそうではない。だいぶとさかのぼってしまうが、縄文時代、とくに縄文時代の終わり頃、漆工品とその漆工技術が当たり前のように存在していた。

例えば、八戸市にある是川《これかわ》縄文館で常設展示されている荘厳でおびただしい数の漆器群。是川中居《これかわなかい》遺跡から縄文時代の木胎漆器や籃胎《らんたい》漆器（後述）、漆塗りの櫛、漆塗りの土器には、どれも赤い顔料が彩られており、顔料

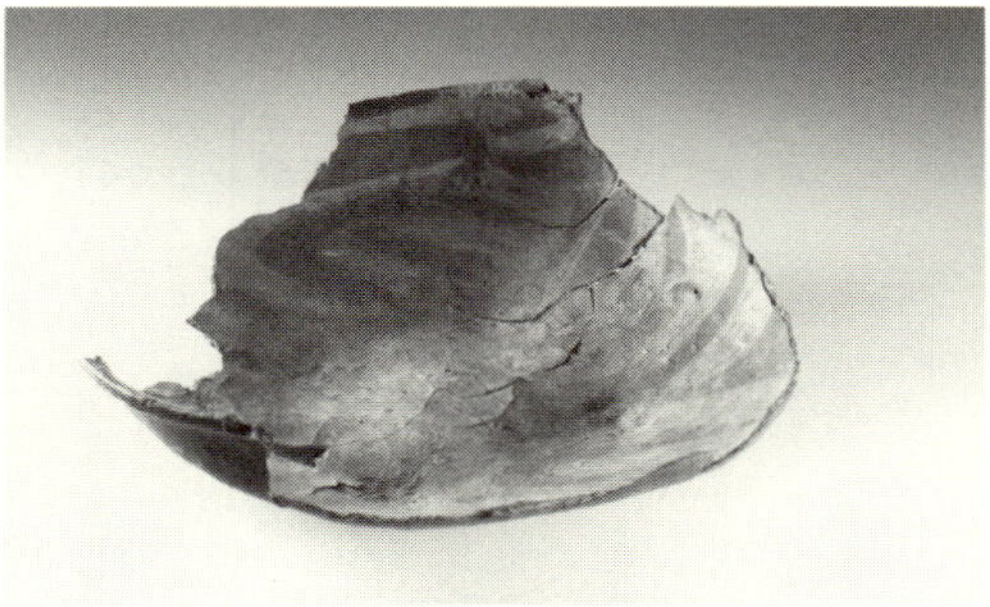

図 1　縄文時代の籃胎漆器（つがる市　つがる市縄文住居展示資料館展示中、個人蔵）

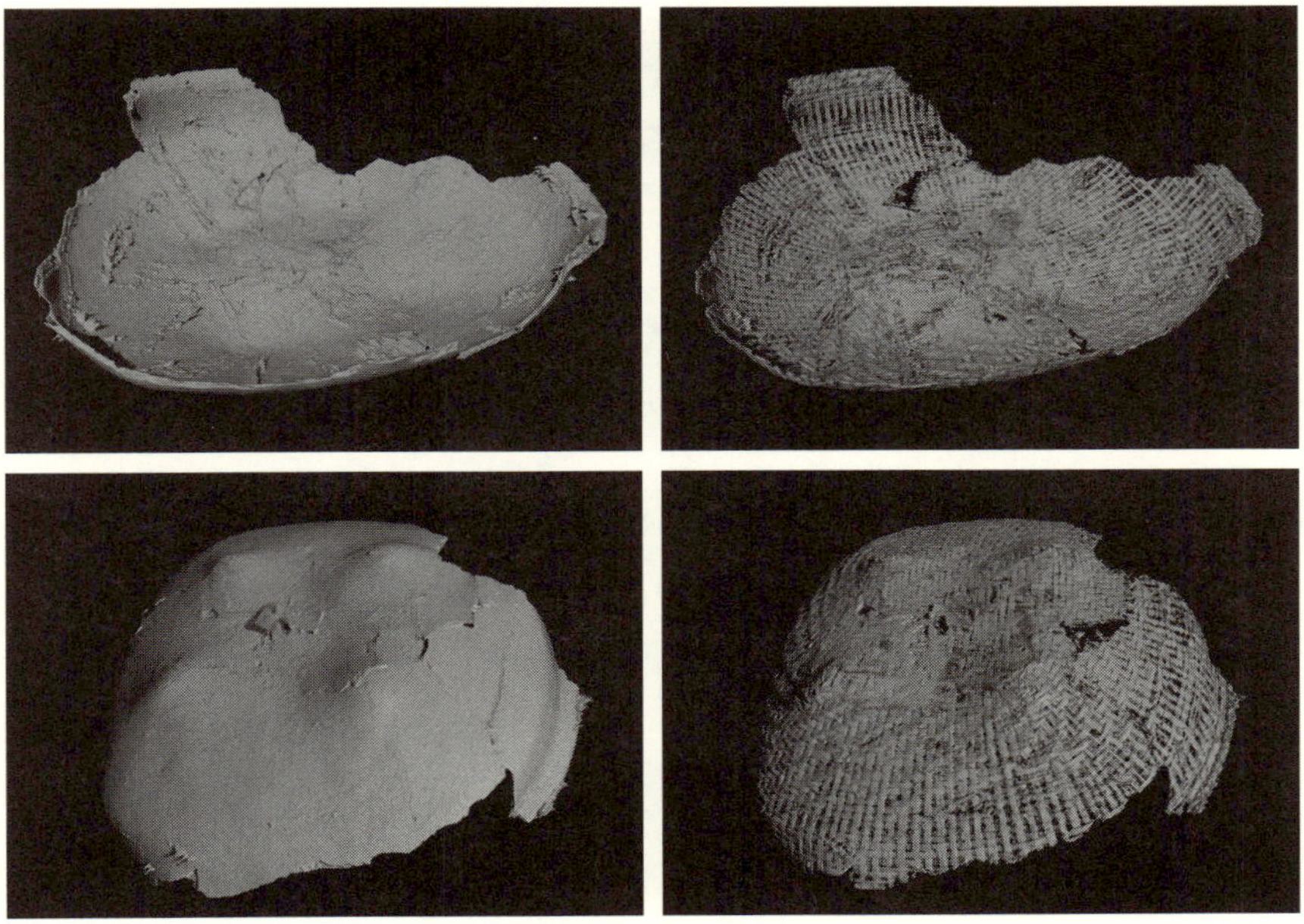

図 2　縄文時代の籃胎漆器の編組技法

の固着剤や塑形材に漆が用いられていた。また、遮光器土偶で有名なつがる市の亀ヶ岡遺跡では、土器や石器、土偶だけでなく、籃胎漆器が多く発見されている。他にも青森県の全域的に、縄文時代の遺跡からは、漆器が多く発見されており、こうした遺跡が津軽塗成立以前の漆工技術の存在を証明している。

こうした縄文時代の漆工技術が現代最新の科学技術により紐解かれつつある。漆工技術というと、塗りの技術に着目されがちだが、まずは、漆を塗るための素地の準備があり、ここの工程に創意工夫があって（筆者的には）実は面白い。前述した亀ヶ岡遺跡から出土した籃胎漆器（つがる市縄文住居展示資料館展示中・個人蔵）を例にとってみる。籃胎漆器とは、植物性のタテ材とヨコ材を編組してカゴを作り、タテ材とヨコ材の隙間を漆で目止めして、編組の技法がみえなくなるぐらい漆を塗り重ねた容器のことである。図1では、編組の技法が肉眼では当然見えない。ところが、X線CTを使って解析をすすめると、最初はカゴの底部を網代編みとして編組して、胴部部分からござ目編みを使って編組していることがわかった（図2）。これらの編組技法は現代にもある技法である。この解析では、実は、編組のカゴ部分の素材が、長い年月の間土の中にあるときに劣化により消失しており、発見されたときにはすでに無く、肉眼でみえる外観の漆だけで容器の形を維持しているものであり、一方で、空洞となった編組部分を三次元的に立体視して初めてわかったことである。

青森の漆工芸は、現代の津軽漆器とともに、はるか遠く昔の縄文漆器の技術を想像しつつ楽しむことができそうである。

〔参考文献〕

片岡太郎・上條信彦『亀ヶ岡文化の漆工芸Ⅱ 北日本における先史資源利用の研究』六一書房、二〇一五年

青森の歴史を歩く

——武井紀子

はじめに——菅江真澄と青森

青森県は歴史の宝庫である。原始・古代から近現代に至るまで、多くの史跡や文化財が存在する。それらの名所旧跡を訪れ、その土地の歴史・文化に触れることは旅の醍醐味であるが、このような楽しみ方は現代の私たちに限ったものではない。

菅江真澄《すがえますみ》（本名は白井英二、のちに秀雄。一七五四〜一八二九）は三河岡崎の人で、和歌、国学、医学・本草学、漢学や画技などの学問を幅広く学んだのち、一七八三（天明三）年に故郷を離れ、以降、蝦夷地をふくめ東北各地を巡歴し、その様子を日記紀行文に残した。彼の関心は、歴史・伝承、人々の信仰や習俗など多岐にわたり、文章だけではなく、風景や建築、考古遺物・石碑、民具などを自筆画に遺している。歴史学の観点からみれば、近世後期の北奥の状況をつぶさにうかがい知れることに加え、彼が和歌や古典・歴史書に精通し、その故地を求めて独自の考証を展開している点が大変興味深い。

真澄は三度、青森の地を訪れている。一度目は、一七八五（天明五）年に松前に渡ろうと大間越から津軽に入った。このときは前々年から続く飢饉の惨状を目の当たりにして渡航を断念し、青森を後にしている。二度目はその三年後で、南部領から馬門・狩場沢の関所を越えて津軽に入り、奥州街道を三厩《みんまや》まで北上し、宇鉄から船に乗り松前へ渡った。三度目は松前からの帰路、一七九二（寛政四）年から一八〇一（享和元）年で、初めの三年は下北半島を廻り、その後、津軽に入った。青森・弘前や鰺ヶ沢・深浦などの旧跡を訪れるとともに、弘前藩から本草の知識を買われて採薬係を仰せつけられ、藩校稽古館の嘱託として藩医とともに領内をくまなく歩いている。本稿では、彼の日記を基点として、青森の歴史について概観しつつ紹介したい。

1　南部の牧と下北の諸港をたずねる

菅江真澄は、一七九二（寛政四）年に松前から戻り、下北半島を巡遊した（図1）。下北滞在中、真澄は港町を巡り、宇曾利山（恐山）を訪れる人々との交流などを書き残しているが、それと同時に南部の馬牧に深い関心を寄せている。それは、このときの紀行文が『牧の冬枯』『牧の朝露』『おぶちの牧』と、牧にちなんで名づけられていることからも明らか

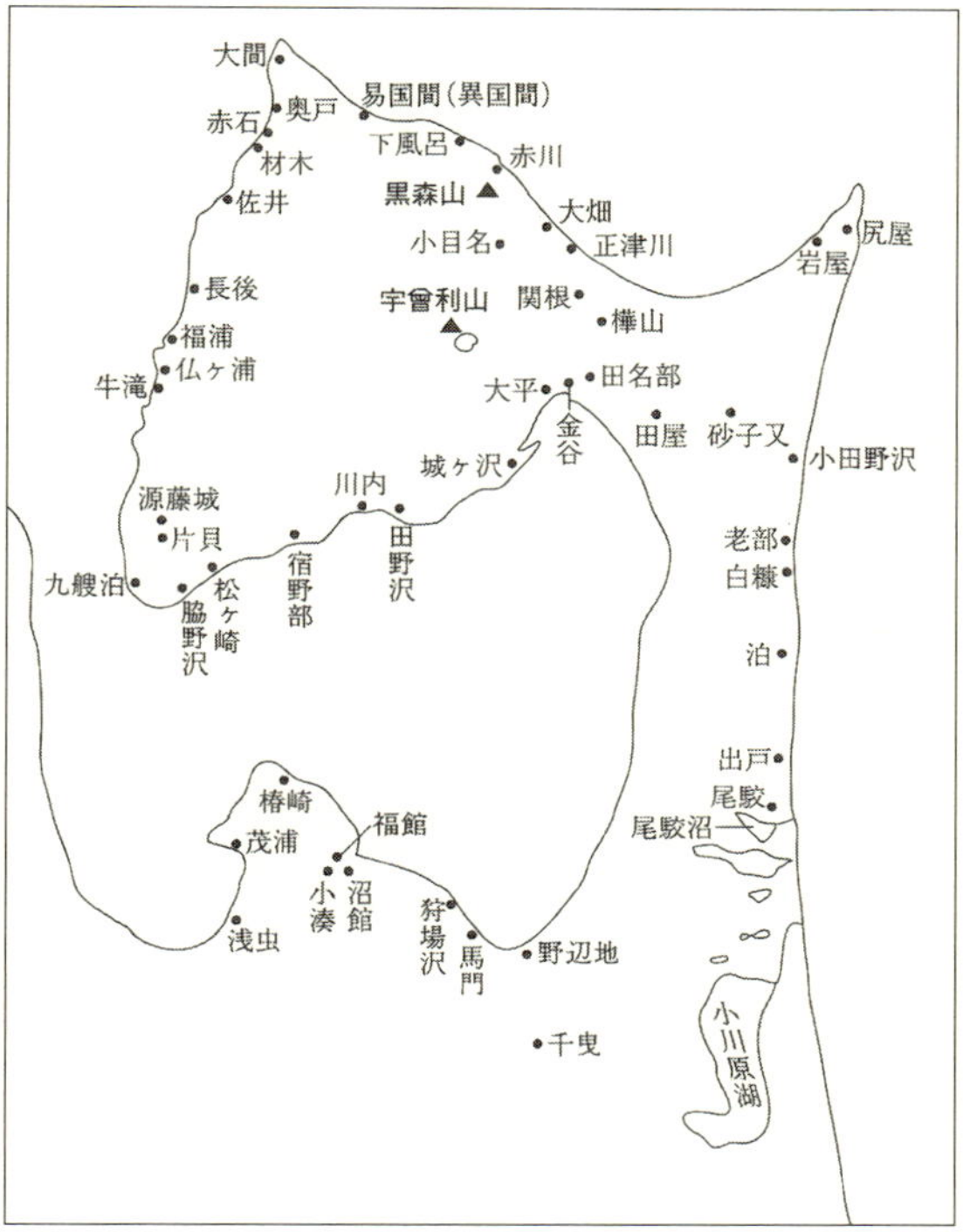

図１　下北（菊池勇夫『菅江真澄』139頁より）

である。

　馬産は近世青森の諸藩にとって重要な産業の一つであり、特に盛岡藩奥郡には、木崎野（三沢市～おいらせ町周辺）、住谷野（南部町）・相内野（南部町～三戸町）、又重野（五戸町）、有戸野（六ヶ所村）、北野・御崎野（岩手県久慈市）、大間野・奥戸野（大間町）の南部九牧が置かれた。そこで育てられた馬は、古川古松軒（一七二六～一八〇七）の『東遊雑記』に「海内第一」と称されるなど、幕府への重要な献上品であった。

　時代を遡ってみれば、青森県の太平洋岸は、古代から馬産と関連の深い土地であった。七世紀後葉～九世紀後半の丹後平《たんごたい》古墳群（八戸市）では、和同開珎など南の律令制施行地域との交易に関わる物品に加え、轡《くつわ》などの馬具が出土しており、馬の埋葬墓も検出されている。また、林ノ前遺跡（八戸市）では一〇～一一世紀の幼馬の骨が出土しており、馬の産育と調教技術が伝わっていたことが知られる。この頃にはすでに、東北地方とりわけ陸奥国は名馬の産地として有名で、陸奥国の交易馬が都にもたらされ、貴族たちにもてはやされていた。一〇世紀中頃成立の『後撰和歌集』には「みちのくのをぶちの駒も野飼ふには荒れこそまされ懐くものかは」という歌が詠まれているが、この「尾駮の駒」の産地である牧を探すことは、真澄にとって長く懸案であったらしい。出戸村から尾駮村（現在の六ヶ所村）を過ぎるとき、宿の主から高牧という所がその故地であると教えられ、その近くを通って感歎して歌を詠んでいる（『おぶちの牧』）。

　また、藤原道長の『御堂関白記』など一一世紀の貴族の日記には、陸奥国からの貢馬の記事が散見する。馬をはじめ砂金や昆布、葦鹿《あしか》・独犴《どっかん》の皮や鷲羽など、北東北や蝦夷地の豊かな北方産物が都にもたらされていたのだが、その現地責任者として力をつけていったのが、鎮守府在庁で「奥六郡俘囚長」とよばれた安倍氏である。前九年合戦の顛末を記した『陸奥話記』には、安倍富忠という人物が鉋屋《かんなや》・仁土呂志《にとろし》・宇曽利《うそり》の三部の夷人を率いた首として登場する。姓からみて彼は安倍氏の同族とみられるが、これにより、安倍氏の勢力が下北地域にも及んでいたことがうかがえる。真澄は東北巡遊の中で、奥州に広く勢力を誇った安倍氏にも強く興味を引かれたようで、『陸奥話記』のこの説話にも触れ、類似する現存地名から鉋屋を金谷村（現むつ市田名部金谷）、仁土呂志を肥泥村（金谷村の近隣か）、宇曽利を下北の宇曽利河村と比定している（『牧の冬枯』）。現在では、鉋屋を現在の八戸市周辺や岩手県二戸市から花巻市あたり、仁土呂志を二戸市や上北小川原湖周辺の湖沼群地帯とするなど、その比定地をめぐっては諸説ある。真澄の考証の当否はともかく、彼が和歌や歴史書に精通していたことには改めて驚かされる。

安倍氏の滅亡後、奥州藤原氏の支配が北奥にまで及ぶと、南部地域一帯は糠部郡と呼ばれ、この地の馬は「糠部駿馬」として名を馳せた。現在、青森県から岩手県北部にかけて一～九の数字に戸を付けた地名が遺っているが、これは九戸四門《くのへしかど》制とよばれる糠部に独特の地域区分に由来する。その起源や実態について諸説あるものの、真澄も考察するように牧と馬産に深く関係した地名であることは間違いない。『源平盛衰記』宇治川の合戦の先陣争いの際に名馬として登場する「三戸立の馬」の磨墨《まろすみ》と「七戸立の馬」の生唼《いけづき》も、それぞれ三戸・七戸産の馬を指すと考えられる。

鎌倉時代、糠部の地は北条得宗家が総地頭職を相伝し、一～九の戸立と東西南北の四つの門は、北条氏の一族や従者に与えられた。幕府滅亡後は、陸奥国守北畠顕家のもとで糠部郡奉行に任ぜられた南部師行が根城（八戸市）を拠点に勢力を伸ばした。一五世紀半ばより、この八戸南部氏に代わり、次第に三戸南部氏が惣領としての立場になっていったようで、これが一六世紀戦国の騒乱を経て近世盛岡藩に繋がる系譜となる。馬産との関係でみれば、「永正五年馬焼印図」（『古今要覧稿』所引。永正五年は一五〇八年）に、各戸の牧ごとに馬に捺された焼印の一覧が載せられており、南部氏から室町将軍家に糠部の馬が送られていたことも知られている。三八上北・下北地域の歴史は、古代から近世まで馬産と深く関わりながら展開しており、こうした歴史的背景を踏まえると、真澄の関心もより興味深く感じることができるだろう。

また、下北半島の諸港は、北方に向けた玄関口としての役割もあった。ちょうど真澄が下北に滞在していた一七九二（寛政四）年には、ロシア使節ラクスマンが蝦夷地に来航している。その情報はいち早く下北に伝わっており、真澄も、松前に向かうラクスマン使節団が南部岩屋の浦（現在の東通村）に近づいてきたという情報や（『奥の浦うら』）、田名部代官所役人が松前から帰ったのちに慌ただしく佐井の港へ向かうところに出くわした様子を日記に書き留めている（『牧の朝露』）。これらの記載からは、下北の人々が、一八世紀後半～一九世紀の「外患」に敏感に反応していたことが読み取れる。一八〇三（享和三）年に、佐井港は幕府によって蝦夷地への渡航港とされ、明治に至るまで海産物や材木の積出港として栄えた。真澄が下北を訪れたのは、まさにこうした時代の変動期だったのであり、彼の下北滞在記は、教科書に出てくるような歴史的出来事について、臨場感たっぷりに私たちに伝えてくれるのである。

2　十三湖と安藤氏の足跡をたどる

一七九六（寛政八）年六月、菅江真澄は水木村の弘前藩重臣毛内茂粛《しげとし》の館を出立し、十《じゅう》三湖《さんこ》を見に出かけた（『外浜奇勝』）。板柳から梵珠山丘陵の西側を通り、金木から中里を経て十三湖東側の相内《あいうち》の集落に入った。この道は、近世に「下之切通」と呼ばれた街道で、道沿いに原子城や飯詰城などの城館が多く残り、内陸部から日本海に抜けるルートとして、中世から確立していたことがうかがえる。

十三湖は岩木川が砂州によって堰き止められた汽水湖で、その砂州上に築かれた十三《とさ》湊《みなと》は中世津軽安藤氏の拠点となった地であった。安藤氏は、北条得宗領の地頭代として津軽（鼻和郡内の諸郷・西浜・十三湊）と下北半島一帯を管轄下に置いた在地勢力であった。

その惣領家は、蝦夷地との交易や流刑人の差配など、鎌倉幕府の「東夷成敗」権を現地で執行する職掌（「蝦夷沙汰《えぞのざた》」）を代々受け継いだ。のちに彼らの内紛が鎌倉幕府倒壊の遠因になったと言われるほど、中世北奥において重要な役割を担ったのだが、彼らの動向を明確に示す史料は少なく、伝承的な部分を多く含みつつ現在にまで伝えられている。

十三湊の発掘調査によれば、一三世紀初め頃に集落が営まれはじめる。これは安藤氏が北条義時から「蝦夷代官」に任じられた時期に近接するという（『保暦間記』）。彼ら本来の本貫地は、浅瀬石川・平川・岩木川の合流地点に近い水運の要衝である藤崎周辺にあったようで、現在この付近には、藤崎城の土塁の一部や、北条時頼の愛妾であった唐糸御前の伝説が残されている。また、弘前市の長勝寺にある嘉元四（一三〇六）年銘をもつ梵鐘は、もとは藤崎護国寺に伝わったものであるという。この梵鐘銘には、執権北条貞時（崇演）を大檀那とし、鎌倉の有力御家人や津軽在来の領主、関東御家人の一族など一五名が檀那として名を連ねており、津軽における幕府御家人と在地勢力の結束を固めるために製作されたと考えられている。

安藤氏が本拠地を十三湊に移した具体的な時期は不明だが、発掘調査による居館跡や出土遺物の年代観などから一四世紀初め頃と考えられる。この間、アイヌの反乱に端を発して惣領家が交替する騒動があったとみられるが、それらを経て、十三湊では一四世紀後半に新たな地割りを施した都市整備が進められた。以降、十三湊は中世日本海交通の重要な拠点として、室町時代に成立したとされる『廻船式目《かいせんしきもく》』で「三津七湊《さんしんしちそう》」の一つに数えられるほどに繁栄したのである。真澄も日記のなかで、『十三湊往来』（一四世紀頃成立か）で京に匹敵するといわれた湊の賑わいについて触れているが、それを裏付けるように、古瀬戸をはじめとした陶磁器や中国産の青磁・青白磁など、交易により国内外からもたらされた豊かな遺物が出土している。

当時の十三湖の日本海への開口部は、現在の水戸口よりも南の明神沼南端の湊神社のあたりであった。湊神社は十三湊に出入りする船の安全祈願をした中世の浜明神跡とされ、真澄も十三湖からの帰路に立ち寄り参拝している。その前を通る旧道から県道一二号沿いに北上すると街区の中心部に入るが、檀林寺跡や土塁跡の一部など当時の面影を現在でもみることができる。

相内の集落に到着した真澄は、十三湖北側の旧跡を歩いている。真澄がこの時に見た延文年間などの板碑は現在も相内集落の蓮華庵境内にある。その裏手から国道三三九号に出て沢沿いに入ると、朱色の日吉式山王大鳥居が鮮やかな山王坊（日吉神社）がある。山王坊の発掘調査では奥院・拝殿・渡殿などが確認された。ちょうど十三湊の最盛期に機能していたことが明らかとなり、安藤氏の営んだ宗教施設と考えられている。

図2　外浜奇勝「はるひない」（『菅江真澄全集』三巻より、青森県立郷土館蔵）

山王坊から西へ進むと、津軽三十三観音の十七番札所でもある春日内観音堂に出る（図2）。真澄はさらに山奥に進み「安倍館」を目指すが、草木が生い茂り進むことができず、その合間から十三湖や岩木山を見渡している。『菅江真澄遊覧記』では、この「安倍館」を福島城と注釈している。福島城は十三湊北岸に面した中世城郭跡で、外郭土塁・空堀跡や、平坦な台地面を区画した内郭が残る。内郭東南部からは一五世紀前半頃とみられるコの字型の建物跡が検出され、安藤氏の居城であったとみるのは間違いないようである。

しかし、真澄がこのとき訪れたのが福島城であるとすると、やや不審な点が残る。彼が辿ったのは観音堂から山奥に分け入る道で、そこから麓に下り「空川の沢」に至っているからである。春日内観音堂の山をさらに登ると、唐川城跡展望台に至る。

図3　唐川城跡から十三湖を望む（著者撮影）

現在でも十三湖を望む展望スポットであり、真澄がこの時に訪れたのは唐川城だった可能性も捨てきれない（図3）。一四三二（永享四）年、安藤氏は南部氏との合戦に敗れて蝦夷島に渡る。その後、足利幕府に南部氏との調停を依頼し（『満済准后日記』同年十月二十一日条）、一度は幕府や朝廷との関係を深めて十三湊に戻るが、一四四一（嘉吉元）年に将軍足利義教が赤松満祐に殺害されると後ろ盾を失い、その翌年再び南部に攻められている。唐川城は安藤氏が最後に立て籠もったとされる場所で、ここから小泊の柴崎城へ逃れ蝦夷島へ渡ったとする伝承が残っている。唐川城からは古代の井戸跡や竪穴建物跡などが検出されており、青森や道南に分布する平安時代後期のいわゆる防御性集落の一つであったとみられるが、城内からは中世陶磁器も出土しており、古代の集落跡が安藤氏の時代に詰城として再利用されたらしい。

安藤氏が蝦夷島へ追われると、十三湊は次第に衰退していった。江戸時代には鰺ヶ沢・深浦・青森とともに四浦に数えられるが、元禄期以降、鰺ヶ沢が西廻りの積出港となると、岩木川水運で運ばれた米を鰺ヶ沢に送る「十三小廻」として脇役的港になっていった。

もう一つ、菅江真澄が十三湖を訪れたときの記録で興味深いのは、彼が一貫して安藤氏を「安倍氏」と呼んでいることだろう。現存する安藤氏関係の系図の多くは、みな微妙に異同があるのだが、そのほとんどは神武東征の時に滅ぼされた長髄彦《ながすねひこ》の兄・安日を起点とし、その末裔に奥州安倍氏を位置づけ、安藤氏はそこから出たものと系譜づけている。

真澄も日記中で安倍氏の出自について触れている。それによれば、長髄彦の兄で安東浦を領していた安日の子孫である安東という者が、「安倍比羅夫《(ママ)》」の北征の時に蝦夷征討に協力を願い出て、その勲功によって安倍姓を賜ったとする。さらに、その子孫である致東・国東が蝦夷征討に功をあげ、頼良そして前九年合戦時の中心人物となる頼良（頼時）へ続くとしている。『秋田家系図』などの安藤氏関係系図では、人物の系譜関係こそ真澄の挙げたものと一致するが、安東の活躍は崇神朝のこととしており、阿倍比羅夫北征と結びつけていないなど、真澄の記述とは微妙に齟齬する。ゆえに、実際に真澄が何に基づいて安藤氏の系譜を記述したのか、具体的には分からない。しかし、この翌年に真澄が藤崎を訪れた時、前九年合戦で敗れた安倍貞任の遺児高星が乳母に連れられて藤崎まで落ち延びてきたとする伝承を宿の主人に語っており（『津軽のおち』）、さらに、松前下国家や檜山富岡寺などの安倍氏の記録について言及し、諸史料の内容には「大同小異あれど」と述べていることからすれば（随筆『しののはぐさ』）、みずから様々な安倍氏関係の史料や伝承を調べていたようである。真澄の知識と調査力には驚かされるばかりである。

おわりに

本稿では、菅江真澄の遺した日記紀行文を手がかりに、青森の歴史を紐解いてみた。青森県内を回ってみると、真澄のみた風景の多くが今も良く残っていることに気づく。

真澄が訪れた地は県内全域にわたり、ここで紹介したのはほんの一部にすぎない。各所での真澄の考察や見解は、もちろん、現在の様々な研究成果から修正しなければならない所もある。しかし、その鋭い着眼点と考証力は、当地に対するより深い興味と理解へと私たちを誘ってくれるといえよう。菅江真澄の残した紀行文を手に、彼が見聞きした青森の歴史を歩いてみてはいかがだろうか。

〔参考文献〕
青森県高等学校地方史研究会編『青森県の歴史散歩』山川出版社、二〇〇七年
『青森県史』通史編Ⅰ原始・古代中世、二〇一八年
『青森県史』通史編Ⅱ近世、二〇一八年
内田武志・宮本常一編『菅江真澄全集』一～十二、未来社、一九七一年～一九八一年
内田武志・宮本常一編訳『菅江真澄遊覧記』一～五、平凡社、一九六五年～一九六八年
菊池勇夫『菅江真澄』吉川弘文館、二〇〇七年
長谷川成一・村越潔・小口雅史・斉藤利男・小岩信竹『青森県の歴史』山川出版社、二〇一二年

column

海外とのつながりをたどって

亀谷　学

青森を訪れる人たちにとって、青森と海外の結びつきをすぐに思い浮かべるのは難しいかもしれない。とはいえ、青森の歴史の中にも、様々な場面で海外とつながっていたことを示す痕跡が残っている。ここでは青森と海外のつながりについて紹介してみたい。

まず、青森県の西のかた、津軽半島西岸には、岩木川が日本海に注ぐところに十三世紀頃より栄えた十三湊《とさみなと》という港町があり、その後、近世に入って鰺ヶ沢や深浦といった港町が台頭した。これらの西岸に位置する港町は、日本海を通じて東アジア世界とつながっており、日本海交易における本州最北の港として蝦夷地との北方交易にも重要な拠点となっていた。例えば、「蝦夷錦」として知られる絹織物は、もともとの生産地である中国の江南地方から、黒龍江下流域、樺太、蝦夷地、南部・津軽藩領へと続く「北のシルクロード」をたどってもたらされたものである。

戦国末期から江戸初期にかけては、キリスト教が青森の地まで伝わっていた。弘前藩初代藩主である津軽為信とその子信建《のぶたけ》、信枚《のぶひら》については、イエズズ会から派遣された宣教師がはるかローマへと送った報告の中で言及されている。それによると、信建、信枚は、受洗してキリスト教徒となり、津軽領内にもキリスト教を広めることを望んだという。その後、江戸幕府によるキリスト教禁圧が強まる中で多くの信者が弘前藩へと送られてきた。その頃、イエズス会士が津軽を訪れてミサを行った際の報告が残されており、多くの「キリシタン」が存在していたようであるが、その後は禁令の徹底により姿を消してゆくこととなった。

江戸後期に入ると、北方から迫り来るというロシアの脅威への対応が弘前藩と盛岡藩に求められるようになった。弘前藩では江戸にてオランダ人経由の情報の収集に務め、当時のヨーロッパの国々が描かれた地図も入手していた。一七九六（寛政八）年に開設された弘前藩の藩校・稽古館の旧蔵書を含む、弘前藩から引き継がれた資料は、現在、東奥義塾高等学校図書館を中心に、いくつかの図書館等に残されているが、その中には、日本の古典や漢籍とともに、朽木昌綱『西洋銭譜《せいようせんぷ》』や箕作省吾『坤輿圖識《こんよずしき》』のような西洋の地理や事物を翻訳して伝える書物や、ロシアの地を踏み、戻ってきた漂流民からの西洋情報の聞き取りである『環海異聞《かんかいいぶん》』、また海外からの訳書も含めた砲術指南の書などが含まれている。弘前藩は熱心に海外情報を集め、脅威に対応しようとしていたのである。また、一九世紀初頭には、下北の町役人が異国船の動向や海外事情など、様々な情報を収集して時勢を分析していたり、江戸末期の弘前の豪商が、ペリー来航やカラフトへのロシア船の来航などのニュースを日記に記しているといったことからは、藩の中枢だけでなく、多くの人々がそのような情報をキャッチしていたことが窺える。

明治維新後に弘前藩が廃された後も、弘前藩の藩校を引き継いだ東奥義塾には、いち早く外国人教師が招かれ、より多くの海外の書物を用いて、洋学教育が行われるようになり、一八七〇年代にはアメリカへの留学生を送り出してもいた。今も弘前を中心に残る教会などの近代洋風建築から、このような伝統の香りを感じることができるのではないだろうか。

〔参考文献〕

青森県史編さん通史部会『青森県史通史編1〜3』青森県、二〇一八年
木鎌耕一郎『青森キリスト者の残像』イー・ピックス、二〇一五年
北原かな子『津軽の近代と外国人教師』岩田書院、二〇一三年
H・チーリスク編『北方探検記』吉川弘文館、一九六二年
長谷川成一『弘前藩』吉川弘文館、二〇〇四年

弘前藩の藩校であった稽古館に所蔵されていた様々な資料については、弘前大学人文社会科学部の渡辺麻里子教授を中心にプロジェクトチームが組まれ、調査が行われているほか、弘前大学のオープンキャンパスなどでも、地域の持つ文化遺産としてその成果が公開されている（写真提供：渡辺麻里子）。

二人の建築家の足跡を訪ねて—堀江佐吉と前川國男—

髙瀬雅弘

はじめに

これまで戦災や大きな自然災害を被ることのなかった弘前市には、近代建築が今も数多く残り、時代の面影を感じさせる景観が息づいている。明治期には堀江佐吉が、当時としては斬新な洋風建築を数多く生み出した。昭和に入ると前川國男が、母ゆかりの地弘前で八つの建築を手がけ、これらはいずれも現役の建物として使用されている。

ところで、社会学と建築との間にはどのような関係があるのだろう。この問いについて考えるヒントを与えてくれるのが、フランスの社会学者モーリス・アルヴァックス（一八七七〜一九四五）である。アルヴァックスは、「物的環境」や「空間のイメージ」が過去の想起にとって重要な役割を果たすとしている。[1] 建築は、物的環境（モノ）であり、空間（場所）でもある。それゆえに過去（歴史や記憶）をとどめるものとして、「近代とは何か」を問う社会学と相性がよいのである。

本章では、二人の建築家による建物にまつわる物語を通して、弘前の近代（化）に思いをめぐらせてみたい。

1　二人の建築家―堀江佐吉と前川國男

「大工の神様」堀江佐吉（一八四五（弘化二）年〜一九〇七（明治四〇）年）（図1）

堀江佐吉は、弘前城下の覚仙《かくせん》町に生まれた。堀江家は代々続く大工の棟梁の家系（ルーツは大阪にあり、弘前に来てから五代目）で、早くから非凡な才能を発揮していた。幕末には藩のお抱え大工として、寺社建築などを手がけている。

三三歳で家督を相続した堀江は、一八七九（明治一二）年、開発ブームに沸く北海道函館に渡った。そこで外国人居留地の洋風建築を見て強い関心を抱いた。稼いだお金を新しい建築工法の研究に使ってしまうため、家族たちの生活が困窮したというエピソードも伝わっている。[2]

図1　堀江佐吉（『棟梁　堀江佐吉伝』より転載、1997年）

（1）アルヴァックス、モーリス著・小関藤一郎訳『集合的記憶』行路社、一九八九年（原著一九五〇年）

（2）船水清『棟梁　堀江佐吉伝』三一頁、白神書院、一九九七年

大きな転機となったのは、一八九六（明治二九）年、弘前に陸軍第八師団の設置が決定したことである。その施設のうち、師団司令部（のちに弘前大学農学部校舎として使用。一九六七（昭和四二）年解体）、騎兵第八聯隊、衛戍病院（いずれも現存せず）、弘前偕行社（現弘前厚生学院記念館）などを建設した。

また、洋風建築を手がける傍ら、一八九六年には弘前城天守閣移動と石垣の修復工事も請け負うなど、洋風も和風も引き受ける「大工の神様」であった。生前から後進の指導にも熱心で、一族や弟子たちも多くの近代建築を生み出し、その精神は現在にまで受け継がれている。

「日本近代建築の巨匠」前川國男（一九〇五（明治三八）年～一九八六（昭和六一）年）（図2）

図2　前川國男（『生誕100年　前川國男建築展　図録』より転載、撮影：廣田治雄、1983年）

前川國男は、新潟県新潟市に生まれ、東京で育った。一九二八（昭和三）年、大学を卒業後、フランスに留学。近代建築の巨匠、ル・コルビュジェに師事し、一九三〇（昭和五）年に帰国。アントニン・レーモンド事務所で働いた後、一九三五（昭和一〇）年に独立する。

一九三二（昭和七）年、デビュー作木村産業研究所を完成させる。このとき弱冠二七歳であった。その後戦時体制下で建築が制約を受けるなかで、近代建築を日本独自のものに転換させることを模索した。戦後は、建築の工業化というテーマに取り組み、銀行をはじめとした大規模な建築を手がけるようになる。

弘前との関わりは、弘前中央高校講堂（一九五四（昭和二九）年）を皮切りに再び始まる。以後、弘前市庁舎（一九五八（昭和三三）年）、弘前市民会館（一九六四（昭和三九）年）、弘前市立病院（一九七一（昭和四六）年）、弘前市立博物館（一九七六（昭和五一）年）、弘前市緑の相談所（一九八〇（昭和五五）年）、弘前市斎場（一九八三（昭和五八）年）という公共建築を生み出した。

この間に、神奈川県立図書館・音楽堂（一九五四（昭和二九）年）、晴海高層アパート（一九五八（昭和三三）年）、京都会館（一九六〇（昭和三五）年）、東京文化会館（一九六一（昭和三六）年）、紀伊国屋ビルディング（一九六四（昭和三九）年）、熊本県立美術館（一九七七（昭和五二）年）といった代表作を次々と生み出し、「日本近代建築の巨匠」の名を不動のものとした。

二人を結ぶ建築

堀江佐吉は前川國男が生まれた二年後に亡くなっており、二人の間には直接的な面識はなかった。しかし彼らを結ぶ接点があった。それは五所川原町（現五所川原市）にあった「布《ぬの》嘉《か》御殿」（一九〇四（明治三七）年完成、一九四四（昭和一九）年焼失）である（図3）。東北きっての大富豪、佐々木嘉太郎は、建坪九〇〇坪という大豪邸を建てた。その建設を請け負ったのが堀江である。そしてこの家に嫁いだのが前川の母の妹（つまり叔母）であった。前川は弘前を訪れた際には布嘉御殿に寄っていたようで、(3) この建物が二人をつないでいたことになる。津軽を代表する建築家堀江佐吉の作品が、のちの日本を代表する建築家前川國

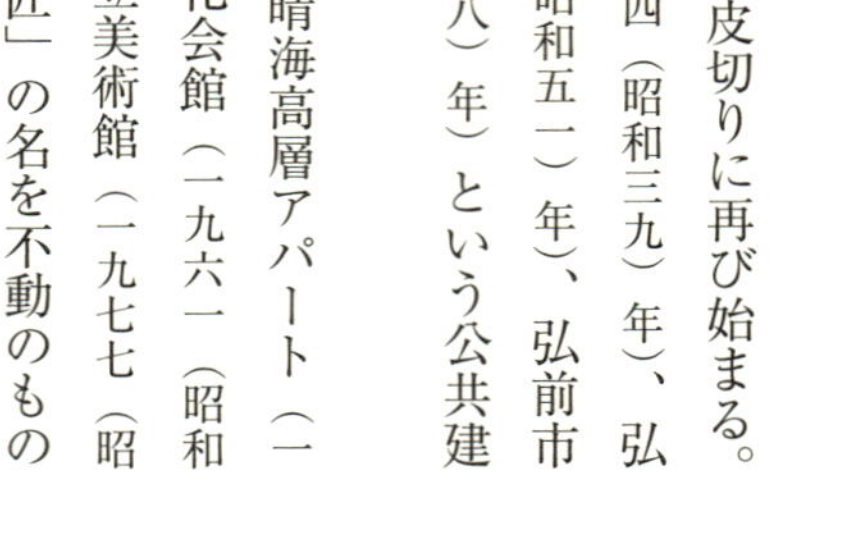

図3　布嘉御殿（『民家図集　第6輯　青森県』より転載）

（3）古跡昭彦「母・田中菊枝と弘前のつながり」『生誕100年・前川國男建築展　図録』生誕100年・前川國男建築展実行委員会、二〇〇五年

男のインスピレーションを刺激することはあったのだろうか?

2　建物をめぐる物語

それでは、堀江佐吉と前川國男の建物をめぐる五つの物語をたどってみよう（表1）。

(1) 旧第五十九銀行本店本館（青森銀行記念館）――堀江佐吉の最高傑作（図4）

堀江佐吉の代表作として知られる旧第五十九銀行本店本館（青森銀行記念館）は、当時六〇歳の堀江がひときわ心血を注いで建てた建物である。用材は柱などにはケヤキ材が、建具にはヒバ材が用いられている。屋根瓦も含め、これらはすべて青森県産である。ルネサンス様式(4)の建物であるが、外面、内部の多くの部分に和洋両様の工法が組み合わされている。銀行建築ということもあり、防火を考えて蔵造りの構造も取り入れられた。建物の頂上には展望台を兼ねた装飾塔があり、独特の趣を醸し出している。内部の天井には金唐皮紙が用いられている（東北・北海道で金唐皮紙が現存するのはこの建物と小樽市の旧日本郵船小樽支店の二つしかない）。

この建物は、特命発注によって建てられた。当時の第五十九銀行（現在の青森銀行の前身）第二代頭取の岩淵惟一《これいち》は、「堀江さん、あなたが気のすむようなものをこしらえてくださればよござんしょう」といい、すべてを堀江佐吉に委ねた。(5) その信頼の高さが窺えよう。もちろん堀江佐吉もそれに応えるべく、寝食を忘れてのめり込んだ。そして着工から二年

(4) 古代ローマ建築の荘重な様式を理想として、そのアーチ・ヴォールト（局面天井構造）、柱頭形式・装飾モチーフ等を採用し、建築各部の比較的調和、左右対称、均斉、形式の簡素・明瞭性などを重んじた形式。

(5) 前掲『棟梁　堀江佐吉伝』八六頁

表1　本章で取り上げる建物

	名称	設計者	完成年	構造	建築面積	住所	文化財等の指定
1	旧第五十九銀行本店本館（青森銀行記念館）	堀江佐吉	1904（明治37）年	木造 2階建て	371㎡	弘前市元長町	国指定重要文化財（1972（昭和47）年5月）
2	旧弘前市立図書館	堀江佐吉	1906（明治39）年	木造モルタル 3階建て	96㎡	弘前市下白銀町	青森県重宝（1993（平成5）年1月）
3	木村産業研究所	前川國男	1932（昭和7）年	鉄筋コンクリート（RC）造2階建て	287㎡	弘前市在府町	国登録有形文化財（2004（平成16）年6月）
4	弘前市庁舎前川本館	前川國男	1958（昭和33）年	鉄筋コンクリート（RC）造4階建て	1,193㎡	弘前市上白銀町	国登録有形文化財（2015（平成27）年8月）
5	弘前市斎場	前川國男	1983（昭和58）年	鉄筋コンクリート（RC）造平屋建て（一部2階建て）	941㎡	弘前市常盤坂	弘前市景観重要建造物（2014（平成26）年2月）

図4　旧第五十九銀行本店本館（青森銀行記念館）（筆者撮影）

あまりの歳月をかけて完成した。

だが、この建物も危機に直面したことがある。一九六五（昭和四〇）年、青森銀行が弘前支店の新築を計画し、旧第五十九銀行本店本館の解体予定を発表した。それに対し、明治期の優れた建造物を失うのは忍びないという声が、弘前商工会議所、一般市民、文化財保護関係者の間に高まり、熱心な要望が実って青森銀行記念館として保存されることになった。元の位置から五〇m西寄りの空き地へ、向きを九〇度回転しての移動は、曳家《ひきや》によって行われた。

二〇一八（平成三〇）年四月、建物は青森銀行から弘前市に無償で寄贈された。旧第五十九銀行本店本館は、その優美さとともに、弘前市における建築保存のさきがけという意味でも象徴的な存在である。

図5　旧弘前市立図書館（筆者撮影）

（2）旧弘前市立図書館―軍都と寄付、二度の移転（図5）

弘前市の観光拠点である追手門広場に建つ旧弘前市立図書館は、八角形の双塔をもつルネサンス様式の建物である。図書館としての採光を考えて、窓が多い造りとなっており、正面にも屋根窓（ドーマーウィンドウ）が設けられるなど工夫が凝らされている。全体的には洋風の建築だが、各階の庇の下には寺院建築に用いられる木花が見られ、和洋折衷となっている。
先にも触れたように、弘前市への第八師団設置は、堀江佐吉にとって大きな転機となり、関連する仕事は収益をもたらした。そこで堀江は、同じく土木事業で利益を得た斎藤主《つかさ》らと相談し、兵隊宿舎として徴発された図書館の代わりに自らの手で図書館を建てて寄附したらどうかと考えた。当初の計画では、木造二階建て二〇坪（約六六㎡）程度の建物だったが、堀江は大幅に設計変更し、現在の姿のものを造った。工費も当初の予定より三〜四倍にまで増えてしまったが、増加分は堀江と斎藤が負担した。収益を地域に還元しようという心意気がここにも見られる。

この建物もまた、建設当時からずっとこの場所にあったのではない。当初は同じ下白銀《しもしろがね》町でも、現在の陸奥新報社本社があるあたりに建っていた。弘前市立図書館として使用されていたのは一九三一（昭和六）年までで、その後建物は堀江家に払い下げられ、市内の富野町（弘前大学文京町キャンパスの近く）に移築され、店舗兼アパートとなった。アパートは人気物件となり、入居希望者が絶えなかったという。一階には喫茶店が入り、弘前大学近辺で暮らした人々には、ここでコーヒーを飲んだ、という思い出をもつ人も多い。

だが、この建物はかつてあった場所の近くへと戻ることになる。一九九〇（平成二）年、弘前市制施行一〇〇周年記念施設のひとつとして、現在の位置に再移転し、修理・復元された。店舗兼アパート時代に改変された入口も元の状態に戻されている。旧弘前市立図書館にもまた、「移して直す、保存する」という弘前市の建物に対する文化(6)が表れているようである（弘前城天守閣も、これまでに二度、修理のために曳家されている）。

(6) 同様に二度の移転（曳家）を経験しているのが旧第八師団長官舎（弘前市上白銀町、現スターバックス弘前公園前店）である。一九一七（大正六）年に建てられた建物は、堀江佐吉の長男彦三郎の施工によるものである。

（3）木村産業研究所—建築家前川國男の出発点（図6）

前川國男のデビュー作である木村産業研究所は、直線的な構成、白亜の外観、そしてバルコニーと、師ル・コルビュジエの影響が見て取れる建物である。

最初の建築がなぜ弘前に造られたのか。その理由はフランス・パリでの出会いにある。前川は、大学卒業後、伯父（母の兄）で外交官の佐藤尚武《なおたけ》を頼って渡仏した。当時国際連盟事務局長の任にあった佐藤が身元引受人になったのである。そこで出会ったのが木村隆三という人物であった。木村は陸軍軍人で、フランス大使館付武官として滞在中に前川と知り合った。

図6　木村産業研究所（筆者撮影）

欧州情勢が緊迫するなか、二人は同じ船で帰国する。その際木村は前川に木村産業研究所の設計を依頼したという。木村は、陸軍を辞して、地場産業の振興を図るための研究所設立を構想し、その建物の設計を前川に託したのである。この出会いがなかったら、弘前に前川建築が根づくことはなかったかもしれない。

この建物に目を留めたのが、ドイツの著名な建築家ブルーノ・タウトである。タウトは、ナチスドイツの迫害から逃れ、一九三三（昭和八）年五月から三年半日本に滞在。その間日本各地を旅行し、街並みを訪ね歩いた。弘前を訪れたタウトは、街なかの洋風建築にはまったく関心を示さなかった。だが突如として現れた、「町角にコルビュジェ風の新しい白亜の建物を見た」ことに驚く。[7] このときタウトは木村産業研究所に立ち寄り、「フランス語を話す上品な紳士」木村隆三にも面会している。

近代建築の基本的な要素を押さえていた木村産業研究所ではあったが、雪国弘前の過酷な気候による凍害には耐えられなかった。天井に溜まった雪解け水がコンクリートにしみ込み、建物は傷んでいった。当初設けられていた正面のバルコニーも撤去された。しかし、この失われたバルコニーは、その後所有者である木村文丸氏（木村隆三の甥）や、「前川國男の建物を大切にする会」、弘前市民の熱意により復元工事が行われ、二〇一三（平成二五）年三月、往時の美しい姿がよみがえった。そして、二〇一六（平成二八）年七月に、ル・コルビュジエの建築群が世界遺産に登録されたことを契機に、再びこの建物への関心も高まっている。

（7） タウト、ブルーノ著・篠田英雄訳『日本美の再発見』一〇四～一〇五頁、岩波新書、一九六二年

（4）弘前市庁舎―弘前城追手門と向かい合う建物（図7）

弘前市庁舎の本館（前川本館）は、鉄筋コンクリート打ち放しの柱と梁、外壁にはレンガブロックを積む建物である。

前川國男は、戦前期の木村産業研究所ののち、弘前中央高校講堂（一九五四（昭和二九）年）を設計している。[8] 弘前市庁舎は、弘前での三番目の建築になる。

当時の藤森睿《さとる》市長（旧弘前市第二一代市長）は、僧侶にして教育者（県内の高校校長を歴任）であった。青森県教育庁や弘前高校長時代に、弘前中央高校の講堂のことを見聞きしていたようだ。市長就任後、藤森に新市庁舎設計を勧めたのは、ときの県知事津島文治（太宰

（8） 同校の講堂の建設は、木村隆三の兄新吾氏が同校のPTA会長であった縁で実現した。

治の兄）である。
藤森市長は上京し、東京文化会館（東京都台東区）や世田谷区役所・区民会館[9]を見学し、前川に設計の依頼を決めた。その後の前川による弘前市の一連の公共建築は、この庁舎がきっかけとなった。

設計にあたり、藤森市長は前川に三つの注文を出している。一　堀を隔てて向かい合う弘前城追手門に位負けしない庁舎を造ること、二　雪国に多いすがもり[10]のない建物にすること、三　退庁時に机上に書類を残さないように、大きな戸棚を設けること。この要求に前川はしっかりと応えた。予算は限られていたが、前川は「建物は風体を大切に、丁寧に造っておき、あとは予算のつき次第、足してゆけばいいんだ」という考えでもって設計したという[11]。

図7　弘前市庁舎 右：前川本館　左：前川新館（筆者撮影）

この建物には、随所に人に対する配慮が見られる。開放感のあるエントランスホール、ゆったり公園を見ながら談笑し休憩することができるホワイエ（休憩所・ロビー）と、訪問者が滞在することを想定した設計になっている。加えて雪国のなかでの色彩も考えられ、階段壁面には前川の好んだ赤い色が、正面玄関の真上には群青色が配され、明るさを演出している。これらの色づかいは木村産業研究所から、のちの弘前市民会館などにも通

(9) 二〇一七（平成二九）年九月に整備計画が発表され、区役所は解体、区民会館は保存されることが決定した。

(10) 凍害＝屋根の雪が融けるとき、軒先にできるつらら（すがま）が水の流れをせき止めることで雨漏りの状態になること。

(11) 藤森睿『過ぎにしかた―前弘前市長　藤森睿回想談―』二九頁、東奥日報社、一九八二年

じるものである。

一九七二（昭和四七）年に、打ち込みタイルの新館（前川新館）が前川の設計によって増築され、二〇一六（平成二八）年には新庁舎が完成。併せて本館、新館の改修工事も実施された。二〇一七（平成二九）年一〇月、一連の改修工事の完了にともない、本館は前川本館、新館は前川新館、新庁舎は市民防災館と改称され、前川の名が建物に冠された。弘前市庁舎は築六〇年を経て、追手門と向き合いながら市の内外に弘前の前川國男建築を印象づける存在である。

図8　弘前市斎場（筆者撮影）

（5）弘前市斎場―前川國男のやさしさ（図8）

弘前市斎場は、前川國男の最晩年の作品のひとつであり、弘前での最後の建築である。また前川が手がけた唯一の斎場建築である。

立地に制約のある斎場を設計するにあたり、前川は弘前市での仕事を長く手がけてきた仲邑孔一《なかむらよしかず》氏とともに候補地を歩き、現在の場所を選んだ。決め手となったのは、岩木山、杉の木、リンゴの花である。リンゴの白い花は、若き日の前川にとって、シベリア鉄道の旅の途中で立ち寄ったチェコの風景と重なるものであった。

外観は、弘前市緑の相談所と同じく傾斜した屋根を用い、周囲の環境に配慮した。内部にも徹底したこだわりを見せている。収骨室は、魂が岩木山から西方浄土へと向かうイメージで造られ、ここから人びとの新しい関係が始まることを想定していた。玄関の車寄せの屋根は、悲しい思いを抱える人びとを包み込むようにと大きく造られた。視線への配慮もなされ、待合室からも炉前の灯が見えるように設計されている。この待合室と炉室との間のスロープは、黄泉平坂《よもつひらさか》[12]をモチーフにしたものだという。

すでに晩年に差しかかっていた前川は、自らの死と向き合いながらこの建物を設計した。そしてこの建物の完成式への出席が、最後の弘前訪問の機会となった。弘前市斎場はおよそ半世紀にわたって弘前市の建築を手がけた前川國男が、自身の人生を重ねながら、そのやさしさとともに残した建築である。

（12） 黄泉比良坂とも書き、『古事記』に登場する。生者の住む現世と死者の住む他界（黄泉）との境目にあるとされる坂。

おわりに

弘前に限ったことではないが、建物には、その地域がどのような近代化を経験してきたかを知る手がかりが残されている。たとえば、堀江佐吉による教会や軍関係の施設といった建物からは、この街がいちはやくキリスト教の文化を取り入れたこと、また明治維新以後、経済の中心が青森市へと移るなかで、都市の再興を願い、軍都としての発展を図った歴史の残り香を感じ取ることができる。前川國男の一連の建築群は、高度成長のもと中央と地方との格差が拡大していくなかで、中央に遜色ないものを造ろうとした当時の人びとの気概や、それに応えた建築家の意思を物語る。人は世代交代を繰り返すけれども、古い建物が残ることで、それらが記憶をとどめ、継承するための「よすが」となる。

堀江佐吉や前川國男と、彼らと関わった弘前の人びとの物語を読み解いていくと、人と人とのつながりが生み出す力を感じずにはいられない。前川國男の母親は確かに弘前の人だったが、果たしてそれだけの理由で多くの建物を弘前に造ることになっただろうか。むしろパリでの木村隆三、弘前での藤森睿市長との出会いが大きかったのではないか。人と人とのつながりが、建物を生み出し、また建物が人と人とのつながりを生み出していく。こうしたことが、弘前の都市としての文化を豊かにしてきたといえる。

建物を、単なるモノとしてではなく、人びとがそこに寄せた思いを想像しながら眺めると、弘前の街の景観もより楽しく感じられることだろう。

〔参考文献〕

青森県環境生活部県民生活文化課県史編さんグループ編『青森県の暮らしと建築の近代化に寄与した人々』青森県、二〇〇七年
アーハウス編集部「前川國男と弘前」『アーハウス』創刊号、二〇〇五年
アルヴァックス、モーリス著・小関藤一郎訳『集合的記憶』行路社、一九八九年（原著一九五〇年）
葛西ひろみ他編『建築家・前川國男生誕一〇〇年祭：弘前で出会う前川國男―前川國男の建物 in 弘前―』前川國男の建物を大切にする会、二〇〇八年
草野和夫『津軽の洋風建築』北方新社、一九八六年
古跡昭彦『ぷらっと建物探訪―古い建物のはなし―』堅香子草プラン、二〇〇五年
生誕100年・前川國男建築展実行委員会監修『生誕100年・前川國男建築展　図録』生誕100年・前川國男建築展実行委員会、二〇〇五年
タウト、ブルーノ著・篠田英雄訳『日本美の再発見　増補改訳版』岩波新書、一九六二年（初版一九三九年）
藤森睿『過ぎにしかた―前弘前市長　藤森睿回想談―』東奥日報社、一九八二年

船水清『棟梁　堀江佐吉伝』白神書院、一九九七年（再刊版二〇〇五年）
緑艸会編『民家図集　第6輯　青森県』大塚巧芸社、一九三一年（国立国会図書館デジタルコレクション）

column

ねぷた祭りはいつまで見るべきか？

花田真一

「青森県」と聞いて、何を連想するだろう。多くの人はまず「りんご」を思い浮かべ、次に「ねぶた祭り」を思い浮かべるのではないか。ねぶた祭りは、青森市で行われるものが有名（ラッセラーの掛け声とともに組ねぶたと呼ばれる立体的な神輿が巡行する）だが、実は青森県の各地でさまざまな特徴を持つ祭りが行われている。弘前市では扇型の扇ねぷた（NEBUTAではなくNEPUTAと発音する）がヤーヤードーの掛け声とともに地域の熱気を伝えている。五所川原市では高さが二〇mあまりの勇壮な立佞武多《たちねぷた》がヤッテマーレの掛け声とともに見る者を圧倒する。黒石市では扇ねぷたの特徴を持つ組ねぷたがヤーレヤーレヤーの掛け声とともに間近に迫ってくる。期間も七月三〇日に始まる黒石ねぷたを皮切りに、八月一日から弘前市、二日から青森市、四日から五所川原市がスタートし、七日または八日まで、約一週間続く。着任一年目の私も各地のねぶた祭りに足を運び、その熱気に酔いしれたものである。

ところで、ねぶた祭りはどの地域も一九時ごろから二一時ごろまで行われる。そのため、宿を別の地域に取っていた場合は電車の時間を考えながら、途中で帰る判断も必要になる。例えば私は弘前市に住んでいるが、青森市から電車で帰る場合は一九時四四分、二〇時四三分、二一時四七分の三本の電車が候補になる。電車の混雑や観覧場所からの移動時間を考え、どのタイミングで駅に向かうか、私も大いに悩んだ。もう少し待てばもっとすごいねぶたが見られるかもしれない、でも電車が…

この点を、確率を使って考えてみよう。まず、自分が一番「すごい」と思えるねぶたを見られる確率は、「観覧時間÷開催時間」で簡単に計算することができる。ねぶた祭りはどの地域も大体二時間行うので三〇分観覧す

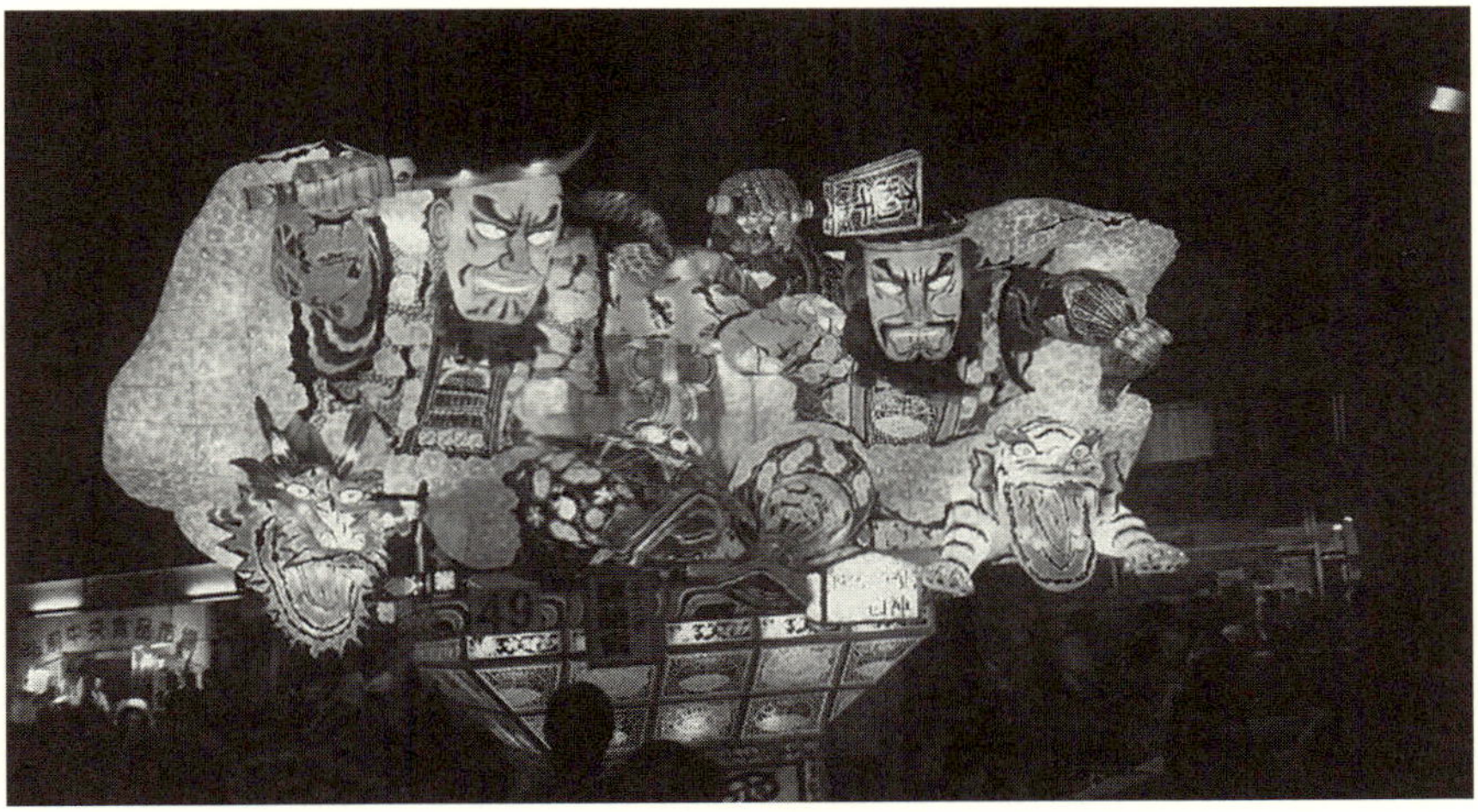

立体的な組ねぷた（弘前市、2018年8月2日、筆者撮影）

れば二五％、一時間なら五〇％、一時間半なら七五％の確率で、一番「すごい」ねぷたを見られる計算になる。つまり、一九時四〇分ごろの電車で帰ると二五％のところ、二〇時四〇分なら七五％と五〇％増加する。そこからさらに一時間待っても一〇〇％なので二五％しか増加しない。もう少し細かく考えると、確率は「開催時間÷台数」分ごとに「一〇〇÷台数」％だけ増えていく。例えば青森であれば約二〇台のねぷたがあるので、六分ごとに五％、弘前は約三五台なので、三分半ごとに三％くらい確率が上がる。上がる確率と電車に乗り遅れる確率を比べながら、決断しよう。

でも、場合によっては子供連れなどで、早く帰らなければいけないかもしれない。詳細な計算は省くが、期待値的には次の一台の満足は常に平均なので、実は一台あたりの平均満足度はどのタイミングで帰っても変わらない。早く帰っても損するわけではないのでご安心を。

とはいえ、電車を待っている間、地元の人や観光に来た外国人と楽しい会話を交わすのもまた一興。帰りのことなんか忘れて、各地の祭りをぜひゆっくり見比べてみよう。きっと、あなたにぴったりのねぷたが見つかるはずである。

column

あぁ！「田んぼアート」の！
——県内一狭い田舎館をあさぐべ《歩こう》——

成田　凌

田舎館《いなかだて》村といえば、今では全国各地で描かれるようになった田んぼアートの発祥の地、「田んぼアートの村」として耳にしたことのある方もいるのではないか。一九九三年に始まった田んぼアートも、毎年欠かさず訪れる観光客もいるように、青森・津軽の観光地の一つとして定着したといってよいだろう（たとえば、『るるぶ』や『まっぷる』といった大手ガイドブックの二〇一八年青森版でも、田んぼアートの紹介で一頁割かれている）。ここ五年で観覧・来場者数は約一・六倍に増加し（約二二万七〇〇〇人：二〇一二年→約三四万九〇〇〇人：二〇一六年）、入館料収益も一億円に迫る（二〇一六年）。複数の海外メディアでも話題となったり、観光やまちづくり関連で数々の賞に選ばれたりもしている（表）。人口が八〇〇〇人を切り、年間予算が三五億円前後の田舎館村にあって、田んぼアートは自他ともに認める村の象徴となった感がある。

田んぼアート（田舎館村提供）

　しかし、田舎館村の魅力は田んぼアートだけではない。田んぼアート誕生のきっかけを思い返すと、田舎館村が「北方稲作文化の繁栄の地」であり、かつて一一年連続で単収日本一に輝いた米どころであるという原点に立ち返ったことにあった。一九八一年に発掘された

田舎館村の田んぼアート関連受賞歴

	受賞		主催
2002	熱血！　ふるさと対抗千人の力コンテスト	インパクト賞	日本放送協会（NHK）
2008	県民が選ぶあおもり味・楽・伝120	認定	（株）東奥日報社
2011	第15回ふるさとイベント大賞	大賞（総務大臣表彰）	（一財）地域活性化センター
2012	ユニークアートアワーズ2012	Extreme Art Award Unique botanical Art	Society of Unique Artists（アメリカ）
2013	第62回河北文化賞		（公財）河北文化事業団
2014	第６回日本マーケティング大賞	奨励賞	（公財）日本マーケティング協会
2015	第１回JACEイベントアワード	地域クリエイティブ賞／イベントプロフェッショナル賞／イベント大賞	（一社）日本イベント産業振興協会
	第37回サントリー地域文化賞		（公財）サントリー文化財団
	青森観光オブザイヤー2015	グランプリ	あおもり観光デザイン会議
2016	第69回東奥賞		（株）東奥日報社
2017	第３回ジャパン・ツーリズム・アワード	国内・訪日領域優秀賞（地域部門）	ツーリズムEXPOジャパン
	第11回産業観光まちづくり大賞	観光庁長官賞	（公社）日本観光協会

出典：田舎館村企画観光課編（2017：45）

垂柳《たれやなぎ》遺跡は、列島北端の弥生時代の水田跡であり、青森県に弥生文化はなく米作りはおこなわれていなかったという、それまでの定説を覆す大発見だった。二〇〇〇年に国史跡に指定され、高校の日本史の教科書にも写真付きで言及されてもいる。また、村内出身者でもとくに若い世代には知られていないかもしれないが、田舎館村は偉大な人物も輩出している。歴代で七二人しかいない横綱の一人で、三度の幕内優勝を誇る第四九代横綱栃ノ海（花田茂廣氏）。『津軽の山歌物語』で日本児童文芸家協会賞を受賞した児童文学作家の鈴木喜代春氏。日本秀作美術展に選出された画家の田澤茂氏。田舎館村博物館（田澤茂記念美術館）には、田澤氏の作品が多数展示されており、その独特の世界観に浸ることができる（栃ノ海が使用した化粧まわしや優勝時の記念品などの展示コーナーも併設されている）。これらの田舎館村の魅力を味わえる田舎館村埋蔵文化財センター・博物館は、田んぼアート第二会場の目と鼻の先にあるのだが、残念ながらその賑わいとは対照的だ。

田舎館村は平地でコンパクトな村である。青森県内の自治体が六七から四〇になった「平成の大合併」を経て、総面積二二・三五㎢の田舎館村は、青森県内で最も狭い自治体となった。これは、県内で最も広くなったむつ市（八六四・一二㎢）の一〇〇分の三以下の広さである。ちょうど昨今、健康志向が高まっている。せっかくなので観光バスや自家用車で田んぼアートを見に来るだけではなく、展望台から見下ろした景色や史跡を実際に自分の足であさいで《歩いて》、田んぼアートを生み出した田舎館村の原点までじっくりと堪能してほしい。

〔参考文献〕

石井進ほか『詳説日本史　改訂版』山川出版社、二〇〇七年

田舎館村企画観光課編『田舎館村　二〇一七　村勢要覧』田舎館村、二〇一七年

葛西幸雄『田んぼアートのキセキ』主婦と生活社、二〇一五年

佐藤史隆編『あおもり草子：特集　稲の里　田舎館村』企画集団ぷりずむ、二〇一七年

第3部

青森を愉しむ

青森の方言

川瀬　卓

はじめに

方言には標準語だけを見ていては気づかないさまざまなことばの不思議が詰まっている。標準語が全国的に普及している現在、地域のことばである方言はとりわけ人の興味を惹き付けるようで、しばしばメディアでも取り上げられるし、方言のれんや方言手ぬぐいなど、さまざまな方言グッズが多くの地域で販売されている。それらには珍しい単語や言い回しが挙げられていることが多いが、本章では、日本語学的、言語学的な視点から、文法に関わる点を中心に、青森の方言を見ていく。方言区画、標準語にはない文法、方言の変化と気づかない方言、コミュニケーションの仕方や発想法の地域差など、さまざまな見所を紹介したい。それでは、青森の方言の魅力、面白さをのぞいてみよう。

1　青森県の方言区画

「えのうらさあるはだげっとばつかえばい」「くさおがってまってらはんでなんぼがとろけねばまいけどあそごだばいびょん」(1)。これは青森県弘前市を舞台とした漫画『ふらいんぐうぃっち』（講談社）の第三話に出てくるセリフである。主人公の木幡真琴（高校生）は、魔女修行のために弘前市に住む親戚の倉本家に居候することになる。右のセリフは植物について勉強するために、真琴が「使ってもいい農地とか無いですかね？」と尋ねたときの、居候先のお父さんからの答えである。

右のセリフは津軽《つがる》方言であるが、青森のことばは津軽方言だけではない。青森の方言は、大きく津軽方言、南部《なんぶ》方言の二つに分かれ、たとえば表のような語形の違いがある。ネイティブ同士、お互いのことばが違うことにかなり自覚的である。平内町狩場沢《ひらないまちかりばさわ》と野辺地町《のへじまち》馬門《まかど》の間には、かつて津軽藩と南部藩を分ける関所があり、人の行き来が厳しく制限されていた。それが影響を残しており、今でも津軽方言と南部方言の境目ははっきりしている。

青森の方言としては、もう一つ、下北《しもきた》方言をあげることができる。下北方言は南部方言を基層としつつ、海上交通によってもたらされたであろう津軽方言的特徴や、北海道方言的特徴をも併せ持つ。下北方言は南部方言の下位区分でもあるが、その一方で独自の特徴があるので、独立させることもある。その場合、青森の方言は津軽方言、南部方言、下北

(1)　標準語に訳すと「家の裏にある畑を使えばいい」「草が伸びてしまっているからいくらか片づけなきゃだめだけど、あそこならいいだろう」となる。

図1　石塚千尋『ふらいんぐうぃっち』第1巻より（©石塚千尋／講談社）

表1　津軽と南部の違い（佐藤和之編2003より）

共通語形	津軽側語形	南部側語形
顎	オドケ゜	アキ゜タ
眩しい	マツコイ	マツボイ
くすぐったい	モチョコチャイ	モチョコイ
灸をすえる	ヤシ　タデル	キュー　ヤグ
恥ずかしい	メグセ	ショシ
目を覚ます	オドガル	オドロク
（犬などを）飼う	タデル	アズガル
（雨が降る）から	降るハンデ	降るスケ
（雨が降る）でしょう	降るビョン	降るゴッタ
（雨が降り）そうだ	降るンタ	降るミッタ
（～しては）駄目だ	マイネ	ワガネ

カ行の右肩にある丸（キ゜、ク゜、ケ゜）は鼻濁音を表している。

図2　青森県の方言区画（岩崎他2018より）

方言の三つに分けられることになる。南部方言と下北方言の境目は、おおよそ六ヶ所村の北である。

下北方言の有名な特徴の一つは複数の敬語命令形があることだろう。たとえば、「見る」の命令形「見ろ」「見れ」以外に、「見せ」「見さい」「見さまい（見さまえ）」という表現がある。「せ」「さい」「さまい」とするにしたがって、より丁寧な言い方になる。現代ではこれらの表現を使う人は少なくなっているが、地元の人も伝統的な下北方言の特徴として意識しており、むつ下北観光物産館「まさかりプラザ」の向かいに「むつ来《か》さまい館」というイベント施設があるし、交通標語で「シートベルトをつけてけさまい」というようなものも見られる。

このように、三つの地域に分かれており、それぞれ独自の文化圏、ことばを形成している点が、青森の方言の特徴である。ただし、その一方で、意味用法や語形が多少異なるにしても、これらの方言区画にまたがって共通するものや、さらに東北一帯や北海道まで広がりを見せるものもある。次節から、筆者が弘前で暮らすようになって実際に触れたことばを見ていくが、以下、紹介していくことに関しては、南部方言や下北方言にもある程度あてはまるところがあるかと思われる。(2)

2　方言の文法にひそむ面白さ

ここでは、標準語だけを見ていては見逃してしまう文法の多様性を見ていきたい。よく

（2）　青森の方言について、もっと全体的に概要を知りたい方は、佐藤編（二〇〇三）や此島（一九六八）を参照されたい。

耳にする表現の一つに「魚、きれいに焼がさってら」「書きかけのメール、送らさった！」のように「(ら)さる」[3]という形式がある。「(ら)さる」は意志とは無関係に出来事が起こったことを表すもので、「(自然と) そういう状態になっている」「(するつもりはなかったのに) してしまう」といった意味を表す。こういった文法的意味のことを「自発」と呼ぶ。また、「(ら)さる」は、字を書こうとしたときにインクが切れていた場合などに「このペン、書がさんね」と言うように可能（この例は否定の「ね」がついているので不可能）を表すこともある。自発を表す「(ら)さる」は非常に便利な表現だが、残念ながら、標準語にはそれに該当するような文法的表現はない。なお、「(ら)さる」は北海道や秋田、岩手などでも用いられ、使用される地域は広範囲に渡るが、地域によって意味用法の範囲は異なるようである。[4]

次に、時間と関わる表現として「花子、きれいだ」と「花子、きれいでら」に違いがあることを紹介したい。「きれいだ」は花子の性質として述べた言い方なのに対して、「きれいでら」とすると、一時的な性質として捉えていることを明示した言い方となる（たとえば、今日は何かのイベントでおしゃれをしているといった状況で用いる）。青森の方言では、標準語の「ている」に相当する「てら」という形式があるが（「読んでら」「見てら」等）、これが動詞だけでなく、形容詞や形容動詞などの状態を表すものにも使われるのである。こういった、状態・性質が一時的であることを示す文法的表現も標準語にはない。[5]

ところで、電話をかけたときに「もしもし工藤でした」のように受け答えされることがある。当たり前だが、電話の主は今も工藤さんである。なぜ「た」なのだろうと違和感を持つ人もいるだろう。しかし、この場合の「た」は過去を表しているのではなくて、丁寧なあらたまった言い方として使われているのである。英語でWill you～? やCan you～?

(3) どのような形になるかは上接する動詞の活用タイプによって異なる。なお、言語学的には-(r)asa-と分析すべきだが、ここでは学校で習う文法風に「(ら)さる」としている。

(4) 北海道や青森出身の学生に簡単な調査をしたところでは、津軽方言では意味用法が比較的広いようである。

(5) 工藤・八亀（二〇〇八）では、こういった時間に関わる表現のほか、さまざまな方言の文法現象について、言語類型論的な観点から解説がなされている。

よりもWould you～？やCould you～？のほうが丁寧なのと似ているとも言えるだろうか。「た」は標準語でも用いられるだけに、つい、その枠組みの中で考えてしまいがちなので、注意が必要である。

3　方言の変化、気づかない方言

標準語化の波に押され、いわゆる伝統的な方言がだいぶ衰退しつつある、というのが日本全体のことば事情である。どちらかといえば元気なほうと思われる津軽方言も世代によってかなり違う。だが、標準語は方言の衰退を招くだけでなく、新しいことばを生み出すこともある。

買い物をしたとき、「そうすれば、合計で七〇〇円になります」のように言われたり、宅配便で再配達を依頼したとき、「そうすれば、明日の午前中にうかがいます」のように言われたりすることがある。このような「そうすれば」は実は方言である。ただし、方言といっても家庭内のようなくつろいだ場面でなく、接客するときのようなあらたまった場面で用いられる方言である。いったいどこが方言なのだろうか。たしかに、「きちんと準備しなさい。そうすれば、うまくいくはずだよ」のような言い方（「そのようにすれば」の意味）は標準語にもある。しかし、右の「そうすれば」は標準語の「それでは」「じゃあ」に相当する、接続詞的な使われ方がなされている。このような「そうすれば」は標準語にはない。つまり、形は標準語的だが、意味用法が方言的なのである。

このような「そうすれば」はどのようにして生まれたのだろうか。伝統的な方言に「せば」「へば」という言い方がある。おそらく、あらたまった話し方をしようとしたときに、「せば」「へば」を標準語的にすることで生じたのが接続詞的な「そうすれば」と思われる。形は一見、標準語的なので、方言であることに気づきにくい。方言であるのに、話者が方言と思っていない表現を「気づかない方言」と呼ぶが、接続詞的な「そうすれば」は方言と標準語の接触で生まれた、新しい気づかない方言である。この「そうすれば」は北東北、とくに青森と秋田で見られる。(6)

なお、青森の気づかない方言は、標準語の「よりは」に相当する「よりだったら」、番組が放映されることを言う「(テレビに)はいる」、標準語の「〜したことがある」に相当する「〜したときある」など、他にもさまざまなものがある。(7) 話者本人は全国どこでも通じると思っているだけに、つい使ってしまって出身地がばれるという経験をした人もいるかもしれない。

(6) 木部他(二〇一三)第四章第四課、二階堂他(二〇一五)等。とくに、二階堂他(二〇一五)ではあらたまった場面の言語使用実態がうかがわれる地方議会会議録を用いて接続詞的な「そうすれば」の地理的広がりが示されている。

(7) 岩崎他(二〇一八)や岩崎(二〇一八)では、青森の方言に見られるさまざまな気づかない方言が紹介されている。

4 コミュニケーションの仕方、発想法の地域差

多くの場合、方言と言えば、音声、語彙、文法の違いが思い起こされるだろう。しかし、どのように挨拶するか、どのように物事を頼むかなど、コミュニケーションの仕方やその背後にひそむ発想法についても地域差のあることが近年明らかにされつつある。たとえば、物事を頼むときに、青森や岩手では他地域に比べて恐縮の前置き(「すみませんが」に

相当する表現）を使用しない傾向にあるという。一見、個人差で片付けられかねないところにも地域差が見られるのは興味深い[8]。

弘前で暮らしはじめて、次のような経験をしたことがある。二、三ヶ月ぶりに、弘前の知人に会ったとき、「おー、生ぎでらが！」と声をかけられて少しびっくりした。どのように返事をすればよいのかとまどった。一〇年、二〇年音信不通であったならまだしも、少し久しぶりに会ったくらいでまさか生死を確認されるとは、と思ったのである。しかし、これは本気で生死を確認しているのではなく、実質的な意味を持たない挨拶らしい。その後も何回か同じようなことがあった。

これもコミュニケーションの仕方、発想法の地域差を示すものかもしれない。だとすれば、どのような言い回しを挨拶に使うかというところに地域の独自性が現れているようで面白い[9]。ところで、知人のルーマニア人によれば、遠いルーマニアという国でも久しぶりに会ったときにMai trăiești?（直訳すると「まだ生きているの？」）という言い方をするらしい。もちろん二つの地域に直接的な関係はないが、発想が共通しているところがあるのかもしれない[10]。

おわりに

以上、筆者が出会った津軽のことばを中心に、青森の方言の面白さを見てきたが、いかがだっただろうか。本章で見てきたのは、あくまでその一端であり、他にも多くの面白い

（8）　こういった問題に興味をお持ちの方は、小林・澤村（二〇一四）を参照されたい。

（9）　ここであげた例がニュートラルなものでなく、冗談として使うものである可能性はある。そうだとしても、こういった冗談がそれなりに使われるとすれば、発想法の地域差の一つになるだろう。

（10）　世界の言語でどのような言い回しが挨拶として使われるのか、そこにどのような普遍性や個別性があるのかも興味深い問題である。

現象がある。ぜひみなさんにもそれらを探してみてもらいたい。そこには、標準語だけでは見えてこない豊かなことばの世界が広がっているはずである。

〔参考文献〕入門書、概説書、新書など、できるだけ読みやすいものを中心にあげた。
岩崎真梨子『青森県南部地域の方言ガイドブック』一、二〇一八年（非売品）
岩崎真梨子・夏坂光男・日比俊介・畑文子「八戸市の若者の「気づかない方言」と言語活動」『八戸工業大学紀要』三七、八戸工業大学、二〇一八年
木部暢子・竹田晃子・田中ゆかり・日高水穂・三井はるみ『方言学入門』三省堂、二〇一三年
工藤真由美・八亀裕美『複数の日本語　方言からはじめる言語学』講談社、二〇〇八年
此島正年『青森県の方言』津軽書房、一九六八年
小林隆・澤村美幸『ものの言い方西東』岩波書店、二〇一四年
佐藤和之編『青森県のことば』明治書院、二〇〇三年
二階堂整・川瀬卓・高丸圭一・田附敏尚・松田謙次郎「地方議会会議録による方言研究―セミフォーマルと気づかない方言―」日本方言研究会編『方言の研究』一、ひつじ書房、二〇一五年

column

十和田市現代美術館
――まわりを作品に変える魔法――

足達　薫

青森県立美術館がまわりの自然と対話する生きた作品と言えるのに対して（本書238〜240頁）、十和田市現代美術館は、まわりの街と人を作品に変えてしまう魔法の装置のような場所である。

自然に囲まれた青森県立美術館とは対照的に、十和田市中心部に位置し、街と人に囲まれている。大通りを挟んだ八甲公園もこの美術館の一部であり、草間彌生（子供ばかりか大人でも心躍る、例のドットに彩られた遊具／アート）、インゲス・イデー（ムーミン・シリーズに出てくる不思議な生き物ニョロニョロの王様のような《ゴースト》）らの作品がある。美術館の前庭では、チェ・ジョンファの花で構成された大きな馬や、椿昇の巨大機械アリ《アッタ》が出迎えてくれる。中庭にはオノ・ヨーコの《念願の木》のような木／作品もある。

図１　十和田市現代美術館外観（写真提供：十和田市現代美術館）

これらの作品が美術館の外に置かれ、生活の場としての街路や憩いの場としての公園に組みこまれ、観客以外の人々によっても経験されているという点は見逃せない。十和田市現代美術館とそのまわりの環境は、都市空間およびそこで暮らす人間たちとの共生を実現している。この美術館は、非日常的なアートの展示場所ではなく、楽しみながら生きている普段の暮らしとアートを接続するハブ的装置であると述べることができる。

図2　十和田市現代美術館メインエントランス（ジム・ランビー《ゾボップ》©Mami Iwasaki、写真提供：十和田市現代美術館）

生きて経験することとアートの接続というテーマは、美術館の建物そのものにも現れている。壁で構成された立体であった青森県立美術館とは対照的に、十和田市現代美術館では、いたるところにとても大きなガラスが用いられ、内と外が視覚的に閉ざされていない。この開かれた構造は魅力的である。美術館の前に立つだけで、中で楽しそうに観賞している人たちの姿が目に飛び込んでくる。入館前から私たちはこの美術館の観客になっている。

この開かれた構造は、館内でもとても心地よく、楽しい効果、まるで魔法のような効果を与えてくれる。作品の向こうにあるガラスのさらに奥にある都市空間、美術館を訪れた他の人々、そして偶然捉えられる車や歩行者が突如、作品と結びつき、対話を生みだす。

ガラス窓がないところでもこの美術館はとてもおもしろい魔法で観客を作品に結びつけてくれる。最初の展示室では、ロン・ミュエクによる巨大な女性像が私たちの度肝を抜くが、その驚きは、すぐ傍で同じように驚いている他の観客と共有された心躍る記憶へと変る。栗林隆によるインスタレーション《ザンプランド》では、観客はテーブルに登って天井に開けられた穴に顔を入れるように促され、その姿自体が作品になる。闇夜の森を再現したマリール・ノイデッカーの《闇というもの》や深夜のドライブインを再現したハンス・オプ・デ・ビーク《ロケーション（5）》で、作品や壁ばかりか他の客ともぶつからないように移動する経験はスリリングきわまりない。

ぜひ一度（と言わず何度も）、十和田市現代美術館の魔法を楽しんでほしい。

〔参考文献〕

『十和田市現代美術館常設展示作品解説シート』十和田市現代美術館『とわだじかん』No.006、二〇一七年

「故郷」とのあそび――青森と日本近現代文学

尾崎名津子

はじめに――「太宰」だけではない青森の文学

青森県立図書館（青森市）に併設されている青森県近代文学館では、常設展で青森県にゆかりのある作家たちを紹介している。『あゝ玉杯に花うけて』（一九二七〜二八年）などの少年小説で人気を博した佐藤紅緑（弘前市生まれ）、エスペランティストで詩人・戯曲家の秋田雨雀（黒石市生まれ）、貧窮の中で「私小説」を書き続けた葛西善蔵（弘前市生まれ）など、明治期から活動を始めた作家はもちろん、『若い人』（一九三三〜三七年）や『青い山脈』（一九四七年）で知られる石坂洋次郎（弘前市生まれ）、太宰治（五所川原市生まれ）、太宰治の理解者としても著名な今官一（弘前市生まれ）らの昭和戦前期に多く活躍した作家、また、

図1　青森県立図書館・青森県近代文学館（青森県観光情報サイト　アプティネット（https://www.aptinet.jp/Detail_display_00000012.html）より）

三浦哲郎（八戸市生まれ）、長部日出雄（弘前市生まれ）、寺山修司（弘前市生まれ）という現代文学の作家たちも一堂に会している。その顔ぶれを見ると、時代や文芸ジャンルや作風もじつに種々多様であることが分かる（図1）。

　このことが特別に見えるのは、たとえば都道府県名を冠した他の文学館の常設展と比べる場合である。神奈川近代文学館（神奈川県横浜市）の常設展は、神奈川県出身作家ではなく「神奈川を描いた作品」や特別コレクションを中心に展示を組んでいるし、くまもと文学・歴史館（熊本県熊本市）の常設展は小泉八雲と夏目漱石という、旧制第五高等学校にゆかりのある文学者の資料に焦点を当てている。もちろん、それぞれの文学館に独自のコンセプトはあろうけれども、「当地で生まれた作家」という括りだけで充実した展示を組めることは、全国的に見ても珍しいという印象を受ける。

　その青森県近代文学館では、二〇一八年七月一四日から九月二四日まで特別展「平成の青森文学」が開催された。十和田市出身の高橋弘希が『送り火』で第一五九回芥川賞を受賞したのは、この特別展開始直後の七月一八日のことだった。『送り火』の主人公は、父の仕事の都合で東京から青森にやってきた少年である。受賞会見の場で、青森で過ごしたことが作品に与えた影響について問われた高橋は、「実はあまりないのかもしれないという気もするんですけど、一応記憶をたどって書いたっていう感じ[1]」だと述べている。また、文学賞それ自体についてどう思うかと訊かれた際、高橋は次のように答えている。

でも、一応評価されるっていうことなんで、何かしら受賞できればそれはうれしいといえばうれしいですけど。ただ別に、なんですかね、賞が欲しくて書いている人ってたぶんいないと思うんで、結果として取れて良かったなという、そういう感じですけど。

賞が執筆の目的ではないとクールに語る青森県出身の作家がいる一方で、しかし、「文学賞が欲しくて仕方なく、先輩作家に直訴したり、選者を批判したりと大騒ぎしたことがスキャンダラスに報じられた過去がある青森出身の作家」もいた。それは、ほかでもない太宰治その人である。

1　太宰治と葛西善蔵

それまで同人誌をメインに活動していた太宰治は、「逆行」(『文藝』一九三五年二月)と「道化の華」(『日本浪曼派』一九三五年五月。「逆行」が正式な候補で「道化の華」は参考作品扱い)で第一回芥川賞の候補になった。しかし、受賞作は石川達三「蒼氓」に決まった。『文藝春秋』一九三五年九月号には、選考委員たちの選評が掲載されている。それを読むと、「道

(1)「第159回芥川賞受賞会見(全文)高橋弘希さん「だいぶ読みやすいと思います」」『Yahoo!ニュース』二〇一八年七月一九日、https://headlines.yahoo.co.jp/hl?a=20180719-00000003-worldleaf-cul

化の華」の方を高く推す委員が複数おり、「逆行」がノミネートされていることを疑問視する声もあったことが分かる。

太宰は落選にショックを受け、選評の中でも川端康成の「作者目下の生活に厭な雲ありて、才能の素直に発せざる憾みあった」という言葉に反応を示した。確かに、この時期の太宰は、新聞社の入社試験に落ちたほか、心中未遂や腹膜炎による入院、薬物中毒、大学からの除籍処分といった出来事に続けて見舞われており、「厭な雲」のかかる日々を送っていたとも言える。しかし、肋膜炎が癒えて退院した直後に選評を目にした太宰は、「川端康成へ」という一文を発表する。

小鳥を飼ひ、舞踏を見るのがそんなに立派な生活なのか。刺す。さうも思つた。大悪党だと思つた。〔中略〕私はいま、あなたと智慧くらべをしようとしてゐるのではありません。私は、あなたのあの文章の中に「世間」を感じ、「金銭関係」のせつなさを嗅いだ。(2)

「川端康成へ」は「道化の華」執筆前後の自身の生活を説明したものだが、川端に対しては「これは、あなたの文章ではない。きつと誰かに書かされた文章にちがいない」などと述べており、川端に「根も葉もない妄想や邪推はせぬがよい(3)」と一蹴されている。しかし、右の引用の後半部分には見るべきところもある。というのも、芥川賞・直木賞とは、新人作家をいわゆる文壇に引き入れることだけが目的なのではなく、菊池寛の『文藝春秋』が仕掛けた商業的なメディアイベントでもあった。そこに与する選考委員の言葉に「世間」

(2) 太宰治「川端康成へ」『文学通信』一九三五年一〇月

(3) 川端康成「太宰治氏へ　芥川賞に就いて」『文学通信』一九三五年一一月

や「金銭関係」を透かしてみようとする太宰の言動を、すべて虚妄と切り捨てるのは少し乱暴である。

その後の太宰は、芥川賞選考委員の佐藤春夫や、川端にも芥川賞を求める書簡を送っているが、とうとう受賞は叶わなかった。しかし、それも第三回（一九三六年上半期）までの出来事である。それ以降の太宰は、新潮社文芸賞や歴史文学賞（戦時中に存在した賞）の候補になるが、結局一度も文学賞を受賞しなかった。

不遇の作家といえば、太宰が繰り返し言及した葛西善蔵がいる。葛西も「はじめに」でふれた通り、青森県出身の作家である。一八八九年に生まれ、貧困と病苦による荒んだ生活を送り、一九二八年に四一歳で逝去した。弘前市の徳増寺と神奈川県鎌倉市の建長寺に埋葬されている。苦しい生活の中でも創作を続け、代表作に『哀しき父』（一九一二年）や『子をつれて』（一九一八年）がある（図2）。

図2　葛西善蔵（弘前市HP（http://www.city.hirosaki.aomori.jp/bungakukan/2014-1210-1440-138.html）より）

太宰は葛西と直接面識はないが、同郷の先輩作家としてしばしば名前を挙げている。それは以下の八作品である。①「猿面冠者」（『鷭』一九三四年七月）、②「ダス・ゲマイネに就て」（『日本浪曼派』一九三五年一二月）、③「立派といふこと」（『日本浪曼派』一九三六年三月）、④「創世記」（『新潮』一九三六年一〇月）、⑤「善蔵を思う」（『文藝』一九四〇年四月）、⑥「パウロの日記」（『現代文学』一九四〇年一〇月）、⑦『津軽』（小山書店、一九四四年一一月）、⑧「十五年間」（『文化展望』一九四六年四月）。作家・太宰治の創作期間の全期にわたり、断続的に言及されていることが分かる。葛西への興味は終始一貫していたということである。

これらの中でも「善蔵を思う」は、太宰の小説家としての技術と、同郷の作家への敬意に満ちた作品である。

先に述べると、この作品に葛西善蔵は登場しない。あらすじは以下の通りである。三鷹に住み、「D」という筆名を持つ作家の「私」が家にいると、百姓女が蕾のついていない薔薇を売りに来る。「私」は薔薇も、百姓女も「贋物に違いない」と思うが、結局買わされてしまう。その後、「私」は「恐れて」いたはずの故郷・青森県の芸術関係者が集まる懇親会に出席する。その場で「私」は泥酔し、暴言を吐いてしまった。翌日、「衣錦還郷のあこがれ」を捨てた「私」は、訪ねてきた友人に庭の薔薇が相当良いものであると知らされる。「私」は百姓女のことを「同郷人だったのかな?」と思い、「この薔薇の生きて在る限り、私は心の王者だ」と感じる。

この作品は、葛西善蔵の「贋物」（『早稲田文学』一九一七年二月）へのオマージュではないだろうか。「贋物」は耕吉という、作家を目指して上京するが、東京で食い詰め、青森の実家に戻ろうとする主人公が、生活再建を目指す物語である。しかし、青森でも暮らしは楽にならない。そこに、親戚が骨董品を持ってくる。生活費を確保するために提供された骨董品を売却しようと、耕吉は再び上京する。しかし、持参した品物が贋物であることが分かる。

「善蔵を思う」に描かれていたのは、故郷＝青森県との関係をうまく結べない人物（「私」）、胡散臭さを漂わせながら怪しげなものを売って歩く人物（百姓女）である。これはほぼそのまま耕吉と重なる造形になっている。しかし、最終的にはこれらが故郷＝青森県との関係を清算した人物（「私」）と、「贋物」ではなくむしろ「本物」（良い商品）を売った人物（百姓女）へと読み替えられている。すなわち、太宰は葛西の物語の続きを書いた、とも言えるのである。この作品の奇妙なタイトルは、物語内容に向けられたものではなく、物語の外側にある、創作の動機に関わっているのだ。

太宰は『津軽』（一九四四年）の中でも葛西のことを次のように紹介している。

津軽出身の小説の名手、葛西善蔵氏は、郷土の後輩にかう言つて教へてゐる。「自惚れちやいけないぜ。岩木山が素晴らしく見えるのは、岩木山の周囲に高い山が無いからだ。他の国に行つてみろ。あれくらゐの山は、ざらにあら。周囲に高い山がないから、あんなに有難く見えるんだ。自惚れちやいけないぜ。」

ここに二人の作家の、故郷・青森との複雑な距離感を窺うことができる。

2　太宰治『津軽』の世界

青森と言えば太宰治、というイメージはかなり強いであろうし、実際に観光資源にもなっ

図3　斜陽館（筆者撮影）

ている。とはいえ、太宰が青森で暮らしていた時期は次の二つに限られる。①誕生から上京まで。一九〇九年六月一九日〜一九三〇年四月（東京帝国大学に入学）。ただし、一九二三年四月の青森中学入学を機に実家を出ている。②疎開していた期間。一九四五年七月三一日〜一九四六年一一月一二日。実家に滞在していた（図3）。

また、これら二つの時期とは別に、三度津軽を訪問している。①一九三二年一二月。青森検事局に出頭。②一九四一年八月、四二年一〇月、一二月。母親を見舞うため。③一九四四年初夏。『津軽』執筆のため（三週間）。太宰は満三八歳で没したので、生涯のうちおよそ半分の時間を青森で過ごしたことになる。

『津軽』はそのような太宰が初めて青森を主役にした小説で、太宰本人を思わせる「私」という人物が、津軽地方を旅する形式を採っている。序編、本編「一　巡礼」、「二　蟹田」、「三　外ヶ浜」、「四　津軽平野」、「五　西海岸」という章立てで、太宰自らが描いた地図が巻頭に掲載されている（図4）。

この作品では、「私」が津軽のことを「知らない」という言い方が再三登場する。今まで知らなかった「故郷」を探しに行く、ということが、作品の主たる筋になっている。し

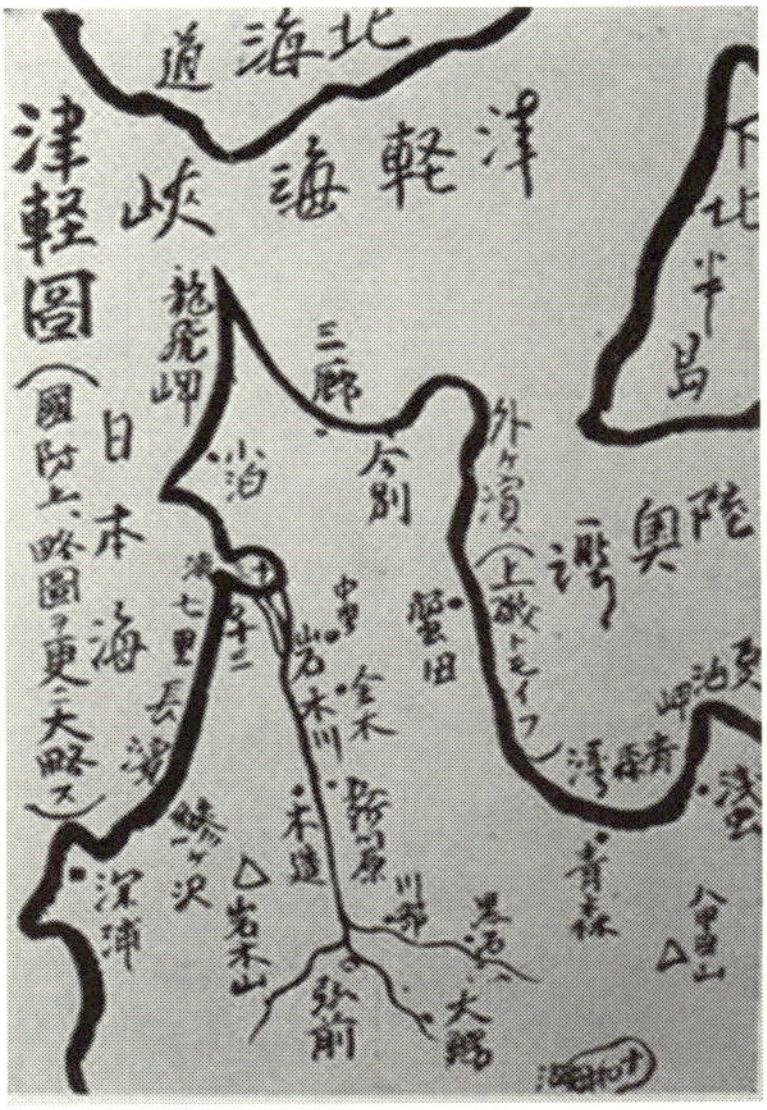

図４　『津軽』に収められた、太宰治による「津軽図」（筆者撮影）

図５　『津軽』に登場する奥谷旅館（竜飛）の現在。観光案内所になっている（筆者撮影）

かし、郷里の友人たちとの花見、それによる宿酔、さらにその宿酔が日中の行程に悪影響を及ぼす（古刹の関係者が語る縁起に対して揚げ足を取るなど）など、珍道中と呼んでも差支えないユーモラスな描写も多く、「故郷」探究に対する思い詰めたような姿を見ることは難しい（図5）。

　しかし、これも作家の技術によるのかもしれない。物語の途中、素面の頭で「私」は「風景」にならない津軽の風景に言葉を失うことも経験する。『津軽』は、「故郷」が言葉にできないこと、実体化できないことを伝えているのかもしれない。それは一九三〇年代後半に勃興し、戦時体制下で挙国一致の理念のもとに持続が目指された「故郷」（「郷土」）概念に棹差すものであり、なによりこの作品が小山書店の「新風土記」シリーズの一冊として刊行されたことから見ても、ラディカルである。

おわりに

青森出身作家の作品を読んでみると、それぞれの「故郷」があり、それは決して辿りつけない、非在の場所であることを改めて強く意識させられる。もちろん、出生地として実体化できる「故郷」もあるだろう。そもそも「故郷」は日本の場合、明治期に成立した立身出世の思想とセットで生成された。その後、初等教育における郷土教育の実践や和辻哲郎『風土』（一九三五年）刊行に象徴される一九三〇年代の郷土ブーム[4]、大政翼賛会文化部の成立（一九四〇年）から敗戦を経て、占領期までゆるやかに継続した地方文化運動など、「故郷」は常に社会、世相とともにあった。しかし、文学が描いてきたのはそうした具体的な場所・地域そのもののことではない。

たとえば、高橋弘希は青森県近代文学館の特別展「平成の青森文学」に寄せた文章の中で、次のように述べた。

色濃い夏空の下で、沢山の人々が中腰になって、くまでを片手に、砂を浚っている。その光景は、もう一度眺めてみたい気もする。それからまた、十三湖の西の端が、や

（4） この間の事情は、成田龍一『「故郷」という物語　都市空間の歴史学』吉川弘文館、一九九八年に詳しい。

がては茫漠とした日本海へと開けるその光景を、勝手に思い描いてみたりもする。(5)

眺めてみたい「気もする」のであって、積極的に「眺めたい」のではない、と述べてみる。あるいは、光景を想像する自分の姿を「勝手に」と形容する。この羞恥すら感じさせる控えめな書きぶりは、「故郷」との距離を慎重に取ろうとする身振りのようにも見える。また、太宰が葛西善蔵や津軽を描くことでやってみせた、〈明示・明記しないこと〉や〈「書けない」と書くこと〉を通して「故郷」を喚起する方法も、高橋の態度と通底している。

声高に主張せず、あるいは、無理に実体化しようとせずとも生成されるイマジナリーな領域が「故郷」であるとしたら、高橋や太宰の控えめな距離の取り方は「故郷」の扱い方として大変適切であるように思われる。あそび（遊び）の語源は諸説あるが、そこには空間性（ゆとり・隙間）や心を充たすこと、といった意味が込められていたという。そうだとすれば、彼らの「故郷」との向き合い方は、直接触れようとしないという慎み深さを保ちながらも、その何かとあれこれと戯れる、「故郷」なるものとのあそび、と呼ぶにふさわしい。

(5) 高橋弘希「斜陽館、十三湖、海――。」『特別展 平成の青森文学』青森県近代文学館、二〇一八年七月一四日

〔参考文献、ウェブサイト〕
『葛西善蔵全集』第一巻、津軽書房、一九七四年
『太宰治全集』第四巻、筑摩書房、一九九八年
『太宰治全集』第八巻、筑摩書房、一九九八年
成田龍一『「故郷」という物語 都市空間の歴史学』吉川弘文館、一九九八年
『特別展 平成の青森文学』青森県近代文学館、二〇一八年七月一四日
「第159回芥川賞受賞会見（全文）高橋弘希さん「だいぶ読みやすいと思います」」『Yahoo!ニュース』二〇一

八年七月一九日、https://headlines.yahoo.co.jp/hl?a=20180719-00000003-worldleaf-cul（最終閲覧日：二〇一八年一二月二七日）

『津軽』に登場する奥谷旅館（現在は龍飛岬観光案内所「龍飛館」）の太宰が宿泊した部屋は、ほぼ当時のまま保存されている。『津軽』に「N君」として登場する中村貞次郎氏の写真と並んで太宰の写真も飾られており、往時に思いをはせることができる。（青森県観光情報サイト　アプティネット（https://www.aptinet.jp/Detail_display_00005631.html）より）

column

寺山修司と青森
——虚構としての「故郷」

仁平政人

寺山修司（一九三五〜一九八三）とはどんな人？　という質問に、一言で答えるのは難しい。四七年の生涯の中で、彼は俳句、短歌、詩、童話、小説、エッセイ、評論といった多岐にわたる文筆活動にとどまらず、伝説的な劇団「演劇実験室　天井桟敷」を主宰しての演劇活動や、前衛的な映画の監督、大ヒット曲「時には母のない子のように」をはじめとした作詞…等々と、この上なく領域横断的に、多彩なスタイルで活動を行い続けた。こうした自在な活動が、寺山という表現者の一つの魅力をなしていると言えよう。そして、二〇一七年に寺山原作の映画『あゝ、荒野』が大きな話題を呼んだように、その表現世界は今も多くの人を惹きつけている。

図１　「寺山修司『あゝ、荒野』（現代評論社、1966年）、寺山修司・森山大道『あゝ、荒野　特装版』（パルコエンタテイメント、2005年）」

さて、寺山はその幅広い活動の中で、故郷である青森を重要なモチーフとして頻繁に取り上げている。とはいっても、彼が描く「青森」は、現実の青森と決して単純に重なり合うものではない。たとえば、寺山はしばしば、下北半島の霊場・恐山を自らの故郷のように、それも奇抜な超現実的イメージを織り交ぜて描いている（映画『田園に死す』（一九七四年）など）。現実には、三沢市と青森市で少年時代を送った寺山にとって、恐山は決して身近な場所ではなかった。このことに関して注

図２　三沢市寺山修司記念館

目できるのは、一九六〇年頃から、恐山が「秘境」としてマスメディアで脚光を浴び、観光客を集めるようになっていたということである。すなわち寺山の恐山をめぐる表現は、当時の青森にまつわる通俗的なイメージを取り入れ、批評的に書き換えることから生み出されていたとみられるのだ。

だが、寺山が青森をフィクションの形で描いたのは、おそらくこうした時代状況に対する意識のためだけではない。詳細を説明する余裕はないが、寺山はそもそも、人間の「過去」や「記憶」が言葉・物語と不可分に成り立っていることを強く意識し、現実と虚構の関係を根本的に問い続けた表現者であった。彼にとっての過去の世界（＝記憶中の「故郷」）が虚構の形で描かれるのは、このことと深くつながっていると考えられるのである。

ここで、寺山の青森にまつわる一首の短歌（歌集『田園に死す』）に目を向けてみよう。

大工町寺町米町仏町老母買う町あらずやつばめよ

大工町・寺町・米町は、いずれも青森市にかつて実在した地名である。しかし、そこに「仏町」という架空の町名が導入されることで、現実の地方都市は店・職業ごとに区切られた虚構の空間へと書き換えられ、その中で、自分の母親を買ってくれる場所を求めるという「姥捨て」的な物語が導かれていく。現実の世界にひとつの虚構の要素を差し挟むことで、思いがけない新たな世界を生み出すこと。それは実のところ、寺山の多様な活動を貫く方法であったと考えられる。以上はささやかな例だが、寺山における「青森」は、その表現世界を読み解く手がかりを豊かに宿しているように思われるのだ。

音楽の生まれる場としての「青森」

——諏訪淳一郎

はじめに

音が聞こえる。それを耳で追うとき、音は粒となり、リズムやメロディとなり、ある流れとして感じ取ることができる。この流れは、時の流れであり、また広がったり収縮したりする空間でもある。だから、音を追い続けることは時間と空間を生み出し、さらには自身の存在する源としての居場所を再び感じ取る営為であるといえる。

このように音楽を捉えるとき、「青森」は一つの「場」の名前に過ぎない。青森はある感覚を帯びた時間であり空間であり、聞こえてくる響きとして開示される。なので、ここで選んで取り上げようとする「音楽」は、どれも青森という一つの場を生み出す作用を持つものとして捉えている。弘前の地元の会話で、ふつう「青森では云々」といったら東青地域のことを意味する。いま考えてみたい「場」とは、このようにミクロで局所的な広がりを持ちながら、存在の感覚を呼び起こすような時空間なのである。

東京都内のとある駅前のスーパーで毛豆を売っているのを見た。民芸風のザルに「津軽地方門外不出の枝豆」とポップが添えられ、弘前よりもずっと高い値がついていた。そんな風に、固有の土地の希少な恵みとして、音楽を考えてみたい。

1 佐井神楽

佐井村《さい》は、下北半島をむつ市の中心部から半周ほど回ったところにある。直接出かけるなら、青森港からフェリーを利用したほうが便利かもしれない。村は恐山カルデラの外周に位置しているために細長く、九つの地区のほとんどは海に切り立つ崖に隔てられている。佐井は、江戸期に北前船と山丹《さんたん》交易のネットワークの中継点として大いに栄えた。その隆盛は、港近くに建立した寺院の壮麗さからもうかがい知れる。フェリー乗り場のあるアルサスには、山丹交易の目玉であった蝦夷錦も飾ってある。

元禄年間に北前船で京都より伝わったとされる佐井神楽は、今もなお地元にとってかけがえのない芸能として大切に執り行われている。獅子は権現として家々を守るのだ。それぞれの地区内で山車と二人立ちの獅子舞を踊り、笛、鉦、太鼓を奏し、謡を歌いながら街路を練り歩く。集落が小宇宙をなして息づいていることを示す証であるかのように、男た

図１　春の日の桜島の風景（佐井村矢越地区）

図２　奉納神楽（佐井村矢越地区）

ちは華やかな襦袢を着て、個々に伝わっている笛の音に合わせて山車を引く。獅子は家々の門前に立ち、あるいは仏間に上がり、邪気を払い祝福を授けて回っていく。ヤドと呼ばれる民家が酒や食事をふるまい、一行はそこで休憩する。

いくつかの地区では弁天祭といって、七月の海の日にご神体を船に乗せて神輿を渡御させ、神楽を舞う。矢越地区の弁天祭は、矢越八幡宮の奉納神楽で始まる（弘前大学人文学部二〇一六、一一—三八頁）。拝殿では神事として二〇分間ほど神楽を舞い、それからご神体は漁港から船に乗って地区の領域を一周する。浜辺に立つと、このとき船上で舞う神楽の音が海上かすかに聞こえる。海上での神事の後、一行は防波堤の先にある桜島という名の小岩に着き、ご神体は桜島での神事の間てっぺんに立つ祠の中に収められる。そして再び奉納神楽を舞い、簡単な直会《なおらい》に入る。

その日は海鞘《ほや》が多く出た。一〇人ほども胡坐をかけばいっぱいになる桜島の上で海鞘の刺身をうまそうに食べながら、地元の人は言った。「ここで食べると、味もまた違って感じるもんだ。いつもと同じ海鞘だがな。」それは、祭礼の日の空気感、海の香りと風の音、桜島という年に一回しか人が上ることのない不毛な岩に突然湧き上がる高揚感、そこから改めてみる対岸の集落の眺め、そうした様々な感覚が呼び起こす味覚に違いないのだ（Suwa 二〇一七）。同様の感想が、お盆に合わせて行う例大祭のヤドでも聞かれた。夏場に常時食べているモズクそうめん（麺つゆに地場産モズクを入れる食べ方）が、いつもより美味に感じられるという。

こうなると、神楽が奏でる音楽は、もはやただの音として理解することは出来ない。神楽はその他の身体感覚、記憶、周囲の環境に不可分に呼応して、そのすべてをいわば一つの聞こえる声として祝祭空間を紡ぎ出す。そして、この時空間は個々人の身体から集落全体へと延伸する入れ子状に生み出されている。このとき、時空間の広がりを感受するのは神楽の響きがあるからである。響きは舞の所作を生み、山車や神輿を進行させ、祝祭によって家々や岩を聖域化するのである。

2 津軽獅子舞

一人立三匹獅子舞は、津軽に広く分布している。おそらく、藩政期の新田開発と知行地の拡大により弘前城下の獅子舞が伝播していった結果である。その松森町《まつもりまち》津軽獅子舞は、いまもなお市内で伝承されている。保存会によると、二代目藩主津軽信枚《のぶひら》の時世、弘前城下の町割の完成を祝して縁戚に当たる京都の近衛家より伝来したのが始まりという。ただし、その最初の獅子舞はほどなく廃れ、四代目藩主信政《のぶまさ》の命により京都からやってきた「山師」の猫右衛門が再興したものという。松森町はもと街道の松並木を手入れする「松守」

の町だが、猫右衛門の居所もそこにあったそうだ。

この猫右衛門のプロデュースによるものか確証がないが、松森だけ獅子が五匹もいる。三匹の獅子と道化役のオカシコに加えて、後ろに大太鼓を腹に締めた二匹の「番獅子」が左右に陣取り、雌獅子をめぐって争う雄獅子と中獅子の背景に立って踊る。津軽獅子舞で大太鼓を打つ者は獅子頭を被らないから、これは変格の獅子舞である。

松森町の獅子舞は、毎年五月に舞い初め、一〇月に舞い納めがあり、町内を門付けして回ってから演舞する。笛方は武士のように裃を着、一文字笠を被り、脇差をつけて獅子の後ろを歩く。六月には和徳《わとく》稲荷神社と品川町にある胸肩《むなかた》神社の宵宮で奉納舞があるほか、県内各所で声が掛かれば出向いて演舞する。

図3　門付けする松森町津軽獅子舞

観光化された大がかりな祭りを除けば、街中に在来の音楽がかかる機会などまずないから、そのような音楽が聞こえる場所は、特別な時空間となる。これは津軽獅子舞に限らず、各所に伝わるあらゆるタイプの郷土芸能に共通している。それぞれに、門付け・門打ちなどと称して太鼓、笛、鉦、謡、法螺などがバリエーション豊かに用いられ、どれ一つとして同じものはない。しかし、一年間のごく限られた日にしか演じられないにもかかわらず、極めて多くのコミュニティにそうした芸能が残っているから、情報をたどれば海山の間にそれらの音を聞くことは十分に可能である。
その音は、街角や集落の道のどこかから、初めはかすかに聞こえてくるだろう。その音源に向かって歩を進めていくと、時を経ずして壮麗な衣装を着け、音楽を奏し舞を舞う一群に遭遇するに違いない。この時に鳴り響く「音楽」は、そこで体感する空気の総体に他ならない。そこには始まりもなく、終わりもない。聞こえてくるもの、目に映るもの、肌で感じるもののすべては境界を消失し、それ以外の何物でもない、しかもその場でなくては味わうことのできない「いま＝ここ」として現出するだろう。そうして、人は通りかかる車中からのぞいたり、足を止めて携帯のカメラを向けたりする。

　さらに、旅行者の目線から離れていえば、獅子舞とは「獅子になること」に他ならない。そこでは調べの響きと個々の生きざまを織りなす生活の時間とが不可分に結びついているからである（諏訪二〇一二、二六―二九頁）。かつての松森町津軽獅子舞は、こもごもの縁がきっかけで入会したさまざまな業種の自営業者や技術者が担い手であった。かれらはみな腕一本で世を渡る一国一城の主であり、仕事が終わると喫茶でコーヒーを飲み鍛冶町の酒場に繰り出して幅を利かせるような男たちであった。往時の門付けはリヤカーに祝儀の一升瓶を積むほどであったという。その酒もすぐ飲み干す。彼らはそんな旦那芸の世界に生きていた。

「ワが男獅子さやれば、本気で女獅子のこと好きにならねば、まいね」とある先輩は言った。若い中獅子が女獅子と密通して藪の中に隠れ、男獅子がそれを嗅ぎまわる所作のある「女獅子隠し」の曲のことである。どこからともなく聞こえてくる獅子舞の音は、獅子舞を生きる時空間においては獅子になることそのものであり、それは一つの生き様でもあった。そして幾年かが過ぎ、男気のある先達は鬼籍に入り、まるで老木が倒れた空き地に若木が生え、森林が再生していくのを見るかのように、代わりに家族連れや市外から転入してきたメンバーが獅子舞を伝承している。その経過を見ると、普段は松森会館の楽屋にしまってある獅子たちにあたかも命が宿っているかのようである。そうやって獅子舞の音楽は続いていく。

3　ねぷた囃子

弘前、黒石などでは「ねぷた」、青森では「ねぶた」、五所川原では「立佞武多《たちねぷた》」。どれも八月上旬に開催される、言わずと知れた津軽の一大行事である。現在の弘前ねぷたの場合、出陣して行進するとき、街角などで小休止するとき、各町内へ帰っていくときの三種類の囃子がある。町内に属さない企業や同好会でも格納する小屋は市街地の一角に掛かっているから、そこまでねぷたを曳いて帰らなくてはいけないのである。

初日の土手町ルートの場合だと、まず弘前市役所本庁舎と弘前城の道路にいったん整列してから運行する。出陣の時間が近づくと、着替えてねぷたが待っている地点まで歩いてゆく。そのころ道は装束を着た人とその身内でいっぱいで、歩くのもやっとである。

あたりはもうすでに笛の音の渦があちこちに渦巻いている。それぞれの組が音出しをしているのである。だが、ふしの細かいところは互いに異伝があり、同じ行進のふしであっても、決して一致して鳴り響くことはない。また、笛には天然の竹がいまだに使われており、微妙にチューニングにずれがある。個々人の節回しも一斉に囃子を奏したとしても、どこか少しずつずれがある。市街の建物などに遠近に反響してずれて聞えることもある。これに太鼓や鉦の音も加わる。しかも、それらのすべてが運行の中で町のあちらこちらに鳴り響き始めるのである。時間が経てば、囃子も街路のそここで休止や帰りのふしに移り変わるから、たった三種類の囃子のふしでも重なり合ってとても複雑に聞こえてくる。

ただし、ねぷたの囃子は、そうした偶発的なずれの中に独特の美を見出している。誰もこの音の重なりをずれとは意識せずに感受し、これによって生じる大きな震動を祭りの陶酔とないまぜにして享受している。ふしが演奏されるとき、微細なずれの効果によって、大きな音の塊を生み出す。それが、ねぷたの音楽性なのである。ねぷただけでなく、たとえば八戸えんぶりでも、多数の組が参加して路上で行う行列や一斉摺りで同じ体験ができる。ずれによる音の塊は、比較的規模の大きい路上パフォーマンスをともなう青森の民俗芸能にほぼ共通する現象だといってもいい。

ねぷたの会場が弘前の町場を離れると、この重ねあげられた音の塊は失われる。たとえば、最近毎年のように東京で開催される「弘前ねぷた浅草まつり」では、有志でメンバーを組むため、めいめいの囃子を奏しながらでは、皆で同じ一台のねぷたを曳くことが出来ない。そこで、特別に共通の囃子を作ったという。その結果、弘前には弘前の、浅草には浅草のねぷたが響くこととなった。こうして、同じねぷたでありながら別々の音の空間が生まれ、浅草のものはもはや弘前のコピーではなく、独自の「弘前ねぷた」となった。

ずれがもたらす音の塊については、もう一つ興味深い点がある。ねぷた絵には男女の豪傑や武者が血しぶきあげて戦うモチーフが採用されている。その絵を見て感じるのは、ぼやけた歴史上の個々の事件にまつわる断片的な記憶よりも、むしろ黒く太い輪郭線と独特の赤や緑の点が扇面を隙間なく埋め尽くす絵のパターンである。その原色の色彩は、祭りの喧騒と、ねぷた同士の競争心のシンボルとして、やはり一つの大きな塊として町中に煌々と光り始める。その光景は、笛太鼓や掛け声がやはり隙間なく埋め尽くす音の塊に呼応しつつ、ねぷたという時空の場を紡ぎだしている。

4　スナックで聞いた歌など

彼女がどこかで聞いてファンになったというので、あるアーティストの公演を聴きに夜の国道七号線を飛ばして青森港そばのライブハウスに出かけた。青森はまだ二回目ということで、そのアーティストはちょっと慣れない様子だったが、青森といえば、と「津軽海峡・冬景色」のサビを愛嬌たっぷりに歌った。それはステージと観客を結びつけるための親愛の情だったのは明らかだが、そういえば町のカラオケスナックでは、誰もが知るはずのこの歌を聴いたことがない。竜飛岬まで行けばボタンを押すと歌が流れる立派な歌碑があるが、あれは観光スポットだろう。

ところで、獅子舞の先輩はときどき行きつけのスナックに連れて行ってくれた。そこには馴染みのママがいて、生ビールか焼酎を選ぶとお任せで料理を出してくれる。日によって、程よく焼いたハタハタや太くみずみずしい蕨に当たることもある。カラオケがまるでダメな私はいつも気が引けて断りを入れては、「こった店さ来れば、歌の一つも歌わねばまねよ」とたしなめられるばかりであった。みな演歌だったが、酒のせいもあって先輩たちが何を歌っていたのかよく覚えていない。ただ、銅器職人のある先輩は、必ず一回「石狩挽歌」を歌い上げた。「オンボロロ、オンボロボロロ」というあたりに何とも言えない哀感が耳に残っている。

演歌といえば、私が勝手に「民謡おじさん」と呼んでいる人物がいる。弘前八幡宮の周りのどこかにきっと住んでいるはずだ。かなり高齢の男性で、大体は朝か宵の口に近所や家の前を自転車でときどき通りかかるのだが、決まって戦前の歌謡曲とも民謡とも演歌ともつかない歌を、ほれぼれする美声で朗々と歌いながら飛ばしてゆくのである。あとには何かさわやかな気分だけが残る。

こんな風に、何が歌声の背景にあるのかは結局誰にも分からない。分からないながらも、その歌声は響きながら場を生み出す。そして、その瞬間はいつも出会いの空間の中にある。それが、場を生み出す音楽なのだ。

おわりに

「場」をキーワードにしてみれば、青森は音楽の器という意味での楽器である。ほかにも、根笹派大音笹流錦風流尺八とか津軽箏曲郁田流のような固有の古典音楽や、バラエティ豊かな民俗芸能の音楽があり、ジャズ、クラシック、ご当地アイドルなども聞くことができる。民謡や手踊りはいうまでもない。この文章はそれらに出会うきっかけに過ぎない。

津軽三味線ならば、ライブ居酒屋や観光施設に出かければよい。音色の明るい、にぎやかでフレンドリーで温かい三味線を聴くことができる。音楽は聴けないが、川倉賽《かわくらさい》の河原地蔵尊の一角には、三味線塚と初代津軽すわ子の碑があって（斎藤、色摩二〇一八）、かつての三味線が持っていた魂を感じることができるだろう。

〔参考文献、ウェブサイト〕
齊藤凌、色摩優希「死者と聖者を結ぶ場所」弘前大学教養教育科目 Making Ethnography of Local Issues 報告書、二〇一八年
諏訪淳一郎『パフォーマンスの音楽人類学』勁草書房、二〇一二年
Suwa, Jun'ichiro 2017 Becoming Island: Aquapelagic Assemblage of Bentensai Festival in Sai, Northern Japan. *Shima* v10n2, 5–19.
弘前大学人文学部「神楽でつながる」平成二七年度弘前大学人文社会科学部社会調査実習報告書、二〇一六年

column

農産物を生み出す愛着（アタッチメント）

――曽我　亨

青森県と言えばリンゴが有名だが、リンゴだけでなく長芋やごぼう、ニンニクなども日本一の生産量を誇っている。畑作が行われているのは主に青森県の南部地方である。この地域には梅雨の頃から夏にかけてオホーツク海から冷たい風が吹き込み、農家の人々を苦しめてきた。さらに火山灰性の黒ボクと呼ばれる土壌は、水はけが良く稲作には向いていなかった。そこで人々は稲作に見切りをつけ、畑作に挑んできたのである。

こうした農産物を作るうえで重要な役割をはたしてきたのが、愛着（attachment）である。農家の方々は土地に愛着を持ち、畑作物の生産に打ち込んできた。けれども、ここでは生産を助ける別の愛着、すなわち機械に取り付けるアタッチメントについて見ていこう。

アタッチメントとは、トラクターの後ろに取り付け、その動力で作動させる農機具のことである。一台のトラクターにいろいろなアタッチメントを取り付けることで、耕作、畝つくり、雑草を防ぐためのマルチ（被覆）張り、そして収穫など多様な作業をこなすことが可能になる。トラクターは、単体では何の役にも立たない。アタッチメントがあってはじめて、さまざまな農作業を行うことができるのだ。

農作物の形や大きさ、性質はさまざまである。ニンニクのような球根もあれば、ゴボウのように地中深く、しなやかに根を伸ばすものもある。逆に長芋のように折れやすいものもある。アタッチメントは、こうした農作物にあわせて作られている。

たとえばゴボウや長芋は深く根を伸ばすから、栽培床を作る際には畑を深く耕す必要がある。けれども畑を手で深く掘るのは大変だ。そこで開発されたのがロータリートレンチャーというアタッチメントである。ロータリー

図1　ロータリートレンチャー

図2　長芋収穫用のアタッチメント

トレンチャーは、直径一m程の大きな円盤に三〇㎝ほどの長さの鉄の爪がたくさん取り付けられている。ロータリートレンチャーを使うと、幅一五㎝、深さ一二〇㎝程度まで耕すことができる。

これに対し収穫の仕方は、ゴボウと長芋とで異なる。ゴボウは引き抜けばスルリと抜けるので、茎の部分を機械でつまみ、引き抜く仕組みのアタッチメントが開発されている。一方、長芋は折れやすく太いので、力を入れて引き抜くわけにはいかない。そこで長芋の収穫に使われるアタッチメントは、長芋の両脇の土を掘り崩し、軟らかくしてからそっと抜き取るように出来ているのである。

こうした精妙なアタッチメントは、日本各地でそれぞれの農作物に合わせて作られてきた。青森県がニンニクや長芋の生産量日本一であるということは、同時に、ニンニクや長芋用のアタッチメントの生産も盛んに行われているということでもあるのだ。南部地方にはアタッチメントを専門に開発し製作する工場がある。大きな会社もあれば小さな鉄工所もあるが、さまざまな工夫を凝らして農家の要望に応えてきた。

「歌は世につれ、世は歌につれ」という成句がある。歌と同じように、アタッチメントはその地域の農作物にあわせて改良され、農作物もまたアタッチメントのおかげでより盛んに作られることで、地域の特産物になってきた。このように青森県の特産物は、農家と工場が手を携えて作ってきたのである。

column

聖地と民俗

山田厳子

「聖地」とは、「宗教的あるいは伝説的に日常の空間とは異なる神聖さをもち、通常タブーとされる区域」を指す。青森県には、恐山、岩木山などたくさんの神聖な山がある。ただ、これらの山々には既にたくさんのガイドブックが出ているので、ここでは、津軽地方の大鰐《おおわに》山地の北麓、標高約五〇〇mの堂ヶ平山《どうがたいさん》を紹介してみよう。この地には、「神聖な地」をめぐる「記憶」と「物質」と「行為」の交錯を見ることができるからである。

弘前市大沢は堂ヶ平山の北麓に開けた集落である。大沢では、「堂ヶ平はかつて山伏たちが修行を行っていた場所である」「大沢は、山伏たちが堂ヶ平から降りてきて開いたムラだ」などの言い伝えがある。この「伝説」を手がかりに弘前大学の民俗学実習の成果を見てゆこう。

図1　御神体を運ぶ

図2　桂清水

1　神社合祀と祭り―行為と記憶

大沢集落の東端には八幡神社が祀られている。この場所には、かつては熊野宮が祀られていたが、明治四年に集落内の神社を合祀して、「八幡

図 3　御神体をそれぞれの堂に運ぶ

図 4　背負われた淡島

宮」と改めた。

七月一五日、八幡宮の祭日の早朝、農協青年部の若者たちが、八幡宮の安置堂に向う。ここには、かつて堂ヶ平に祀られていた観音、毘沙門天、山の神などの神仏が合祀されている。これらの神仏を堂ヶ平に運び、もとの祠堂に納めるのである（図1）。安置堂には、もともと堂ヶ平で祀っていたこれらの神仏の他に、竜神、淡島《あわしま》など、明治以降に個人の家で祀っていた神仏も含まれている。これらの神仏も堂ヶ平に祠堂があるので、一緒に運ぶ。このことを「神様をアソバセル」と言っている。

堂ヶ平の入り口には、桂清水《かつらしみず》と呼ばれる湧き水があり（図2）、手前から山神祠、その奥に燈明杉、弁天堂、毘沙門宮、淡島社、観音堂がある。桂清水といえば、岩手県の天台宗の古刹、二戸市にある天台寺はもと「桂清水」と呼ばれた場所であった。桂の木があり、清水の湧く場所が「聖地」であり、青森県にも「桂清水」と呼ばれる場所が少なくない。

堂ヶ平に神仏を運ぶと、それぞれの像をもとの場所に納め（図3）供物を供える。その後、弁天社で神職に祝詞を唱えてもらい、それが終わると社の前で飲食をする。その後、ご神体と供物をおろし、桂清水で水を汲んで再び集落に戻る。この後、若者たちは淡島の神像を背負って（図4）、桂清水と祈祷をすませた供物（これをゴフと呼ぶ）を持って集落の家々を回る。淡島を背負うのは未婚の男性でなければならず「この像を三回背負うとよい嫁をめとることができる」と言う。他の神仏とは別に淡島像を背負うという所作にも人々の「記憶」が刻まれている。淡島の勧進は淡島像を背負って集落を廻るものであった。

若者たちは集落の人々からご祝儀をもらい、代わりにゴフと桂清水を分ける。このような行為を毎年繰り返すことで、堂ヶ平が神聖な場所であることを記憶し、堂ヶ平に神仏を運んだ経験とともに、あるいは家で若者を迎えた経験とともに想起することになるだろう。「聖地」を「聖地」たらしめているのは、それぞれの時代に応じた「行為」群であるといえる。

2　家と「縁起」―文字と記録

大沢には、山伏の後裔とされている家がある。この家はホゲさまと呼ばれ、家には一七の文書を伝えている。その中に「元禄十五年壬午年　毘沙門宮當山縁起」と書かれた冊子がある（図5　池田家蔵）。

この縁起によれば、この地の名前が「毘沙門堂ヶ平」であった。毘沙門天は北方の守護神である。一七〇二（元禄一五）年の堂ヶ平には、毘沙門宮に毘沙門像、吉祥天女像、善膩師《ぜんにし》童子像があり、弁財天池、桂清水と呼ばれる行場、金光山市應寺、観音堂、産姓《うぶすな》様の種池、焼貝杉、十二神山

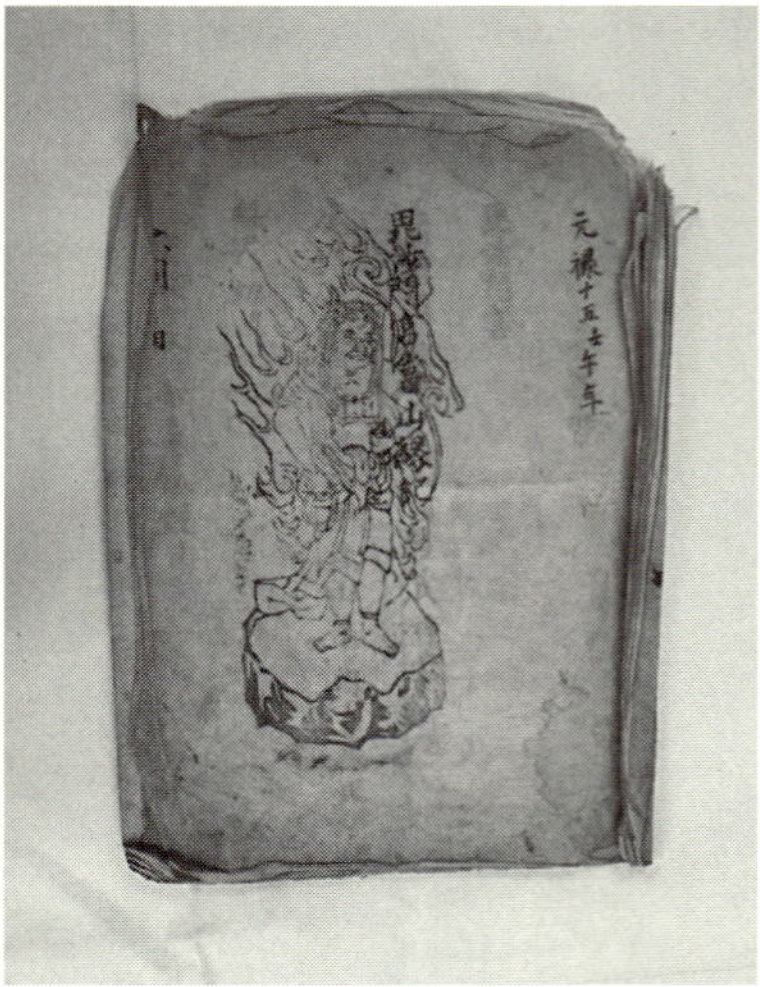

図5　毘沙門宮當山縁起

之神堂があったことが分かる。

また、毘沙門天の神像が納められている厨子の裏に書かれた文字によれば、堂ヶ平に神仏を運ぶ儀礼は、一九一一（明治四四）年に始めたとある。修験廃止令から三九年後のことである。

3 観音堂と壺―モノと「歴史」

一九六二（昭和三七）年に堂ヶ平の観音堂（図6）修理中に大工の小田桐清氏が壺を発見し、一九八四（昭和五九）年に弘前市立博物館に寄贈された（図7 関根二〇〇四：弘前市立博物館蔵）。観音堂は堂ヶ平の奥の、宗教施設の一番北側にあり、十一面観音が安置されていた場所である。弘前大学の関根達人氏は、出土地点を確認し、これを一二世紀の経塚と判定した（関根二〇〇四）。弘前大学文化財論実習では、平成二〇年に経塚の測量調査を行い、経塚は方形を基調とするマウントを持ち、北西と南西側にはL字形の溝があることが分かった（関根二〇〇九）。

図6 観音堂

図7 観音堂から出土した壺

弘前市大沢の聖地とその「伝説」を手がかりに、「場所」にまつわる記憶、行為、文字、モノを見てきた。大沢の八幡神社の祭日の際の儀礼は、修験道廃止令や神社合祀といった近代の宗教制度と、それ以前の信仰との葛藤から生み出された新たな習俗であったといえる。
日本の「民俗学」は「郷土」をテキストとして読む試みから始まった。「郷土」には、書かれた文字、残されたモノがあるだけではなく、「場所」にまつわる「行為」や「経験」もまた刻み込まれているといえる。

〔付記〕図7は関根達人氏提供。

〔参考文献〕
中村良之進『青森縣南津軽郡石川郷土史』一九二五年
山田厳子「弘前市・中津軽郡の概要」青森県教育委員会編『青森県祭り行事調査報告書』二〇〇六年
関根達人「弘前市堂ヶ平経塚出土の珠州焼経容器とその意義」『東奥文化』75号、二〇〇四年、青森県文化財保護協会
関根達人「北奥の12世紀―堂ヶ平経塚の検討―」『平泉文化研究年報』9号、二〇〇九年
山田厳子監修・弘前大学民俗学実習履修学生編『大沢の民俗―民俗学実習調査報告書Ⅱ―』二〇〇九年、弘前大学

第4部

北のくらし

鋸《のこぎり》と鋏《はさみ》とりんご栽培――ものづくりとりんごづくりのコラボレーション――

杉山祐子

はじめに――鋸屋のあるまち

鋸《のこぎり》の目立《めた》て、という仕事があることを知るひとは、今ではそれほど多くないにちがいない。青森県津軽地域の中核都市である弘前には、鋸の目立てを専門にする店があり、地域の人びとから「のこや（鋸屋）」とよばれて親しまれている。ほかにも、打刃物《うちはもの》とよばれる鍛冶屋や太鼓店、畳店、手焼きせんべい店など、手仕事の技が光る職人の店がいくつもみつかる。

「いまどき、こんな商売がなりたつのだろうか？　大量生産の安い道具があふれているのに。」他県生まれの私のような人間は、つい、そう思ってしまうのだが、それが的はずれの疑問であることが、やがてわかってくる。太鼓や畳、手焼きせんべいはこの地域の生活様式にねざしているし、鋸や打刃物は、この土地の中心産業である農業にふかく関わりながら維持され、いまを支える仕事なのである。

青森県は全国一のりんご生産地である。二〇一七年のデータによると、青森県の生産量は四三五トンで、全国生産量七一五トンの約五六%を占めている。りんご生産は、青森県津軽地域の中核都市、弘前の主要産業でもありつづけた。一九六〇年代以降、りんご生産は、急速に進んだ生活や産業の変化にともなって、他の多くの地域では、農具を作る鍛冶屋や鋸の目立て業は姿を消してきた。しかし、りんご生産とふかく結びついて、剪定《せんてい》用の鋏《はさみ》と鋸が生みだされた津軽地域では、逆に、それらの道具が改良をかさねて今にいたっている。

鋸を使い続けるためには、「目立て」という作業は欠かせない。質の良い鋏も、研《と》ぎを含めた手入れを欠かさないことが必要である。目立てを専門にする鋸店や、鋏の修理や研ぎもする打刃物店（鍛冶屋）が弘前の街なかに点在しているのは、それらが、この地域の農業の中心であるりんご栽培になくてはならない道具だからなのだ。これらの道具を使う、あるりんご農家の言を借りれば、「農家と鋸屋、（剪定鋏をつくる）鍛冶屋は『二人三脚』でりんごをつくってきた」というほどなのである。これらりんご栽培に不可欠な道具のうち、ここではとくに、剪定鋸の目立てという仕事に焦点をあてよう。これまでの私たちの研究や実習をとおして明らかになってきたことを交えながら、これらの道具が、どのようにりんごという果物と関わってきたのかを述べていきたい。

1　りんご栽培の歴史のなかで生みだされた剪定鋸と剪定鋏

鋸の技術的系譜と鋸屋

りんご栽培が津軽地域に根づき、津軽地域がりんご栽培の中心地になるには、さまざまな分野の人びとによる長年の努力があった（斎藤一九九六）。品種改良や栽培法のほかに大きなイノベーションとして取り上げられるのは、りんごの剪定専用に開発された剪定鋸と剪定鋏である。剪定鋏は明治の中期に、津軽型とよばれる鋏が三國定吉氏によって生みだされたとされ、改良を重ねながら、現在でも津軽打刃物の職人によって作り続けられている[1]（斎藤一九九六、山口・杉山二〇一六）。剪定鋸の開発も明治期にはじまり、りんご栽培の父ともいわれる篤農家と鍛冶職人とのコラボレーションによって大きく進められたという（斎藤一九九六）。

もともと津軽地域では、大工や建具職人の作業に使う鋸や山仕事で使うヤマゴ鋸など、鋸の使用機会が多かったので、鋸を製作する職人は少なくなかった。鋸製作の職人は同時に、その維持修理にかかる目立て作業にも従事した。しかし、第二次世界大戦後に進められた燃料革命や、高度経済成長期以降に進展した建築業の機械化・省力化、生活用品の大量生産などを受けて、鋸の需要は急減し、他の地域では鋸屋そのものも急速に姿を消していった。

そのような変化のなかにあって、津軽地域では、りんご栽培に不可欠の道具として生み

（1）筆者らの実習に協力いただいた田澤打刃物店は、剪定鋏の製作と研ぎ（修理）を専門としている。この店舗は「親子煙突」という愛称をもち、弘前市の「趣のある建物」にも選定されている。

だされた剪定鋸と剪定鋏が、改良を続けながら使われていることは、すでに述べたとおりである。その維持修理にかかわる鋸の目立て業もまた、必要とされつづけている。現在では、鋸の製作からすべてを扱う鋸屋はほとんどなく、製品の仕上げとその維持修理にあたる目立て作業が中心である。鋸屋の数も減っているが、その作業をとおして、りんご農家を支える機能は変わらない。

鋸屋の技術的系譜

『剪定鋸の歴史』(波多江)によると、弘前の鋸屋はその技術的系譜によって「弘前系譜」と「秋田系譜」にわけられるという。弘前の鋸目立て業を卒業研究であつかった寺田千代(一九九三)は、さらに、鋸の目立てを得意とした大工が鋸屋として開業したり、複数の店で修行したあと独立した鋸屋もあると記している。また、りんご栽培を主としながら冬場に目立て業に従事する鋸屋もある。寺田が一九九三年の論文に記したところでは、当時開業していた鋸店は一一件で、そのうち看板を出し年間を通じて開店している店が八件、看板を出しているが冬場だけ営業している店が一件、看板を出していない店が二件ある。これらのうち、二〇一八年現在で営業していることが確認できたのは、四件のみであった。

クチ(旧城下町市街地と農村部の結節点)に多い鋸店

鋸店はどこにあるのだろう。弘前の市街地のなりたちを考えつつ、寺田(前掲)による鋸店の分布をみてみよう。弘前の市街地は、その成立の時期によって次の四つに大別できる。①藩政期に成立した旧城下町の町割が残る地区、②一八九四(明治二七)年の弘前駅開設と一八九七（明治三〇）年の陸軍第八師団の設置をきっかけにして急速に発展した「明治発展地域」、③戦後、一九六五（昭和四〇）年代からはじまる新興住宅地の開発によって上記の市街地と接するようになった「近郊農村地域」、④同じく、一九六五（昭和四〇）年代から一九七五（昭和五〇）年代以降の住宅開発によって造成された「新興住宅地域」である（山下・作道・杉山二〇〇九）。

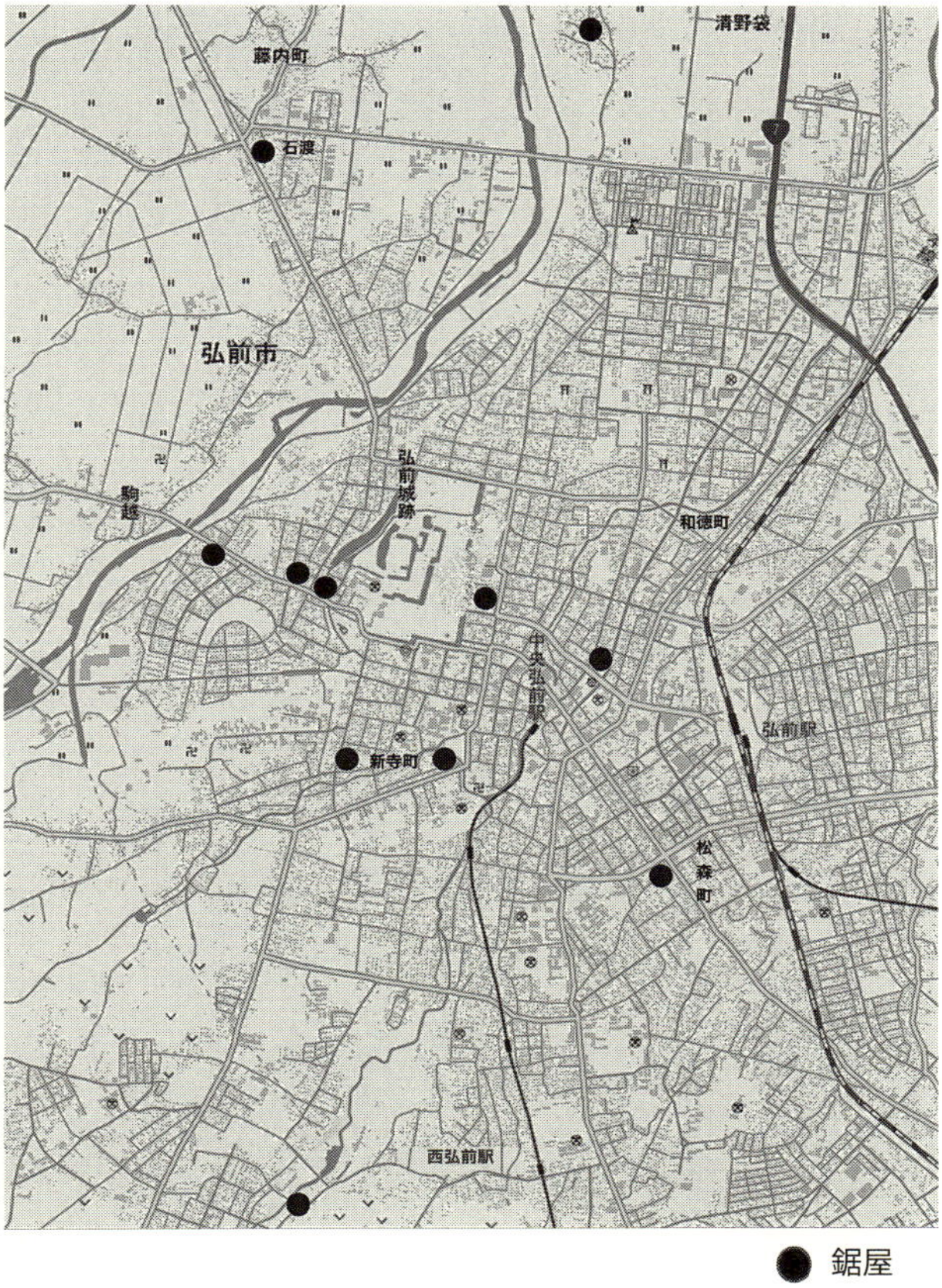

図１　鋸屋の分布（1993年現在。寺田千代1993をもとに国土地理院1/25,000を筆者加工）

市街地の拡大には、好景気にのったりんご販売の拡大や、首都圏への出稼ぎによる農村部の現金収入の増加によって急速に進んだ生活の変化がおおきく影響している。とくにバスを中心とする公共交通網の整備や、高度経済成長期後の自家用車の普及によって、旧城下町や明治発展地域にあるデパートや商業施設、娯楽施設[2]、学校等への人びとの往来はさらにさかんになった。弘前市街地には、東北地方で最初にエスカレーターを設置したという伝説の「かくは」デパートのほか、多くの映画館、喫茶店があり、目抜き通りである土手町を歩く人びとで先が見とおせないほど、にぎわった（北原・サワダ二〇〇七、杉山・山口二〇一六）。りんごの売れ行きは、商店街や娯楽施設のにぎわいとも深くかかわっており、「りんご景気」とよばれた時期、りんごの収穫後には、近郊農村から弘前の繁華街に繰り出す人びとでタクシー待ちの長い行列ができるほどだったという。

農村部と市街地の結節点にあり、明治期以前から農村部との物流の要所となってきた町々は「クチ」とよばれ、一九七〇年代後半までその機能を維持していた。こうした結節点にあたる地域には、肥料や農機具、日用雑貨、食料品のほか、生活に必要なありとあらゆるものを商う店が立ち並び、農村の人びとが城下の中心まで行かなくても必要な品物が手に入れられるような商人町・職人町としての機能を備えていた。モータリゼーションの進展とともに、一九八〇年代以降、これらの町のようすも大きく変化し、クチとしての役割を終えている。クチの町のひとつであった弘前市松森町では一九九〇年代はじめまで三軒の鋸屋が軒を連ねていたが、一九九〇年代半ばには一軒を残すのみとなり、現在では姿を消した。しかし、現在でも肥料や農薬を扱う店が趣のある姿を残したまま営業を続けているし、松森町以外でも、鋸屋や鍛冶屋の多くが中心市街地の出入り口に分布している。[3]

（2）一部は開発にともなって金属町とよばれる産業地区に移転している

（3）寺田（一九九四）によれば「あまり市街地の中心だとやかましくて仕事にならない。奥まっているとくるお客さんが不便。このごろは駐車場も必要だ」という。

それは、こうした歴史を反映しているからだといえるだろう（図1）。りんごの収穫が終わる一一月ころから翌年一月、二月の冬の時期は、りんご農家がもっとも多く鋸の目立てや鋏研ぎを依頼する時期である。鋸屋の繁忙期は、りんご農家がりんごの作業の手をすこしだけ休めることができる時期に重なっている。

2 りんご農家にとっての剪定と剪定鋸

りんご栽培と剪定技術の錬成

りんごの枝の剪定作業は、雪深い年明けのころにはじまり、雪融けまで続く。この寒い時期には病原菌の活動が鈍いので、枝の切り口から菌が入りにくく、切り口がはやくふさがることや、りんごの木が休眠しているために樹液が少ないので作業がはかどるという利点がある。また、積もって固まった雪が足場になるので、はしごをかけなくても枝に届く利点もあるようだ。

りんご栽培にかかわる作業は、つぎのように複雑で多岐にわたる。一月に少しずつ剪定がはじまり、二月、三月とさかんにおこなわれ、それに粗皮削りがつづく。春になると受粉や摘花がはじまる。小さな実ができると、何度か摘果（「実すぐり」ともいう）をして良い実を残す。果実が大きくなると、色づきをよくするための袋かけ・玉まわし・葉摘みなどを経て、ようやく収穫をむかえる（図2）[4]。このなかでも、剪定によって枝ぶりを整える作業は、その年のりんごのできを左右するもっとも大切な作業だという。なぜ剪定がそ

（4） ここでは詳細を省くが、この間に施肥や防除のための薬剤散布、除草や袋かけ、色づきをよくするためのシート張りなど、こまごまとした作業がつぎつぎとおこなわれる。

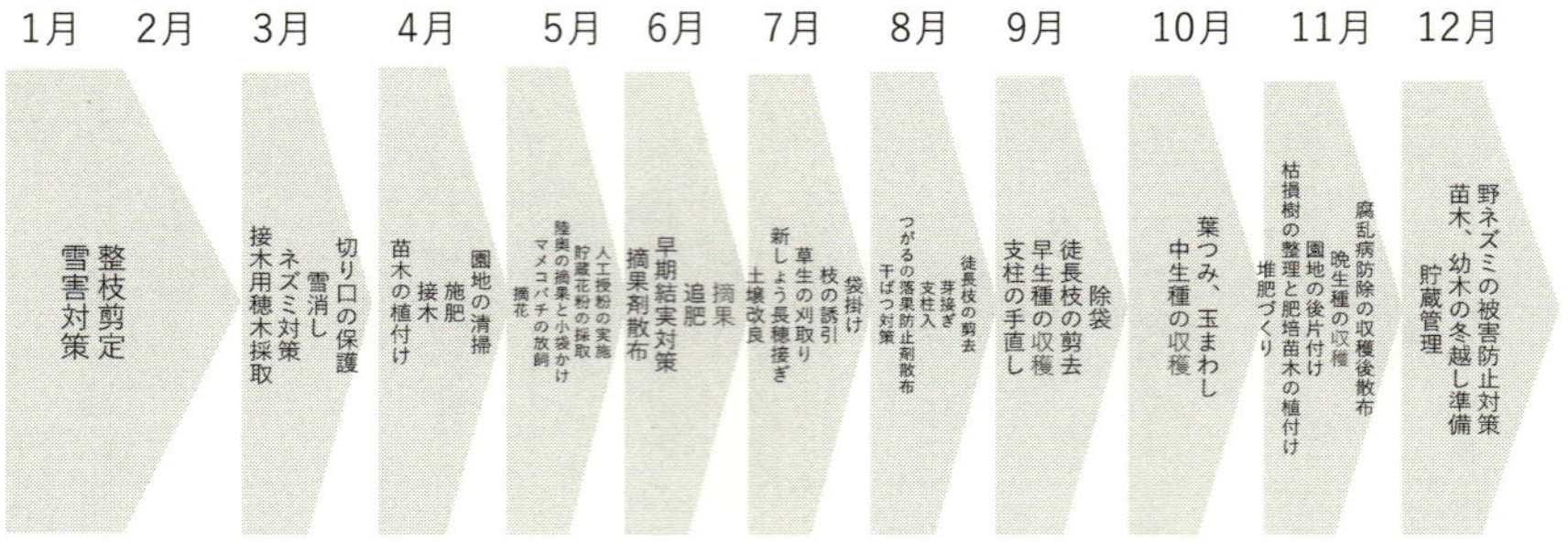

図２　りんご栽培の年間作業スケジュール（弘前大学人文学部社会行動コース2017より転載）

れほど重要なのか。

りんごは日光を好む陽樹で、剪定によって枝のなかまでよく日光が入るようにすると、よく花芽をつけ、果実をみのらせる。剪定をしないと木の衰弱が早くなり、枝を切りすぎると枝や葉ばかりが成長して、花芽がつきにくくなる。花芽や果実の成長と、枝葉や幹の成長がほどよいバランスでおこなわれるようにするのが、剪定の技なのだという。

剪定作業は、その年のりんごのできの七割を決めるだけでなく、樹の寿命をのばし、長期にわたって質の良いりんごをつくるために必須の作業である。剪定にはさらに、風通しを良くし、りんごの実の色づきを均等にする効果もある。この作業では枝をただ切ればよいのではなく、枝の分かれめにコブがのこらないように、また切り口がなめらかになるようにすっと切らなければならない。じょうずに剪定を加えたりんごの木は寿命も長く、長年にわたって果実をつける。

こうして発達してきたりんごの剪定技術が、同じバラ科である弘前公園の桜の管理に応用されていることは、よく知られている。かつての桜の管理技術では、桜の剪定などするものではないというのが常識だったそうだ。しかし、弘前では、桜にていねいな剪定を施して、それが桜の花つきの良さや木の寿命をのばすことにつながることを示し、かつての常識をくつがえした。開花の時期になると、弘前公園のソメイヨシノは、「たわわに」という果物についての表現を使いたくなるほど、ボリュームのある花を一本一本の枝先につける。そのさまは圧倒されるほど美しいのだが、それは、りんご栽培でつちかわれた剪定の技術が生かされているからなのである（平塚二〇〇一）。

農家にとっての剪定技術と道具の吟味

りんご栽培にかかわる農家にくわしい剪定のしかたを聞くと、異口同音に、ちょっとした傾斜のちがいや園地の地形、木の植わっている位置によっても剪定は微妙にちがうのだというい。園地の地形や品種やそれぞれの木の個性や特徴をよく知り、一年後二年後、さらに数年後の姿を思いうかべながら作業をすすめるのが、よい剪定だと、農家の方々は語る。さらに、作業効率を考えて、園地ぜんたいで樹形を整えていくことも必要だともいう。

こうして多岐にわたる点に注意をはらい、限られた時間のなかで進めなければならない剪定は「一生つづく勉強で、終わりがない」のだそうだが、同時に、勉強すればするほど奥が深く、その結果がりっぱなりんごのみのりとしてあらわれるので、やりがいも大きいという。

農家がその剪定技術を高めようとする意欲はとても高い。何十年もりんご栽培を手がけたベテランの農家でも、ＪＡやりんご協会が開催する剪定技術の講習会には熱心に参加する。おもしろいのは、講習をうけても、すべての受講者が何もかも同じ剪定のしかたをするようにはならない点だ。異なる農家の園地が隣接しているところでは、間に柵がなくても、境界がわかるほど、樹形がちがうこともある。それは、ある農家の方が「りんご農家はそれぞれが一国一城の主だから」と語ったように、ほかから学んだやりかたをもとに、自分でやりやすいように変えたり、自分の工夫を加えたりしながら独自の技法を磨いているからだ。(5) りんご農家は、剪定の結果に直結する鋸や鋏などの道具も吟味して選ぶ。

ひとくちに剪定鋸といっても、形態と用途のちがいによっていくつかの種類にわけられる。ひとつは、手元に近い枝を切り落とす腰鋸《こしのこ》、もうひとつは、手元から遠い枝を切る折《おり》込鋸《こみのこ》、さらに柄の長い長柄鋸《ながえのこ》である。腰鋸は、鞘と鋸が別々になっており、腰につけた鞘に刃を納めることからこの名がある。折込鋸は鞘と鋸が一体型で、刃と柄の接合点で折りたためるようになっており、鞘の役目をはたす鋸の柄に刃を折り込むことによって収納する。長柄鋸は折込鋸の柄が長いタイプである。

さらに、刃渡りの長さや目立てした刃の形によっても用途がちがっている。刃渡りの長さは一尺（三〇・三㎝）が標準で、七・五寸の短いものから一尺五寸の長いものまで一寸きざみで五種類ほど、刃の形では細い枝を切るときに使う「バラ目鋸」、太い枝を切るときに使う「窓鋸」の二種類がある。

替刃式鋸か、手作業の鋸か

現在の弘前には剪定鋸をはじめからつくる職人はほとんどいない。多くは地になる鋸を新潟県から買い入れ、製品としての刃を研ぎ出し仕上げをして販売したり、切れ味の鈍った鋸の刃の目立て修理を専門にしたりするようになっている。近年では使い捨ての安価な

（5）剪定技術を高め、高い技術をもった農業者を育成するために、青森県りんご協会は「青森りんご剪定士」という資格を創設している。

替え刃鋸が出回っているが、このタイプの鋸は切れ味が悪くなっても目立てすることができない。また、機械目立ての鋸では、すぐに切れ味が鈍るという。

寺田（前掲）が一九九三年の卒業研究で実施したりんご農家へのアンケートでは、回答をいただいた一二五名の方々が[6]持っている鋸の総数は、平均五・九丁、刃渡りで分類すると農家が保有する鋸の種類は平均二・一種類だった。また、一九九四年当時で替刃式鋸を使った経験があるのは、この問いに回答した方々一二一人中の三四人、使った理由について回答があった方々の中では「興味があって（一二人）」「鋸屋で（目立てが）間に合わなくて（一〇人）」と述べられている。このほか「安いから」「りんご協会の勧め」「剪定では使わない」「夏に使った」「普段使うため」「雑多なものを切るときに使う」という理由がそれぞれ一人ずつあった。この時点で、替え刃式鋸はあまり普及していないようにみえる。

一九九〇年代の末になると、質の良い替刃式鋸がさらに多く出まわるようになり、現在では、替刃式鋸を使う農家も増えている。しかし、私たちがお話をうかがったなかでは、替刃式鋸にすべて切り替えたという農家はおらず、替刃式鋸を使いはするが、職人が目立てをする鋸はかならず持っているという方ばかりだった。青森県五所川原市にある外崎農場がウェブサイトHARVEST MARKETに載せた二〇一四年のブログ「剪定道具①鋸」でも、同じようなことが書かれている。このブログ主は、替刃式鋸と職人の鋸のちがいについて「使い捨て／コスパは高い　切れも良い　ただ切れの持続が無い。職人／コスパは低い　切れも非常に良い　切れの持続もある」と記す。そしてどちらが良いかは「ひとそれぞれ千差万別」と述べ、「私は職人が作ってくれた鋸を愛用」していると書く。

「価格に対する機能の満足度（コストパフォーマンス）が高い」替刃が出まわっているのに、

（6）回答者は剪定の講習会に出席した農家の方々で、すべて男性であり、年齢内訳は二五歳から七三歳、平均年齢四二・五歳（いずれも一九九四年当時）であった。また、この方々のりんご栽培歴は四年から六〇年までで、平均二五・八年（いずれも一九九四年当時）であった（寺田一九九四年、三〇頁）

職人が目立てをした鋸がすたれないのは、剪定が身体をつかう作業で、作業に従事する農家が自分の身体でおぼえた技を駆使しておこなわれる仕事だからである。

3　手の延長としての剪定鋸

鋸の切れ味とカスタマイズされる目立て

「鋸がきれるか精《ひ》がきれるか」ということばがある。それは、切れない鋸を使うと肉体的疲労がおおきく、作業の負担でやる気もそがれてしまうという意味だという（寺田一九九三）。弘前市のりんご農家は二〇一五年現在、平均一・四ヘクタールのりんご園地をもっている（青森県）。一ヘクタールの園地には、およそ二〇〇本のりんごの木があるというから、一農家あたり二八〇本のりんごの剪定をしている計算になる。六、七ヘクタールの大きな規模をもつ農家では一二〇〇～一四〇〇本ものりんごの剪定を、冬場二～三ヶ月の間にしている計算になる。ふだん農作業をしない私たちでも、切れない包丁で料理をするときの効率の悪さや不快感をおもえば、こんなに多くのりんごの剪定をするりんご農家にとって、よく切れる鋸をもつのがどれほど大切かが想像できるというものだ。鋸の切れ味は、枝を「思い通りに切れる」ことに結びつき、疲労感の少なさや作業の効率に直結する。

切れ味のよい剪定鋸は、「一度軽く引いただけですぽんと切れる」。農家の方の話では、目立てをしたばかりの鋸で枝を切ると、一度で軽く切り落とせるだけでなく、枝の切り口もなめらかでうつくしい仕上がりになるという。

同じような記述をウェブサイト「私の好きなあおもり」にも見ることができる。ここで取りあげられているのは、りんご剪定鋸の目立て一筋五〇年以上という宮舘光四郎さんだが、そこでは「宮舘さんが目立てする鋸は『枝に当てて引くだけでストンと落ちる一方、枝を切ったという実感が残る』のが特徴・・・（中略）一方、正しい姿勢で鋸を引かないと刃が折れるというリスクを伴います。・・・（中略）・・・それに比べると、大量生産品の替え刃鋸は、無理な体勢からでも力任せに切れる（切って折れても惜しくない）一方で、『枝の皮が残って、そこから折れて切り離される』という状況。どちらがりんごの木にダメージを与えるかは明らか・・（後略）」と記されている（「ウェブサイト「私の好きなあおもり」【あおもりびと発見！】りんご剪定鋸の目立て一筋五〇年以上　宮舘光四郎さん（弘前市）―後編」二〇一七）。

目立てした鋸が好まれるのは、切れ味だけの問題ではない。鋸を使う人の力の入れ方や「くせ」、好みにあわせた目立てがされるからである。自分の「くせ」にあわせて目立てされた鋸は使いやすく、作業をするにも、楽に自由に使えるそうだ。自分の手の延長のように自由に使える鋸なら、冬場の寒さが厳しい時期でも剪定作業が楽しくなるのだという。そうして剪定をしたりんごが、秋には思いどおり（あるいは予想以上）の美しい果実をみのらせてくれれば、「農家冥利につきる。また（剪定を）勉強してもっとがんばろうと思う」と、ある農家の方は語る。寺田（前掲）が実施したアンケートによれば、「鋸の刃は手作業で目立ててもらわなくては困る」と答えたのは一二一人中一一六人で、その理由を複数回答であげてもらったところ、「切れ味がちがう（九四人）」「切れの長持ちがちがう（四一人）」「疲れがちがう（二〇人）」となった。この結果は、上のインタビュー結果を裏づけるものである。

一方、経験を積んだ鋸屋は、持ち込まれた鋸の刃の減りぐあいを見れば、その使い手がどんな切り方をするかがわかるという。目立てを頼む鋸を店に持ってくる農家としばらく話をするうちに、その人の園地に多いりんごの品種やその人の好みや体調を知り、それに合わせて目立てを調整をすることもあるそうだ。また、鋸屋の顧客の多くは、一見《いちげん》さんではなく、長年つきあいのある農家なので、相手の好みやくせがわかっているという。

寺田（一九九三）の調査によれば、回答してくれた農家の一二二人中一一五人が行きつけの鋸屋をもっており、その半数近くが自分の住居から市街地にむかう幹線道路ぞいにある鋸屋を行きつけにしている。しかし、「店の人と知り合いであった・昔からのつきあいがあった」という理由や、その鋸屋の目立てのしかたが自分に合うかどうかや切れ味の持続性のちがいをみて、街なか近くにある鋸屋を選んでいる場合もある。さらに、店による目立てのちがいを見分け、鋸によって複数の鋸屋を使い分けるという回答もあったが、これは個性のちがう目立て鋸屋が複数あった弘

図 3　目立てを依頼された鋸がならぶ鋸屋の店内（寺田1993より転載）

前ならではのぜいたくな選択ともいうことができる（図3）。

意外なことに、目立て方についての細かな注文を、農家の側から鋸屋にすることはほとんどないようだ。むしろ、鋸屋の技量を信頼した「鋸屋まかせ」の人が多い（一二五人中九五人）が、これを寺田は「剪定鋸が開発された後に改良が著しく求められた時代とは異なり、現在では鋸師が経験を積み、農家それぞれに合った目立てを心掛けている、技術的に一定のレベルに達した安定期にあるものだと考えてよい（寺田一九九三、三六頁）」と評価している。

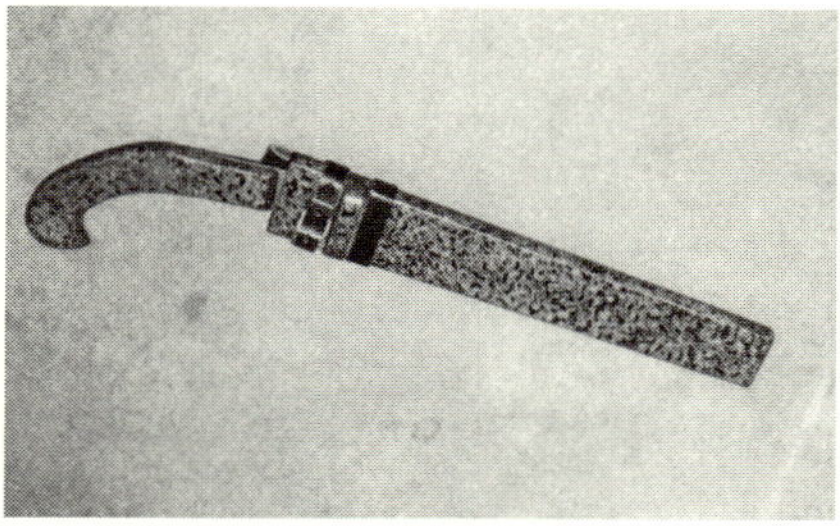

図4　津軽塗を施した剪定鋸（寺田1993より転載）

鋸への思い入れと「道」としてのりんご栽培

りんご農家にとって、鋸や鋏などの道具は、単なる道具というより、はるかに思い入れのある存在になっている。たとえば、剪定鋸の刃とは別売りの柄があるが、サービスとしてついてくる柄ではなく、高価な黒檀や紫檀で作られた柄や、樫、檜などの特別な柄を買い求めて自分用に加工する人も少なくないという。また、一九七〇年代にはりんご農家の間で手製の柄を作ることが流行し、黒檀や梅、栗などの硬い木を自分で削り、柄に合わせて金具も自前で作るほどだったそうである（寺田一九九三、三五頁）。なかには、鞘と柄の全面に津軽塗をほどこした腰鋸（図4）や、蓮華ならぬ、りんごの花から観音様が姿をあらわしている透かし彫りの柄など、値段のつけようもない鋸をもつ人びとがある。

また、りんごの「ふじ」を育成したことで知られる篤農家の斎藤昌美氏は、毎年四月にりんご農家を集め、鋸目立て師と鋏打ち師を招いて、祭壇に鋸と鋏納めをする感謝日を設けていたという（斎藤一九九六）。いまでも、新年に剪定の仕事初めをするときは、目立てをしたばかりの鋸で、と決めている農家も少なくない。一九九三年の寺田のアンケートの自由記述欄には、剪定鋸を「自分の分身と思うほど大切な道具」とし、卒業研究に鋸をとりあげたことに「感謝する」とまで言う意見や、「剪定ノコはリンゴづくりの魂である（原文ママ）」、「どんなにすばらしいリンゴを収穫しようとしてもハサミとノコがなければできません。（中略）剪定作業中は道具のありがたさをしみじみ感じている。もちろん鋸屋さんとノコには大いに感謝している（原文ママ）」などの記述が並んでいた。りんご農家の方々が剪定鋸や剪定鋏という道具に込める深い思い入れに触れて、はっとしたことが今でも忘れられない。

よい道具は効率のよい作業に通じ、効率よく質の高い作業をおこなうことが高い品質の果実生産につながり、ひいては高い収入に結びつくという経済的な利点があることは確かだろうが、青森のりんご農家から話をうかがうと、それはもはや単なる経済活動というよりも、「道」とでもよべるような独特の発展をとげているようにみえる。りんご栽培にかかわる道具を製作したり、維持修理したりするものづくりの職人も、そうした情熱を受けとめ、自身の仕事への情熱に反映させて、さらに技能を高めてきた。剪定鋸の開発と改良の歴史は、りんご農家が鋸職人の技術を育て、鋸職人がりんご農家の剪定技術を育てるという、相乗的発展の歴史でもあったといえるだろう。この地で生み出されるりんごのみごとさは、そうして作り込まれてきた技術と価値観の連携によるものだということがわかる。

人類学者のクリフォード・ギアーツは、インドネシアのジャワ島の農業の変化を詳細に研究し、人びとがどんどん労働集約性を高める方向へと農業技術を作り込み、練り上げていくことをインボリューション（内に向かう発展）と呼んだ。りんご栽培が青森に根づき、地域の産業として発達してきた歴史は、同時に、りんご栽培にかかわる道具、技術、仕事に向き合う姿勢などが深くかかわりあい、相互にその内実を作り込み練り上げてきたインボリューションの過程でもあるといえるように思う。

おわりに――ものづくりとりんごづくりのコラボレーション

剪定鋸や剪定鋏にかぎらず、りんご栽培とともに発達してきたものづくりの裾野は広い。かつて、園地で使うはしごは建具屋とのやりとりのなかで、りんご作業に適した高さや形にしつらえられたというし、枝からもいだりんごを一時的に入れる竹製のかごづくり、りんごの木箱製作や木箱に吹きつける文字の金属抜き型製作などがさかんにおこなわれ、りんごの実にかける袋を専門に扱う店も数多くあった。現在では、はしごはアルミ製の工業製品が中心になり、竹製のかごはほとんどみられなくなり、文字の抜き型製作の店舗もなくなったが、りんごの袋店はかわらず街なかにある。

近年、りんご農家の数が減り、摘花や収穫作業を手伝う人手不足も深刻になっているなか、りんご栽培の戦略も分化している。十分に手をかけて質の高いりんごを作り、海外を中心とした高級志向の消費者に売ることをめざす一方、省力化をはかり、加工用りんごや半加工りんごなどを安価に提供することによって利益をめざす農家もあらわれている。さらに、桃やさくらんぼ、洋梨、ぶどうなど、りんご以外の果樹栽培もはじまっている。しかし、剪定技術が必要なのはどの戦略にも共通していて、剪定が人の手によっておこなわれるかぎり、それぞれの力の入れ方や癖にあわせて道具を調整してくれる鋸屋や打刃物の鍛冶屋は、代替のきかない仕事をになって、りんご栽培の現在を支えている。さらにりんご栽培の現在には、りんご農家とものづくりの技術者の新しいコラボレーションも見つけることができる。たとえば通称オバケとよばれる軽トラックは、運転席の屋根を切り取ってオープン型にしたものである。マルバ（丸葉）とよばれる方法で仕立てられたりんご園でも、枝に当たらず自由に走り回れるようにカスタマイズされていて、見るだけで楽しくなる（図5）。

図5　園地内だけで走るオバケ（「社会調査実習」受講生撮影）

さらに最近では、りんご栽培に直接かかわるものづくりだけでなく、りんごを使った商品開発もさかんになった。りんごを使った調味料、りんごファイバーの利用や、りんごの枝や幹を燃やした灰を使った釉薬、りんごの皮や枝を使った草木染め、伐採したりんごの木を利用した薪ストーブ用ペレットも開発されている。りんごジュースを料理の下ごしらえに使う技もあみだされている（本書209頁）。

めだたないけれど、知ってさえいれば、街のあちこちに見つかるりんごの気配を探してみるのも、また楽しいものである。

〔引用文献〕
ギアーツ・クリフォード、池本幸生訳『インボリューション―内に向かう発展』NTT出版、二〇〇一年
斎藤康司『りんごを拓いた人々』筑波書房、一九九六年
杉山祐子・山口恵子『ものづくりに生きる人びと~旧城下町弘前の職人』弘前大学出版会、二〇一一年
杉山祐子・山口恵子『地方都市とローカリティ』弘前大学出版会、二〇一六年
寺田千代『弘前の鋸目立て業~修理専門業の現在』弘前大学人文学部卒業論文、一九九三年
波多江久吉・斎藤康司編『青森県りんご百年史』青森県りんご百年史記念事業会
平塚晶人『サクラを救え 「ソメイヨシノ寿命六〇年説」に挑む男たち』文藝春秋、二〇〇一年
弘前市史編集委員会『新編 弘前市史』弘前市企画部企画課、二〇〇五年
弘前大学人文学部社会行動コース『リンゴ農村の持続的展開―未来を見据えて現在を見る―弘前市相馬地区を事例に―』弘前大学人文学部社会行動コース、二〇一七年
山下祐介・作道信介・杉山祐子『津軽、近代化のダイナミズム』御茶の水書房、二〇〇九年

〔謝辞〕
本章のもとになった卒業研究や実習では、弘前市内の鋸目立て業の方々、打刃物製作所の方々をはじめとする多くのものづくりに携わる方々、弘前市相馬地区を中心とする地域、農家の方々にさまざまなご教示とご協力をいただきました。また、調査の一部は弘前大学地域未来創生センタープロジェクトの採択をうけて実施しました。記して心より感謝いたします。

column

食卓にリンゴの魔法を

近藤 史

「商品名たれって何のたれ…」と、棚の前で思わずつぶやいたのは三年前。関西から弘前に転入してきた私は、地場商品にどんなものがあるかと近所のスーパーのなかを探索していた。焼肉のたれが並ぶ一角に、大手メーカーの商品を抑えてずらりと並ぶ、謎のたれ。瓶を手にとると、大きく書かれた「たれ」の文字の右肩に小さく「スタミナ源」とあり、さらにその上に「焼肉・野菜料理」と書かれていた。上北農産加工株式会社が一九六五年に発売したロングセラー商品、「スタミナ源たれ」との出会いの瞬間だった。

図1 弘大祭でみつけた源たれ焼き鳥（筆者撮影）

青森県民に「源たれ」の愛称で広く親しまれているこの商品には、県産リンゴのすりおろしがたっぷり使われている。そのせいか、一般的な焼肉のたれに比べるとさっぱりした味で、焼肉や野菜炒めはもちろん、唐揚げや冷ややっこ、サラダにも合う万能調味料として活躍する。二〇一八年一〇月にひらかれた弘大祭（弘前大学の総合文化祭）の模擬店では、源たれで味付けした焼き鳥や焼うどんのメニューが堂々と掲げられていた（図1）。

都道府県別の生産量で日本一を誇る青森県のリンゴは、津軽地方の家庭料理にもふんだんに使われる。その多くは台風被害や病虫害によって外観に傷がついたリンゴで、味はよくても、ジャムやジュースなどの加工用に分類されてしまい、市場価格が低い。だから農家は全量出荷せず、かなり

図2　津軽あかつきの会のお昼御膳。左上の一皿にばっけ味噌が添えられている（筆者撮影）。

の量を自家消費や親戚・知人へのおすそ分けにまわしている。リンゴ農家もそうでない家庭も、収穫の季節にはリンゴを贅沢に料理に使えるというわけだ。ありふれた料理だけど、なんだかおいしい。そんな時はリンゴの魔法を疑ってみてほしい。私が実際に食べたことのある料理を二つ紹介しよう。

ひとつは、津軽の郷土料理の継承に取り組む女性グループ「津軽あかつきの会」のお昼御膳で食べさせてもらった、ばっけ味噌（フキノトウ味噌）だ（図2）。砂糖を使わず、味噌と同量のすりおろしリンゴでフキノトウを炒りつけて、焦がさないように注意しながら、ほど良い硬さになるまで練り上げるという。この会では何度食べても飽きない家庭の味を提供するため、あえて厳密なレシピを作らないそうで、調理を担当した女性が「これは私の家の作り方だけど」といって教えてくれた。リンゴの甘みで仕上げたばっけ味噌は、ハタハタの飯寿司を炙った一皿にさりげなく添えられていたが、これだけで日本酒を何合もいけそうな滋味にあふれていた。

もうひとつは、高級な飛馬リンゴの産地として名高い弘前市相馬地区の女性たちが食べさせてくれた、塩蔵キュウリのリンゴジュース戻しだ。冬が長く雪深い青森県では、春から秋にかけて旬に収穫した山菜や野菜を大量の塩で漬け、野菜の少ない季節に塩抜き（水にさらして塩加減を調整する）して料理に使う食文化が発達してきた。塩蔵キュウリもそうした家庭の保存食のひとつで、水のかわりにリンゴジュースを使うと旨味が抜けにくく、長期塩蔵にともなう乳酸発酵のわずかな酸味とリンゴの甘味があいまって、ピクルスをまろやかにしたような味になる。地元の農協に加工を委託して「配るほどある」リンゴジュースを楽しむ、相馬の女性たちならではのアイディアだ。私は勝手に、リンゴの郷の和製ピクルスと呼んでいる。そのまま食べてもおいしいが、刻んでタルタルソースにいれて魚フライにつけると絶品だった。

青森県を訪れたらぜひ、直売所で塩蔵キュウリとリンゴジュースを買って、和製ピクルスづくりにチャレンジしてほしい。弘前からローカル鉄道にゆられて、津軽あかつきの会のお昼御膳を食べに行くのもよい。あかつきの会では極力、砂糖やみりんを使わないでリンゴや干し柿を甘さの隠し味に使っているから、ばっけ味噌の他にもリンゴの魔法に出会えるかもしれない。もっと手軽にという方は、スーパーで源たれや、リンゴを使った地場商品を探してみてはどうだろうか。

歴史を動かした青森の馬

植月　学

はじめに

馬と聞いてどんなイメージを抱くだろうか？　現在では生活との関わりが薄いため、牧場での乗馬や競馬のようなレジャーの印象の方が強いかもしれない。馬が家畜化されたのは今からおよそ五五〇〇年前頃で、主要な家畜の中では比較的遅い。しかし、馬は人を乗せて高速で長距離を移動でき、軍事にも活躍する点で、他の家畜にはない威力を持っていた。広域を支配する世界帝国の出現も馬による情報伝達、軍事力の発達と深く関わっており、馬は歴史を大きく前進させたと評価される（本村二〇〇二）。青森、特に東部の南部地方においても馬は古代から近世まで地域の発展を支え、日本列島の歴史をも大きく動かした。現代でいえば自動車産業に匹敵するような基幹産業と言っても過言ではない。本章では青森における馬と人の関わりの歴史をご紹介したい。

1　青森に馬が来た

馬が日本列島にもたらされたのは家畜化よりはるかに遅れて四〇〇〇年ほど経過した、紀元四世紀頃である。列島に急速に広がった馬は古墳文化の北上とともに、早くも五世紀後半頃には岩手県南部まで到達した（奥州市中半入《なかはんにゅう》遺跡）。青森県域への渡来はそれよりも遅れ、七世紀～八世紀前葉の末期古墳から馬具が出土する。八戸市丹後平《たんごたい》古墳では馬具だけでなく土坑内から馬の歯も出土しており、馬そのものも確実に存在していた。

八世紀には文献史料でも注目すべき記述が現れる。七一八（養老二）年に蝦夷が千疋の馬を朝廷に貢いで位禄を授けられたとの記事や（『扶桑略記』）、役人らがこぞって蝦夷から馬を密輸するのを禁じたとの七八七（延暦六）年の記事である（『類聚三代格』）。さらに平安時代に入ると、蝦夷は天性の騎馬の民であるとしてその軍事的脅威を論じた八三七（承和四）年の記事がある（『続日本後紀』）。また、軍事力の要である馬を富豪らが「夷狄」から私的に入手しており兵馬の不足を招いているので禁ずべしとする記事が八一五（弘仁六）年にも存在する（『日本後紀』）。したがって、八世紀段階にはすでに北東北が良馬を産する地域として認識されており、その担い手は蝦夷とみなされていた。高橋富雄は北東北におけるこうした馬産の発展と良馬の産出に関する記録をもとに、「北方からの古代馬の道」

あるいは「騎馬の民としての蝦夷」という視点の重要性を論じた（高橋一九九一、一九九五）。

では、近年の考古学的成果からは北東北における馬産の成立過程について、どのような見方ができるだろうか。松本健速は北東北太平洋岸の七〜八世紀の集落増加の背景に南からの移住の波を想定した。そして、この地域に末期古墳の分布が濃密で馬具も多く出土している点、近現代において水稲の冷害が多かった稲作非適地である点から、移住者の生業基盤は馬飼と雑穀栽培にあったと推定した。牧に関わる火入れとの関係が想定される黒ボク土の分布と、それと重なる歴史的な牧の分布が北東北太平洋岸に多い点もこの見方を裏付けるとする。物質文化の特徴から、馬飼を担ったのは古代日本国からの移住者で、馬産の先進地である中部地方などがその有力な候補とされている（松本二〇〇一、二〇一八）。つまり、馬の生産はまず南からの文化の流入として始まり、やがて中央でも羨望の的となった良馬を生み、かつ軍事的脅威と見なされるようになった「騎馬の民としての蝦夷」が生まれた。以後の歴史は逆に北からの馬の流れが主流になっていく。文献史学と考古学の成果をまとめると、以上のような流れが見えてくる。

平安時代になると、太平洋岸では八戸市林ノ前遺跡のように多数の馬遺体を出土する遺跡が出現し、文献記録の状況と符合する。一方で、津軽地域では馬遺体そのものの出現はやや遅れ、平安時代に入っても出土は散発的である（杉山二〇〇八）。これが歴史的な馬産の低調さを示すのか、遺存条件によるものかははっきりしないが、弘前市笹森館遺跡と青森市野尻（4）遺跡からは平安時代の馬を表現した土器が出土している（図1）。

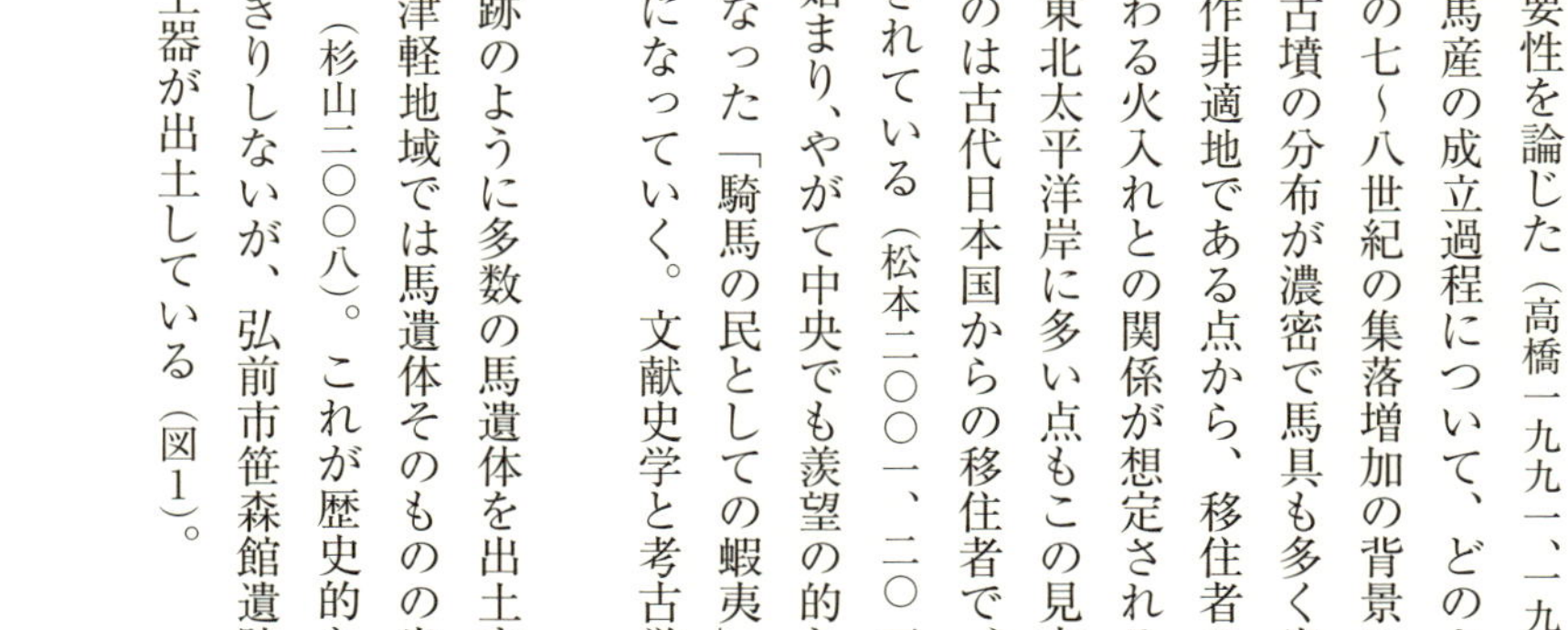

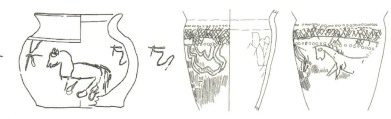

図１　馬の線刻画土器（左：弘前市笹森館遺跡（弘前市教育委員会提供）、右：青森市野尻（４）遺跡（青森市教育委員会提供））

2　歴史を動かした糠部の駿馬

平安時代末期に奥州の覇者となった藤原氏の力の源泉となったのは金と馬であった。その良馬の産地の一つもやはり糠部《ぬかのぶ》（現青森県東部から岩手県北部）にあった。『吾妻鏡』には一一八九（文治五）年に二代基衡が京の仏師運慶に「糠部駿馬五十疋」を贈ったとの記述があり、これが「糠部駿馬」の初出とされる。また、源義経らが源義仲を破った宇治川合戦の先陣争いで有名な佐々木高綱の生食（池月）は七戸産、一方の梶原景季の磨墨は三戸産とされ、熊谷直実の権太栗毛（二戸産）や義経の大夫黒（千厩＝一関市産）なども合わせ、源氏の名高い名馬はいずれも北東北太平洋岸産であった。中世の糠部には「四門九戸の制」と呼ばれる、馬の生産単位が存在した。各地域には固有の馬印（焼印）があり、二戸城跡からは実際に二戸の印であった雀の焼印が出土している（入間田一九八六）。

名馬として知られた南部馬はどのように飼育され、利用されていたのだろうか。それを直接的に物語るのが遺跡から出土する馬遺体そのものである。ここでは筆者がおこなった県内遺跡出土馬遺体の分析結果の一部を紹介したい。

八戸市根城跡や平川市大光寺新城跡からは中世後半から近世初頭頃の馬骨が多く出土している。その特徴の一つは幼馬が多く出土する点である（図2右）。城館内で出産や飼育がおこなわれ、病気などで幼くして亡くなった個体と推測される。幼馬の多さ

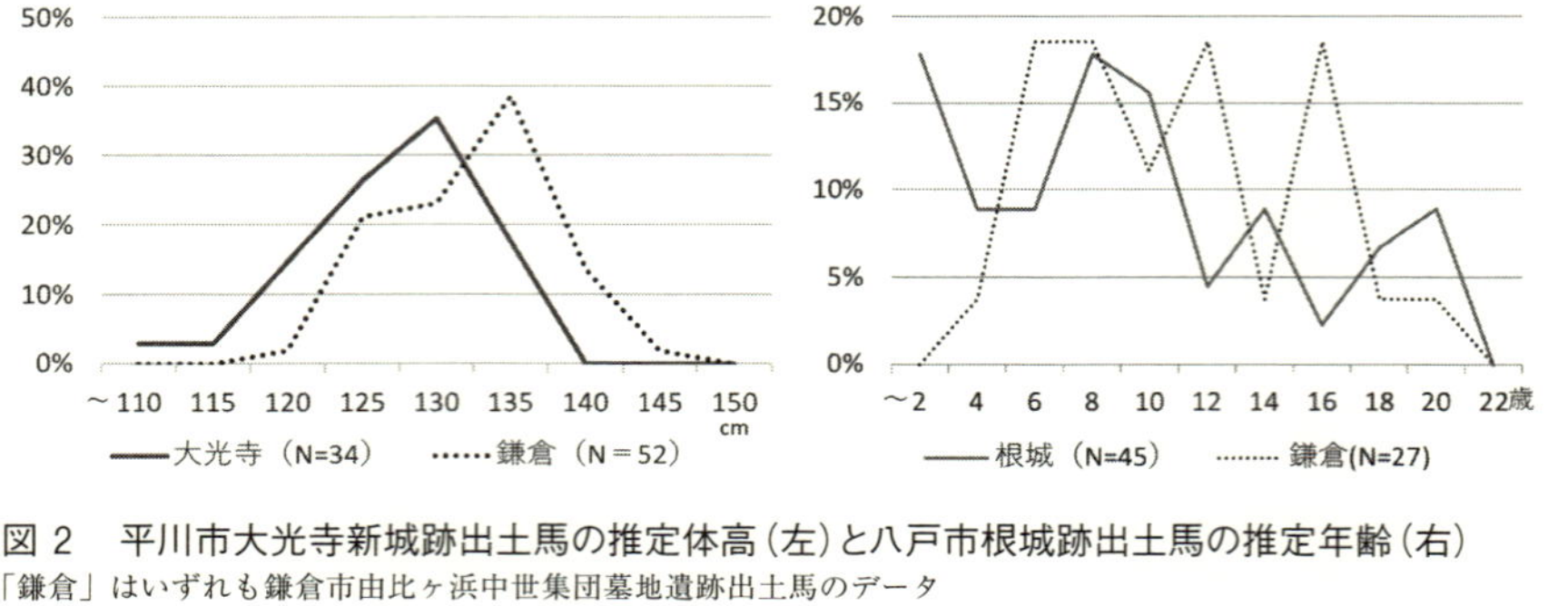

図２　平川市大光寺新城跡出土馬の推定体高（左）と八戸市根城跡出土馬の推定年齢（右）
「鎌倉」はいずれも鎌倉市由比ヶ浜中世集団墓地遺跡出土馬のデータ

は他地域の遺跡では稀で、生産地ならではの特徴と言える。

大光寺新城跡の馬骨の計測値から推定される体高は平均一二四cm程度であった。これは軍馬主体と推定される鎌倉の由比ヶ浜中世集団墓地遺跡の馬に比べて六cmほど小さい（図2左）。さらに大光寺新城跡や根城跡の馬歯には銜《はみ》を装着して乗りこなした痕が鎌倉に比べて乏しく、足の骨には日常的により強い負担がかかっていた痕跡があった。したがって、純粋な軍馬ではなく、曳馬や、重い荷物を運ぶ駄馬が混在していたことを示す。あるいは、同一個体で多様な使われ方がされていたとも考えられる。こうした特徴は名馬のイメージとはやや乖離がある。地域差や年代差が大きかったのか、あるいは特に優れた馬が選抜、輸出されて記録された結果なのか、検討すべき課題は多い。

大光寺新城跡でもう一つ注目されるのは屠殺や解体の痕跡が顕著なことである（図3）。

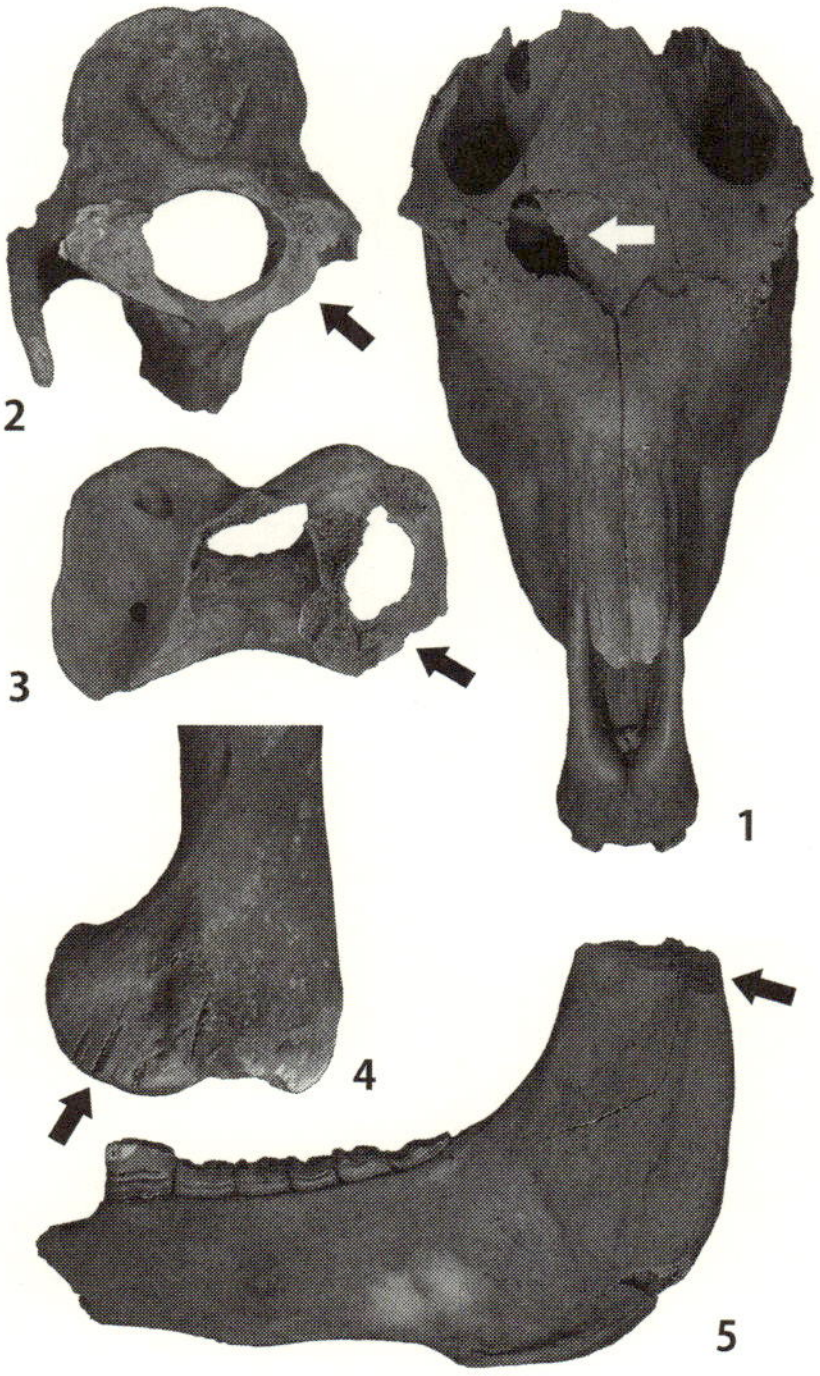

図3　平川市大光寺新城跡出土の馬遺体に見られる解体痕など（矢印部分）。1．頭蓋骨　2．後頭骨　3．環椎　4．上腕骨　5．下顎骨　平川市教育委員会蔵。著者撮影。縮尺不同。

頭蓋骨には屠殺の陥没痕があり、後頭部や背骨、下顎骨などにも切断の痕がある。上腕骨など四肢骨にも切痕が見られ、多くは骨髄抽出のために打ち割られていた。食用とされていたことは明らかである。

日本列島では牛馬肉食は平安時代後期頃から忌避される傾向にあり、中世末期の宣教師の記録には日本人は牛馬を食べることをもっとも忌み嫌うと記録されている。そこで、同じ頃の大光寺新城跡での馬肉食の証拠との差が問題となる。現在でも盛んに馬肉を食べるのは熊本、山梨、長野、東北など伝統的な馬産地である。したがって、筆者はこれまで宣教師の記録はあくまでも京都周辺に関わるものであり、馬産地では普通に馬肉を食べていたのだろうと漠然と考えていた。

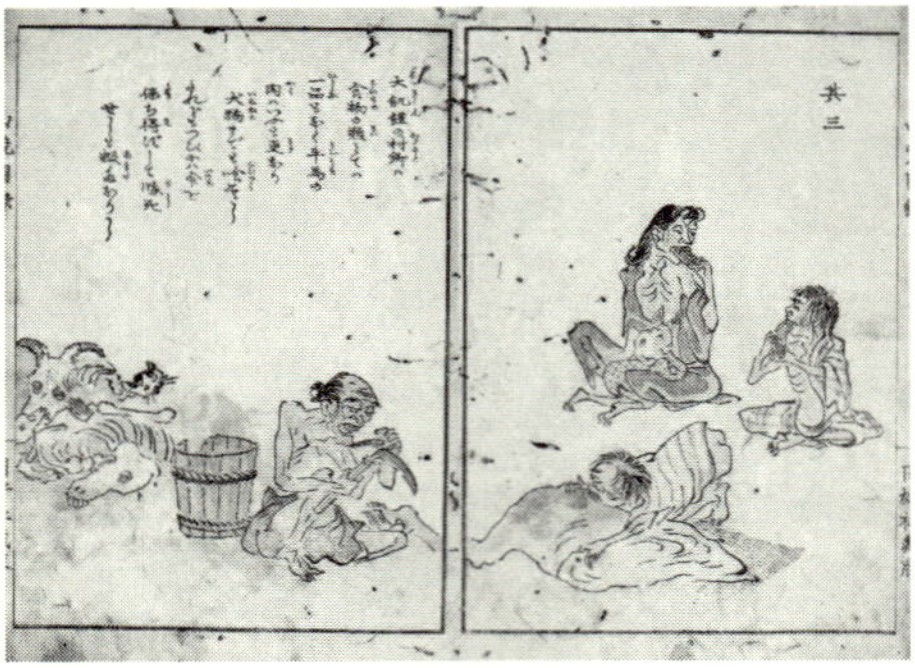

図 4　小田切春江編『凶荒図録』1883（明治16年）

しかし、東北地方の近世の記録を読み進めていくうちに別の見方もできると考えるようになった。そこには特に飢饉の際にやむを得ず牛馬を食べざるを得なかった、つまり本来は忌避されていたことを示す記述が頻出する。たとえば、青森県域にも甚大な被害をもたらした天明の飢饉の翌年、一七八五（天明五）年に津軽藩を訪れた菅江真澄は紀行文『外が浜風』の中で馬を食らって辛うじて生き延びた人々や、生き馬を捕えて殺す方法などの生々しい話を多数書き残している。馬を食べた人々は顔色がおしなべて黒いとの証言や、人を食べた話と併記されていることから、当時の馬肉食に対する嫌悪感が窺える。東北地方の江戸時代の飢饉について明治期に書かれた記録中には、牛馬の後肢にかぶりつく餓民や白骨化した牛馬の頭骨が描かれる（図4）。飢饉の凄まじさを物語る例として牛馬が使われている背景にもやはり牛馬肉食に対する忌避感が表れている。身分の違いや年代差はあるものの、大光寺新城跡の馬についても籠城の際など、特殊な状況下でのみ食べられた可能性も考えるべきかもしれない。

3　南部の牧

江戸時代の盛岡藩（南部藩）には九つの藩牧が存在した（図5）。南部の牧から産出する馬は名馬として知られ、毎年幕府から役人が買い付けに派遣されるほどであった。当時の南部馬の優秀さを示す史料として、例えば江戸城外で待つ奥馬（東北の馬）がおとなしくてよく馴れている上

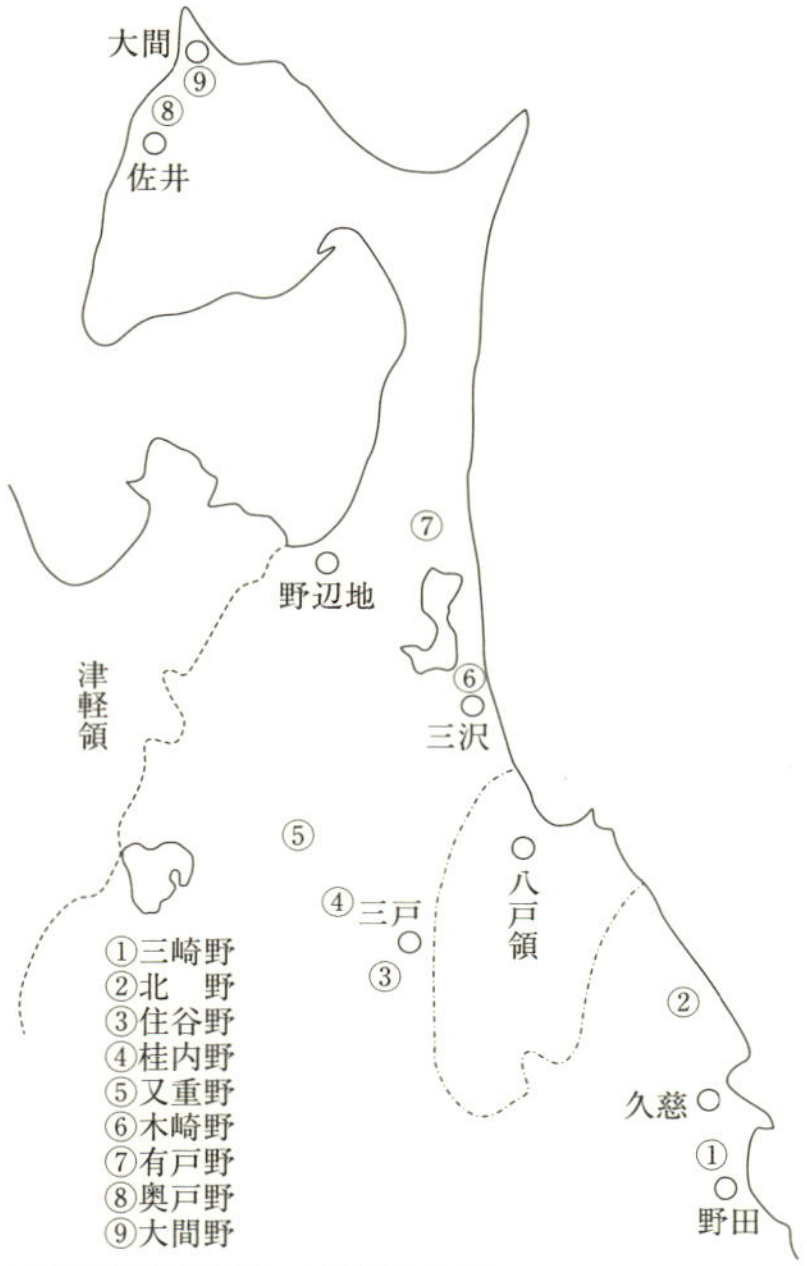

（宝暦五年（1755）の記録による）

図5　南部九牧（岩手県立博物館2000『北の馬文化』をもとに作成）

図6　御旧領名所図巻（木崎の牧）（もりおか歴史文化館収蔵）
野捕の様子が描かれる。

に、丈が大きいとするものがある（『諸家雑談』）。また、南部を訪れた旅行家は、毎日数百頭の馬をみるが、見苦しい馬をみることがない。乗り心地もよく、暴れもせず、南部馬を海内第一（天下一）と称するのはもっともであると賞賛している（古川古松軒『東遊雑記』一七八八（天明八）年。いずれも兼平二〇一五より）。

『奥隅馬誌』によれば、一七五七（宝暦七）年の九牧にはそれぞれ一頭のみ父馬（種牡）がおり、その体高は三寸から六寸（約一三〇〜一四〇㎝）であった(1)。また、母馬は北野牧の一〇一頭を最多に、合計五二一頭が飼育されていた。四年後の記録では母馬の体高は二寸から三寸五分（約一二七〜一三〇㎝）を最多とする。先述の大光寺新城跡とおおむね一致することは興味深い。

父馬、複数の母馬に仔馬（当歳の牡と、当歳、二歳の牝）が加わるのが牧馬の構成であった。秋には野捕と称して馬を捕え（図6）、当歳

（1）我が国では馬の体高は四尺（約一二〇㎝）を基準とし、これを省略して寸分のみで記載するのが一般的であった。

図7　唐馬の碑（三戸町川守田下比良・著者撮影）

の牝は耳に切れ目を入れ（野印）、二歳の牡はすべて引き上げて払い下げた。血統の管理にも配慮され、最上とされた七戸の母馬のうち上等のものは他村への売却を固く禁じ、下等のみ売却が許されたという。また、種牡以外の「種子を乱るる」を防ぐため、二歳以上の牡は野放を禁じられていた。なお、当時は販路も乏しかったため、牡馬の産出は「厄介物」となり、やむを得ず「渓河に投じ」たなどという記録からみて、やはり馬肉食は一般的ではなかったようだ。

南部の牧に春砂馬（ペルシャ馬）が導入されたことがあった。外国馬を導入し、品種改良を試みた八代将軍吉宗の時で、そのうちの一頭が盛岡藩に下賜された。馬は住谷牧（三戸町）に放たれたが、早くも九歳にして亡くなった。九寸五分（一五〇㎝）というから当時としては大型の馬だが、地元の評価は芳しくなかったようだ。一七五七（宝暦七）年の馬別当からの上申書には、その駒は「宜しからず」、これを放置すれば元来の住谷種は滅亡してしまうので、除去したいなどとある。一方で、その系統は又重村（五戸町）の某家に残り、やがて大器を成したともされる（『奥隅馬誌』）。ペルシャ馬の系統は江戸時代の青森の馬に影響を与えたのか。今後、遺跡出土馬骨のＤＮＡ分析から見えてくるかもしれない。

三戸町馬暦《ばれき》神社境内にこの唐馬の碑（県史跡）が残されている。馬の神として参詣者が絶えなかったため、寛保三（一七四三）年に追善のために建てられたという。「奉新造馬頭観音」、「鹿毛二白九歳四尺九寸五分異国春砂」、「唐花のみちのくに散る春砂哉」などと刻まれている（『奥隅馬誌』・図7）。

おわりに

南部馬は名馬としてその名を轟かせ、その生産は古代以来北東北の発展を支えた基幹産業であった。しかし、明治時代以降、主に軍用のために国策として西洋種との交配による品種改良が進められた。その結果、在来馬の多くが姿を消し、現在では八品種が「日本在来馬」として辛うじて血統を保っているに過ぎない。しかも、それらは島嶼部や山間部などの特殊な環境に適応しており、体高やプロポーションが中世の軍馬とは異なることが明らかになっている。南部馬のように軍馬として活躍した品種は真っ先に改良の対象となったため、残念ながらその純粋な血統は残っていない。

図８　加賀美流騎馬打毬（八戸市長者山新羅神社・著者撮影）

南部氏と馬の結び付きを今に伝える伝統行事としては八戸市新羅《しんら》神社で毎年八月の三社大祭の際に奉納される騎馬打毬がある（県無形民俗文化財）。西洋のポロに似た競技で、日本には古代に導入されたもののほどなく途絶えていた。江戸時代に武芸を奨励した八代将軍吉宗がこれを復興し、八戸藩でも八代南部信真の時に

図９　寒立馬（東通村尻屋・著者撮影）

行われるようになった。現在では国内で三箇所でしか行われていない貴重な行事である。

下北半島の北端に位置する尻屋崎には県の天然記念物である寒立馬《かんだちめ》が生息している（図9）。近代以降に軍用、農用、食用とするために在来の田名部馬に西洋種を交配して作出された。寒さと粗食に耐え、持久力があるとされており、潮風吹きすさぶ海岸の絶壁に佇むその姿はかつての南部馬を彷彿とさせる。

本稿でも多く引用した『奥隅馬誌』を著した廣澤安任は元会津藩士で、維新後に下北半島に転封させられた会津藩（斗南藩となる）を支えた有能な官吏であった。下北の過酷な環境での会津藩出身者たちの苦難はよく知られるところだが、廣澤はかつて盛岡藩を支えた最大の牧であった木崎牧の跡地に目を付け、谷地頭《やちがしら》（三沢市）に洋式牧場を開いた。その目的は洋式農法による未墾地開拓、洋種による品種改良、肉食と牛乳による食生活改善だったという（盛田一九五二）。牧場は広沢牧場として昭和の終わりまで続き、現在その跡地には斗南藩記念観光村先人記念館が設立されている。歴史に学びつつ、新しい知識を果敢に取り入れ、青森の大地に適した生活を切り拓いてきた先人たちの足跡の中に未来の青森を考えるためのヒントは多く残されている。

〔参考文献〕
入間田宣夫「糠部の駿馬」『東北古代史の研究』吉川弘文館、一九八六年
岩手県立博物館『北の馬文化』二〇〇〇年
兼平賢治『馬と人の江戸時代』吉川弘文館、二〇一五年
菅江真澄『津軽遊覧記』（松田広洲 編訳）あすなろ舎、一九九一年
杉山陽亮「北方の馬産地—糠部地域における馬産の一考察—」『牧の考古学』高志書院、二〇〇八年
高橋富雄『古代蝦夷を考える』吉川弘文館、一九九一年

高橋富雄「解題」『馬の文化叢書　第二巻　古代—馬と日本史二』一九九五年
廣澤安任『奥隅馬誌』一九〇九年（青森県立図書館・青森県叢書刊行会編『明治前期に於ける畜産誌』一九五二年に再録）
松本健速『蝦夷の考古学』同成社、二〇〇六年
松本健速「六ヶ所村に馬はいつからいたか?」『尾駮駒・牧の背景を探る』六一書房、二〇一八年
本村凌二『馬の世界史』講談社現代新書、二〇〇一年
盛田達三「安任翁の事共」青森県立図書館・青森県叢書刊行会編『明治前期に於ける畜産誌』一九五二年

御旧領名所図巻（駒捕）（もりおか歴史文化館収蔵）

column

「りんご王国」弘前とその周辺

柴田彩子

青森といえばりんご。中でも、日本のりんご栽培発祥の地で、「りんご王国」を名乗る弘前市と、その周辺の津軽地方は、名実ともに「りんごの町」だ。

二〇〇六年の統計で市町村別の生産量トップテンを見ると、弘前市がシェア約二割で一位。以下、八市町村が津軽地方である。だが、生産量の多さだけが、津軽がりんごの町である所以ではない。ここでは、農村から町なかまで、実際に目にする光景を手がかりに、津軽がいかにりんごの町であるかご紹介したい。

図１　岩木山とりんご畑。畑の周りに防風ネットを張る柵が設置されている。

まずは農村部に足を運ぼう。岩木山をバックに広がるりんご畑。春には白い花、秋には真っ赤や黄色の実をつける。雪解け前に始まる剪《せん》定《てい》、摘花《てきか》に摘果《てきか》、袋《ふくろ》掛《か》け・袋はぎ、葉《は》取《と》り、つる回し。シルバーと呼ばれる銀色のシートを敷き詰めて、またはがして。収穫は小雪の舞う頃まで続く。りんご栽培は、果樹栽培のご多分に漏れず労働集約的なので、農家以外からも手伝いがやってくる。なので、りんご農家の農繁期は、地域全体が忙しい時期となる。

さて、収穫されたりんごの実を追って、集出荷の風景も見てみよう。八月に入った頃、各農協の集荷場に出現するのが、りんごのコンテナでできた壁だ。時には高さ五m以上に積み上げられることもある。農家は、これらのコンテナにりんごを詰めて農協に出荷する。

一方、農協ではなく市場や問屋に出荷する場合は、「りんご箱」と呼ばれるアカマツ製の箱に詰める。りんご箱は、津軽一円で製造している他、中古市場も確立している。高値がつきそうな、出来の良いりんごは新品、そうでもなければ中古の箱。そんなふうに使い分けるという。収穫期には、りんご箱を満載した軽トラックが、市場目指して国道を走る姿を目撃できるだろう。

農産物直売所を覗けば、都会のスーパーでは見たこともないような品種のりんごや、農家それぞれのりんごジュースが売られている。

郊外には、運送会社や冷蔵倉庫業者など流通を支える業者や、生食《なましょく》用として出荷できない等級の実を集めてジュースなどに加工する業者も店を構えている。

図2　積みあがったコンテナ。成人男性の身長と比べてほしい。

さて、次は町なかに場所を移して、弘前駅前へ。「りんご王国」の玄関口とあって、駅前のスペースは、りんごの旗やランタンなど、何かしら、りんごにちなんだ装飾が施されている。さらに、郵便ポストにはりんごのオブジェが載っている。弘前を訪れた人には人気の写真スポットである。

町なかで見つかるりんご関係のものは観光客向けなのかというと、決してそんなことはない。注意深く看板を見ながら歩けば、りんごの問屋や剪定ばさみを作る鍛冶屋《かじや》が見つかる。「津軽打《う》ち刃物《はもの》」と呼ばれるこのはさみは、りんご農家の仕事を支える重要な道具であり、全国の園芸愛好家にも人気だとか。

面白いのは「りんご袋《ふくろ》店」。りんごは、袋を掛けることで病害虫を予防でき、長期保存に適するようになる。そのための様々な袋を製造・販売している店だ。

散策して小腹が空いたら「アップルパイガイドマップ」を頼りにアップル

図3　りんご袋店の看板。

パイを楽しもう。このマップは弘前市観光コンベンション協会発行で、二〇〇九年の初版以来、二〇一八年現在の最新版は第一〇版。約五〇軒の店が掲載されている。ケーキ屋やパン屋だけでなく、和菓子店も名を連ねているのは津軽風?!

もちろん、アップルパイは地元住民にも愛されていて、大抵誰にでもご贔屓の店がある。

このように、津軽地方においてりんごは、果実の栽培を起点に、加工・流通など関連産業が展開し、観光コンテンツへも取り込まれている。そして、農事暦や、花が咲いて実がなり色付くという、りんごの木自体が作り出す風景は、地域の人々に季節感をもたらす。りんごは、産業・生業以外の側面でも生活に密着していて、りんご農家でない人にとっても身近なものなのだ。これこそが、津軽がりんごの町である所以なのである。

〔参考文献〕

『作物統計調査　平成十八年産市町村別データ』農林水産省、二〇〇六年

温湯《ぬるゆ》温泉のくらし

羽渕一代

はじめに

青森県には有名な温泉が多くある。八甲田山中にある酸ヶ湯《すかゆ》温泉、映画やポピュラー音楽の歌詞の舞台となった蔦《つた》温泉、海の中にいるような湯舟をもつ黄金崎《こがねざき》不老ふ死温泉、恐山の境内にある恐山温泉などなど、数えはじめればきりがないほどである。数々ある温泉について、その温泉の構造や泉質の素晴らしさはもちろんであるが、特筆しておきたいのは泉質のバラエティが豊富だということである。西日本にはあまりみられない酸性泉や植物が長年堆積して湧き出るという真っ黒なモール温泉など、ありがたいお湯が青森県内各所で沸き出ている。

このような有名な温泉は、ガイドブックやウエブサイトの旅行予約アプリなどを使用すれば、その素晴らしさを余すことなく説明してくれる。しかし、ここで紹介したい温泉はこのような有名温泉とはちょっと異なる。ここでは、温泉という人々を癒す公共の宝物がどのように維持されてきたのか、そのプロセスを紹介していく。

1 温泉天国青森と温湯温泉

青森県黒石市山形地区の温湯温泉《ぬるゆおんせん》は、旧温湯村《ぬるゆむら》のある黒石市の財産区として指定されており、温泉共同浴場を町会で運営している。財産区はその集落の住民の入会財産であったものを公有財産に組み入れようとした政策に由来している。町村合併に際し、新市町有に編入されることを拒否して旧町村単位の財産区として生じたものである(泉・齋藤・浅井・山下二〇一一)。入湯料から得られる年間約二〇〇〇万円の収入を温湯温泉のメンテナンスや湯量減少に備えた次期ボーリング費用の積み立て等にあてている。この運営を温湯町会の役員である温泉委員会のメンバーが手弁当でおこなっている。

温湯町会は、黒石市の山形地区という場所にある。弘前市から車で国道一〇二号線を八甲田方面に三〇分程度のところである。南八甲田に位置しており、田んぼや畑に囲まれて家々が建ち並び、商店には懐古的な看板が残っている。温湯町会の付近には、蕎麦屋や産直などをみかけるほか、昭和を思い出させるようなドライブインなどもある。黒石温泉郷の一部となっており、津軽こけし館や津軽伝承工芸館など、工芸品に関心をもつ観光客を集めている。温湯温泉の入り口にある右横書きで書かれた看板は時代を感じさせ、この風景を眺めると時間がゆっくりと流れているように感じられる。

温湯温泉は町内の中心に共同浴場（鶴の名湯温湯温泉）があり、その周りには、最近では珍しい木造建築の風情漂う客舎や旅館が浴場を取り囲んでいる。客舎とは、自炊、寝具持参の、セルフサービス型かつ長期滞在型の湯治用宿泊施設のことをいう。かつて、近隣の農家を営む人々が農閑期になるとこの客舎に食料持参で長期間滞在し、療養を目的として共同湯に通っていた。湯治を目的とする彼らはおおむね数週間単位で逗留し、客舎を営む家と家族同然のつきあいをしていたという。今では、湯治客のみならず観光客も減少し、また継承する跡継もいないことから客舎の存続は非常に難しいということである。

図１　共同浴場

このような客舎に宿泊してみようと思うならば、現代的な予約手段であるネット予約では難しい。客舎の電話番号を調べ、そして電話予約をおこなわなければならない。客舎から旅館に転身した飯塚旅館や山賊館などはネット予約も可能である。客舎の片鱗を残すこれらの宿に宿泊してみれば当時の面影を知ることができる。桜や紅葉の季節、ねぷた祭りや黒石よされのイベントなどの際にも、バスやタクシー等交通機関を使用して宿泊することは可能である。

この地域は、温湯温泉の運営を住民の手でおこなっているだけでなく、防災や祭りなどさまざまな地域活動を維持し続けている地域でもある。丑湯《うしゆ》まつりは温湯地域を代表する祭りであり、観光客や地元の人びとが一緒になって参加することができる。この祭りは湯治客や観光客、住民に日頃の温泉利用を感謝する目的で開催され、一年間の五穀豊穣と無病息災を願う。五穀豊穣と無病息災を願う際には、木彫りの牛のご神体を共同浴場の湯の中に入れる入湯式が行われる。男湯から女湯へと入れられ、入浴中の人がそのご神体に触れるのだ。入湯式後、ご神体は祭壇に祭られ、ご神体をなでる。ご神体をなでると無病息災でいられると信じられている。過去に入湯式で本物の牛を湯船に入れたこともあった。しかし牛が暴れて大騒ぎとなり、本物の牛を使ったのはその一度きりとなった。

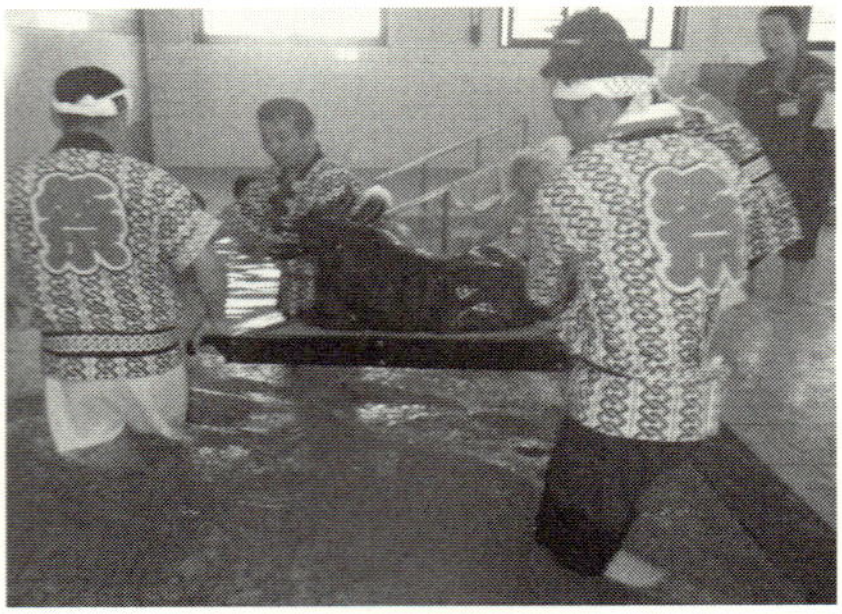

図２　丑のご神体の入湯

祭りの起源は、地域の人々も「いつから始まったかはわからない」ほど古く、芸能一座の余興や、相撲大会やカラオケ大会、子ども会の仮装行列などのイベントがおこなわれてきた。温湯消防団員によるまとい振りや住民によるステージイベントが、お祭りムードを盛り上げる。共同浴場付近には、焼き鳥やビール、イカ、ホタテなどを売る出店が立ち並ぶ。この出店を切り盛りしているのは、二〇代から四〇代の地域活動を担っている人々であり、祭り開催のための資金は、寄付金と温湯町会費から支出されている。そして、寄付金集めは温湯町会温泉委員会が行っている（羽渕二〇一二）。

2　温湯の温度を上げたい

約四〇〇年前に開湯したといわれる温湯温泉はもともと自然湧出である。自然に湧き出ているお湯を湯壺にためて利用していた。ただ、お湯の温度が低く、この温度をあげるために苦労した歴史がある。温度を上げるために、地下へ地下へと温泉を掘っていったのである。明治三〇年ごろ、温湯地域にあった約六〇世帯の住民が金銭や労働力を提供し共同浴場を建設した。その直系の子孫が温泉を利用する権利を代々受け継ぎ、分家や移住してきた人などに温泉権を取得する機会を与えてきた。しかし、その権利は全住民に与えられていたわけではなかった。権利をもつ住民は「ゆばた」と呼ばれ、そうでない住民は「はしばし」と呼ばれていたという。温湯住民のなかでも、その権利を持つ権利者会と権利を持たない人びとに二分されていた。

共同浴場の建設以降、権利を持つイエを中心とした管理世帯がお金や労働力を提供し、湯温をあげるために、何度も手掘りで浴槽の位置を下げていった。したがって、二〇〇一年の改築まで浴室・浴槽は地下にあった。最終的には、手掘りで地下三メートル掘り進み、排水路もさらに低いところにつくらなければならず、この作業は並大抵ではなかったと語り継がれている。「ゆばた」の家々は、この労働力提供や経済的支出を長年にわたっておこなってきたため、二〇〇〇年まで、温泉権をもつ世帯の家族メンバーは無料で温泉を利用することができたが、それ以外の人々は温湯住民であっても有料であった。

3　温湯町会全員の温泉と個人化

町内会費を納めるすべての温湯住民が温泉に関して権利をもつことになったのは、二〇〇〇年以降である。この温泉権の住民への開放には、次のような理由があった。一九九〇年代に入って、共同浴場は改築などの努力によって維持されてきたが、次第に老朽化が目立つようになっていった。一九九六年頃から定時総会において共同浴場新築の話題が持ち上がるようになり、二〇〇〇年一月定時総会の席上で浴場新築案が打ち出された。共同浴場の新築には莫大な費用がかかるため、新築費用捻出のために温湯町会を法人化しなければならなかったからだ。そこで、「温湯に住む人たちが、心一つに温泉の発展に協力しよう」と、町内会費を納めるすべての温湯住民に共同浴場の入浴無料化と、町会の法人化取得が提案され、全会一致で承認された。これにより温湯地域の温泉権をもつ世帯は増加した。

図3　客舎の廊下

ただし近年では無料にも関わらず、共同浴場を利用する地域住民はそれほど多くはない。それは、温湯地域の多くの世帯では自宅のお風呂に温泉が引湯されているという事情による。自然湧出であったため、湯量や湯温に

図 4　客舎の部屋

図 5　客舎の炊事場

悩んでいた温湯温泉では、新しい源泉の掘削が望まれていた。何度もボーリングを繰り返し、湯量豊富な地点を見つけられたのは一九七五年のことであった。その後、温湯の住民の間で話しあいが重ねられ、現在の形となった。予想以上の湯量であったため、温泉権をもつ一二二世帯に分湯した。これにより自宅でも温泉を楽しめることになり、とくに若い世代が共同浴場を利用しなくなった。

各家庭への温泉を供給するという分湯の前は温湯住民全体が共同浴場を利用していた。そのため、住民全体が知り合いで、子供のしつけなども地域の年長者がするということが可能であったという。その頃を知る住民は「社会が狭い、集約された社会」だったと語っている。村中で村の子供たち全員をしつけているような感覚があったともいう。どの子が誰の家の何番目の子どもであり、誰が両親か、誰が祖父母なのか家族の来歴がすべてわかっている集約された社会であったのだ。温泉を共に利用する際に、挨拶やお風呂の利用の仕方などを含め全体で子どもたちと関わっていたようである。

分湯後、共同浴場には子どもたちの姿は減り、高齢者中心の利用となった。「一度家のお風呂に入ってしまうと、あそこ（共同浴場）まで行くのがおっくうになる」ため共同浴場をあまり利用しない若い住民たちは声をそろえていう。中学校くらいまでは共同浴場を利用することもあったが、現在はあまり共同浴場には入りに行かないという。

そして、湯屋の建物も改築を重ねた歴史がある。地下に風呂を掘っていた頃の建物は屋根が非常に低い場所にあり、その屋根の上が丑湯まつりのステージとして機能していた。その周囲を客舎が取り囲んでいるため、湯治客や観光客は、温泉に入った後、部屋で休みながら、ステージを鑑賞することができていた。しかし現代的技術を駆使したボーリングに成功し、風呂が地下にある必要がなくなると、湯屋も一般的なかたちの建物となった。このことにより、祭りなどのステージを屋根の上でおこなうこともできなくなり、客舎の部屋から余興を楽しむこともできなくなったのである。

ある客舎を切り盛りしてきた女将は、地下に風呂があったころは屋根が低いことからお互いの客舎の見通しがよく、客舎同士、「ゆばた」の連帯感があったように思えるが、地上に湯屋ができることで、遮断された気がしていると語る。湯屋の壁が人間関係の壁のように感じられるのだろう。温湯では、そもそも客舎は主たる収入源としてあてにされるものではなかった。客舎の業務は、客舎にとついだ「嫁」の仕事として理解されていた。温湯の男性は、農業や林業、商売や勤めなどをして収入を得て、その妻が家事とともに客舎の切り盛りを受け持っていた。客舎仕事が主となる収入源ではないため、客舎の女将同士は経済的な競合関係にはなかったのである。同じような「イエ」に「嫁」として来た仲間としての意識が強かったようであり、お互いに助け合って生活をしてきた強い絆をもつ共同体としての意識がみられた。毎日、同じ共同湯につかり、祭りや地域活動で協働する仲間であった。現在では人口流出により客舎も減少し、「ゆばた」の女性がおこなってきた仕事を譲る「嫁」も少なくなり、地域も変化してきたのだ。

現在でも、消防団や中学校の同級生たちとのつながりを大切にしている温湯住民も少なくはない。温泉の受付前にある休憩場所でおしゃべりに興じる姿は、かつての温湯住民の社会的絆を髣髴とさせる。

4　地域外とのつながり

昭和初期頃まで温湯地域には、湯治のために訪れる客が多かったといわれている。さらに、湯治客のために、宿泊機能のための客舎、消費機能のための商店、娯楽機能のための歓楽施設等が数多くあり、温湯地域が山形地区の中心として栄えていた。八甲田方面にある様々な山村の集落から温湯温泉に買い物や娯楽のために人々が集まっていたのである。過去の地図をみると映画館、パチンコ屋、百貨店、風俗店など、黒石や弘前の街中まで足を延ばさずとも十分に消費や娯楽生活が楽しめる繁華街として栄えていた。

とくに昭和二〇年から四〇年頃の温湯地域は、湯治客で賑わいをみせていたといわれている。客舎のオーナーは、あまりの盛況ぶりに家族全員が土蔵に寝なければならないこともあったと語っていた。湯治は冬季のイベントであるため、土蔵の寒さはいかほどであったか、想像もつかないほどである。

温湯住民の生業も主として農業であったが、冬はサービス業をおこなっていたのである。

図6　客舎の裏側

上述のようにお客たちも主に農家であり、冬場の農閑期に農作業の疲れを癒すため、二、三週間という単位で温湯地域に滞在していた。このように湯治は長期滞在でおこなわれるため、温湯地域の住民と一年に一回湯治にやってくる地域外の人々が親戚のようにつきあい、交流の基点となっていた。客舎では、食事は用意されない。そこで自炊する湯治客のために、商店街が発達していたのである。現在では酒屋が一軒、ドライブインが一軒、居酒屋が一軒、理髪店が一軒という程度に少なくなっている。

温湯町内会の住民も買い物は、郊外のモールやロードサイド店に車で出かけて済ませているという。さらに丑湯まつりも、年々規模が縮小しており、町内の住民のみで細々と支えている。

おわりに

青森県だけでなく、さまざまな秘湯と呼ばれる温泉を訪ね歩いていると湯守不在のため旅館や温泉を廃業したという話をちらほらと聞くようになった。秘湯と呼ばれるような温泉は、交通の便が悪く、田舎にあることが多い。経営をおこなうにしても家族経営もしくは個人で細々と経営していることも少なくない。また企業経営をおこなって収益があがるほどの集客が見込めない場合も多い。温湯温泉は、財産区という運営方式をとっているため、温湯住民の努力で維持されている。しかし、人口減少のあおりを受けて、維持することが年々難しくなっているようである。

人口が減少し経済的な見通しが悪くなれば、人々が娯楽にかけるお金を節約し、さらにこのような温泉運営が厳しくなる。温泉旅行は過去、日本で新婚旅行が流行した際に、もっとも憧れの娯楽であった。戦後から一九七〇年代の新婚旅行が流行した頃はベビーブームと重なっていた。人口増大が温泉観光を生み出したわけではない。温泉が人口を生み出したのだ。連泊して、温泉にゆっくりとつかり、疲れを癒し、娯楽に興じる。このような贅沢を愉しむ余裕が家族の親密性を高めることは想像に難くない。

つまり、温泉はある意味でセクシュアルな愉しみを体現するような場でもあったはずである。温泉のある地方や田舎の衰退は、単純に人口減少によるという因果論で片付けられるものではなく、人間として生きていくための活気が衰退しているとも読める。温泉に出かけゆっくりとした時間を楽しみ、日本社会の来し方行く末に思いを馳せ、学問を愉しむようなそんな場所としての温泉を守るために地域社会学に何ができるのか、より複合的な調査研究が求められている。

〔参考文献〕
泉留維・齋藤暖生・浅井美香・山下詠子『コモンズと地方自治』日本林業調査会、二〇一一年
羽渕一代「人口減少のなかの温泉地」山口恵子編『故郷サバイバル—フィンランドと青森のライフスタイル』五一〜七四頁、恒星社厚生閣、二〇一二年

column

青森県立美術館
——作品を支える生きた美術館——

足達　薫

青森県立美術館は、単なる美術作品の倉庫ではない。この美術館は、まわりの自然環境——傍には三内丸山遺跡、運動公園もある——と対話するひとつの立体的作品（建築デザインは青木淳氏）であり、あたかも生きた何かのように美術作品を包み込み、支えている。

この美術館を訪れたなら、まずはその建物を含む自然環境そのものをぐるりと見渡してほしい。すると、この美術館にほとんど窓がないこと、白い巨大な壁がしっかりとした幾何学的立体を構築していることに気付くだろう。さらにしばらくすると、空と森と大地の間にあるその白い立体が、まわりの何かと対話をしていること、そして訪れた季節と時間に応じてその対話が変化することが分かるだろう。この新鮮な発見の瞬間から、青森県立美術館は、ひとつの立体的作品として語りはじめる。

春に訪れた人は、この作品が、萌え出る新緑のための真新しいカンヴァスのように広がっているのを見る。夏のこの作品は、青空の真っ白な雲が地上に降りてきて固まった何かに変わる。秋には赤や黄色に染まった樹木の筆で新たな絵が描かれる。冬の美術館は、雪と氷で建てられた彫刻へと変わり、まわりの白い世界と一体化する。

一日のいつ訪れるかによっても、この作品／美術館は変身する。朝

図１　青森県立美術館外観（写真提供：青森県立美術館）

図２　青森県立美術館メインエントランス（写真提供：青森県立美術館）

から夕方まで、この白い建物はまわりの世界とともにその姿を変えていく。まわりの自然世界と美術館の人工世界の間にあった境界線はなくなり、両者は視覚的・感覚的に連続した何かになる。

　このように自然と対話して一体化する視覚的構造は美術館の建物自体にも現れている。美術館の外壁に注目してほしい。まるで手づくり煉瓦を積んだかのような有機的な質感の壁（その柔らかなざらつきをぜひ手で確かめてほしい）は、自然物を素材にして作った彫刻のようである。この質感と触感にも自然と人工の連続性が現れている。

　自然と人工の連続というこの注目すべきコンセプトは、展示室内部にも続いている。展示室の床に注目してほしい。濃い焦げ茶のざらついた素材はまるで土のようで、小さな穴はもちろん、ひび割れもたくさんある。二〇〇六年の開館当初、筆者がこの美術館を訪れた頃からこの床の質感は変わらない（二〇一八年現在、修復され埋められているところもある）。時間とともに変化して歴史を重ねていく床と、先に述べた手づくり的な柔らかい質感の壁が、有機的な生物のように数々の美術作品――マルク・シャガールや棟方志功のような美術史上のビッグネームから、工藤甲人、奈良美智（《あおもり犬》は大人気スポット）、成田亨、馬場のぼるといった青森県ゆかりの魅惑的な作家たちまで――支えている。

　本やインターネットで青森県立美術館のイメージを見ることは簡単だが、この場所に立って見ることができるものの大きさ、複雑な豊かさ、そしておもしろさは実際に体験してみないと分からない。ぜひ訪れて、この生きた美術館を経験してほしい。

〔参考文献〕
工藤健志編『青森県立美術館コンセプトブック』スペースシャワーネットワーク、二〇一四年

津軽の漆工芸

髙橋憲人

はじめに――津軽塗の変遷

幕末から明治初期にかけて、西洋世界はジャポニズム（日本趣味）[1]の最盛期であった。日本は、幕府として参加した一八六七（慶應三）年のパリ万博、日本政府として参加した一八七三（明治六）年のウィーン万博によってこれを実感することとなる。生糸以外に主立った輸出品を持たなかった開国直後の日本にとって、工芸品の輸出は殖産興業政策の重要な柱のひとつであった。そのため、大久保利通ら為政者は、万国博覧会への参加、国内での内国勧業博覧会の開催など、博覧会事業を強力に推し進めた。

そのころ津軽では、廃藩置県により、弘前藩のお抱えであった塗師たちが失職の危機に

（1）一八六二（文久二）年のロンドン万博に、初代駐日英国総領事オールコック（Ratherford Alcock）によって収集された日本の工芸品が出品されたことが、大きな要因である。

あった。なぜなら、現在「津軽塗」として伝承されている研ぎ出し変わり塗は、(2)もともと鞘塗の技法であり、弘前藩ではそれらがその他の装身具、調度に転用され、藩主の私用品、藩士への下賜品、他藩や公家への贈答品として生産されていた。つまり、研ぎ出し変わり塗の生産は、完全な藩営事業であり、その品々は庶民の目に触れるものではなかった。この危機を救ったのは、一八八〇（明治一三）年に社員五三名の弘前漆器授産合資会社を立ち上げた山田皓蔵《やまだこうぞう》(3)であり、彼によって津軽漆工芸の産業化の糸口が開かれた。(4)これと前後して、津軽の漆工芸は、博覧会事業に乗り、万国博覧会、内国勧業博覧会への出品で多くの賞を受けている。(5)これらの過程で、地域性を付与された「津軽塗」という概念が徐々に形成されてきたと思われる。さらに、明治中期になると、日清戦争後の産業革命の進行に対応するべく実業教育の体制が確立されてくる。(6)工芸分野では、一八九四（明治二七）年発令の文部省令第二十号「徒弟学校規程」により、全国で職工の教育のための徒弟学校の設立が進められる。津軽でも、遅れること一九〇七（明治四〇）年に青森県立工業講習所(7)に漆工科（二ヶ年）が併置される（一九一八年度に廃止）。

　昭和に入ってもなお、日本は「輸出拡大による経済成長を在来の工芸の指導育成によって図ろうと(8)」し続けた。一九二八（昭和三）年、「合理的な生産システムの導入による工芸産業の近代化(9)」を目指し、仙台に商工務省工芸指導所が設立される。津軽でも、一九三一（昭和六）年、青森県工業試験場(10)に工芸指導部が設置され、二年後の一九三三（昭和八）年に工芸指導部工場が完成する。(11)この近代化の過程で、徐々に研ぎ出し変わり塗の技法が固定化されてゆき、現在津軽塗として最もポピュラーな「唐塗《からぬり》」、「玉虫喰《たまむしく》い」とも呼ばれる「ななこ塗」、もみ殻等の炭粉を使った「紋紗塗《もんしゃぬり》」、奈良金一《ならきんいち》(12)が一九三三（昭和八）年に完成

(2)　事前に仕込んだ絞漆（漆に卵白、豆腐などのたんぱく質を添加し粘度を上げたもの）の凹凸の上にさらに漆を掛け、研ぎ出すことによって模様を出す技法。

(3)　一八三八（天保九）年～一九一八（大正七）年。津軽塗産業化の先駆者。

(4)　望月、二〇〇〇、三三頁

(5)　万博では、ウィーン万博、一八七六（明治九）年のフィラデルフィア万博、一八七八（明治一一）年のパリ万博、一八九三（明治二六）年のシカゴ万博、一九〇四（明治三七）年のセントルイス万博（對馬、二〇〇九及び津輕塗名産廣告より）。

(6)　森、二〇〇九、六二頁

(7)　弘前市馬屋町。一九一〇年に青森県立工業学校→現在の青森県立弘前工業高等学校。

(8)　森、二〇〇九、一七八頁

(9)　木田、二〇一四、八五頁

(10)　現・青森県産業技術センター弘前工業研究所

(11)　青森県教育委員会、一九七六

(12)　一八八〇（明治一三）年～一九五九（昭和三四）年。津軽塗職人。太平洋戦争中、技術保存資格者の指定を受け、後継者の育成に努力し、こ

図1　津軽塗の四技法（弘前市立観光館工程見本より、筆者撮影）

させたななこ塗のバリエーション「錦塗《にしきぬり》」[13]の四技法（図1）が残った。一九七五（昭和五〇）年に津軽塗は経済産業大臣指定伝統的工芸品となるが、その際の指定もこの四技法に限られた。

戦後の産地としての大きな変化は、一九七三（昭和四八）年に、家内手工業的な生産形態からの転換を目指し、弘前市神田に漆器生産会社一一社が集まった津軽塗団地が設立されたことである[14]。この団地は、工程ごとに分業化されたライン生産が行われ、市街地・郊外・周辺市町村から工場に通勤する若者や女性の従業員が各工程を担当した[15]。しかし、一九九〇年代初頭のバブル崩壊に伴う需要の激減によって、従業員のリストラが起こる。会社のライン生産から離れた彼らは、漆器製作の一連の工程を知らないため、津軽塗の職を離れざるを得なくなった。また、産業としての衰退から、一九五〇年代後半（昭和三〇年代前半）生まれの職人たちを境に世代の断絶が起こる。彼らと本章後半で紹介する二〇〇〇年代以降の後継者育成事業で育った若手職人世代との間を埋める世代の職人は、現在二人しかいない。

二一世紀に入ると、二〇〇一（平成一三）年に発足した

れが戦後の津軽塗復興につながった。

（13）二色に塗り分けた塗面に菜種を撒いて輪状突起をつくり、紗綾形と桜唐草文を描き、その上に雲状模様をベタ描きする。朱漆を塗って錫粉を蒔き研ぎ出して呂色仕上げをする。

（14）岩城、一九八四

（15）同

津軽塗技術保存会が、固定化以前の津軽塗の多様性への関心から、五一四枚の「津軽漆塗手板」[16]の調査、再現、それに伴う若手育成を開始する。それらの成果が認められ、二〇一七（平成二九）年に技術保存会は、文部科学大臣より、重要無形文化財「津軽塗」の保持団体に認定された。

2 津軽外との行き来

中央から遠く離れた雪国であるゆえ、他地域では途絶えた研ぎ出し変り塗が現在まで伝承されているともいわれるが、津軽の漆工芸は外部に対して必ずしも閉鎖的であったわけではない。津軽の旧家には、幕末から明治にかけて輪島の行商人によってもたらされた蒔絵や沈金の輪島漆器が所蔵されている。[17]研ぎ出し変わり塗にオリジナリティを求めた津軽の職人たちも、これら輪島漆器の優れた蒔絵装飾へのあこがれや関心があったと思われる。また、東京美術学校[18]の漆工科は、漆工芸における地方試験研究機関の技術指導者の養成機関も兼ねており、[19]青森県工業試験場にも、これまでに何人かの美校（藝大）卒の他県出身者が就職している。[20]その中で、工業学校等での教員経験後に赴任し、一九五三（昭和二八）年から一九六九（昭和四四）年のあいだ場長を務めた城倉《しろくら》可成《かなり》[21]は、美校仕込みの蒔絵技法を津軽の職人たちに教えていた。これらが影響してか、津軽の職人たちが輪島、金沢、山中といった石川県の漆器産地に修行・研修に行くことが多かった。一九八〇年代になると、石川県立輪島漆工芸研修所を須藤賢一《すとうけんいち》が一九八四（昭和五九）年に、木村正人《きむらまさと》が一九

(16)　一九九五（平成七）年津軽家から弘前市立博物館に寄贈される。江戸後期から明治期にかけて塗られた、変わり塗の見本サンプルであり、固定化される前の津軽漆器の多様性を知ることができる。二〇〇三（平成一五）年に青森県重宝の指定を受ける。

(17)　たとえば平川市猿賀の旧家清藤家には、蒔絵や沈金で加飾された大型の酒盃、盃台、太平などが所蔵されている。

(18)　一九四九年、東京音楽学校とともに東京藝術大学に包括され美術学部になる。

(19)　明治期は〈工業〉と〈工芸〉の分化が曖昧であったため、染色と陶磁器に関しては、一八八一（明治一四）年設立の東京職工学校（一八九〇年に東京工業学校→現在の東京工業大学）が技術指導者の養成機関であった。

(20)　工芸指導部設立以前、県内出身者として初めて一九〇二年に東京美術学校漆工科を卒業した小岩峻も、技術指導者として青森県立工業学校に赴任している（一九一一年）。

(21)　一九〇九（明治四二）年～一九八二（昭和五七）年。石郷岡啓之介と

八六（昭和六一）年に卒業している。近年では、今立《こんたつる》が秋田県立美術短期大学卒業後に輪島漆工芸研修所で技術を身に付け弘前に帰郷し、家業の津軽塗工房で職人をしつつ、〈しゅのぼん〉の屋号で自身の作品を発表している。

また、輪島以外で唯一の県立後継者育成機関を持ち、多数の漆芸家を輩出する産地に香川高松がある。津軽出身者では唯一、藤田正堂《ふじたまさどう》が一九八一（昭和五六）年に香川県漆工芸研究所特別研究課程を修了している。藤田は、その後三年間磯井正美《いそいまさみ》(22)に師事し、帰郷後弘前市で蒟醤《きんま》(23)技法を中心とした作家活動を続けている。香川系の漆工芸では他に、宮腰民《みやこしたみ》彦《ひこ》(24)が東京在住であった八〇代の音丸耕堂《おとまるこうどう》(25)に師事している。

他産地の技を身に付け、全国的にもっとも活躍している津軽の作家は藤田正堂である。藤田の父、藤田清正《きよまさ》は、青森県工業試験場の漆工課に勤務していたが、一九五一（昭和二六）年に青森県の国内研修制度を利用して、京都で一年間漆工芸を学んだ。はじめの半年は、二代鈴木表朔《すずきひょうさく》(26)に蒔絵を学んだが、その後、岡田章人《おかだあきと》(27)に蒟醤を学ぶ機会に恵まれる。清正は、蒔絵よりも蒟醤に関心を示した。なぜなら、はじめに色漆を凸面として付着させるか、塗面を剣で彫った凹面に色漆を埋めるかの違いはあるが、研ぎ出しにより事前に仕込んだ色漆が模様となって現れるという点で、津軽塗と蒟醤には親和性があるからである。このような経歴があったため、藤田が漆芸の道に進みたいと相談したところ、香川県漆工芸研究所を進められる。また、岡田の師が磯井如真《いそいじょしん》(28)であったことから、その子息である正美が弟子として引き受けてくれることとなった。藤田の蒟醤の特徴は、明瞭な描線というよりは、色から色へのグラデーション、徐々に暈けていく感じにある。藤田自身も「バチっとした線はしっくりこない」と語る。淡いグラデーションをつくる一つの要因として、作品の地

ともにブナコ（ブナ材を用いた巻胎による工芸品）の開発者として知られる。弘前工芸協会二代目理事長。

(22) 一九二六（大正一五）年生まれ。一九八五（昭和六〇）年に重要無形文化財「蒟醤」の保持者に認定。

(23) 塗面に模様を線彫りし、その中に色漆を充填して、乾いたのちに研ぎ出し模様を出す技法。香川漆器の代表的な技法の一つ。

(24) 文化財の塗装修復を手掛ける有限会社社寺美術工芸舎代表。津軽では、岩木山神社本殿、革秀寺津軽為信霊屋の漆塗修復を手掛ける。弟は、津軽塗職人の宮腰清次郎。

(25) 一八九八（明治三一）年〜一九九七（平成九）年。一九八〇（昭和五五）年に重要無形文化財「彫漆」の保持者に認定。

(26) 一九〇五（明治三八）年〜一九九一（平成三）年。京都表派の塗師。子は、アクリルに彩漆、蒔絵を施した「透胎」で知られる鈴木雅也（三代表朔）。

(27) 一九一〇（明治四三）年〜一九六八（昭和四三）年。香川県立工芸学校卒業。日展で活躍。

(28) 一八八三（明治一六）年〜一九六四（昭和三九）年。一九五九（昭和

図2　蒟醤箱「紅」（藤田正堂作）

模様に見られる斑紋がある（図2）。これは、師である磯井正美譲りの技法であるが、藤田のそれは唐塗の斑紋とどこか類似性を感じさせるため、津軽の人々が津軽塗以外の漆工芸を知らないことと相まって、地元でのデビュー当時は、「変わった津軽塗」という認識を持たれたという。しかし、この色漆の斑紋が黒漆のなかへ徐々にぼやけて消えていく塗面は、蒟醤でしかつくることができず、地の塗面を彫った後にどのように色漆を埋めるかにかかっている。故に藤田は、彫ることよりも埋めることに、蒟醤の面白さを感じると語る。

東京芸術大学大学院美術研究科を修了後、青森県工業試験場の漆工科に勤めた小林伸好《こばやしのぶよし》は、一九七九（昭和五四）年から一九九三（平成五）年までの在職中に、新しい研ぎ出し模様を考案したり、津軽の職人たちに蒔絵や塗立、乾漆を教授したりし、津軽の漆工芸の展開に大きく貢献した。その後、東北芸術工科大学美術科工芸コースに教員として赴任し、漆工芸の指導の一環として研ぎ出し変わり塗の授業を行っている。彼に師事した工芸コースの卒業生が、漆工芸を学びに津軽にやってくる例もある。教え子のなかで、もっとも津軽の漆工芸に貢献しているのが、作家で、弘前市のギャラリーCASAICOの主宰である葛西彩子《かさいさいこ》である。葛西は、小林の授業で、金属粉を用いたメタリックな変わり塗に漆素材の可能性を見出し、作家を志した。地元宮城県仙台市での作家活動の後、結婚を機に二〇〇八（平成二〇）年弘前市に移住し、彩漆工房を開く。そ

三一）年に重要無形文化財「蒟醤」の保持者に認定。

の後、二〇一一（平成二三）年、CASAICOをスタートさせる。彼女の作品には、紋紗塗のネガポジを反転させた「炭花シリーズ」や、紋紗塗と会津の鉄錆塗[29]の技法を組み合わせたものなどがある（図3）。葛西が弘前に来て受けた一番の衝撃は、津軽人の「うるし＝津軽塗」という認識であった。故に彼女は、津軽の人々に漆工芸の多様性を伝えるべく、いわゆる津軽塗以外の漆作家の個展を精力的に企画している[30]。さらに、工房と青森市のNHKカルチャー講座で、漆教室や金継教室を開催したり、一般市民を対象にした様々な漆技法（蒔絵、沈金、箔張り、螺鈿、堆錦、和紙や布目を用いた変わり塗）のワークショップを実施したりしている[31]（図4）。葛西は今後の活動として、津軽塗座卓の天板の磨き直しや、座卓の脚を交換してテーブルにリメイクする事業、また、各所に点在している手板や、職

図3　zarazara bowl（葛西彩子作）

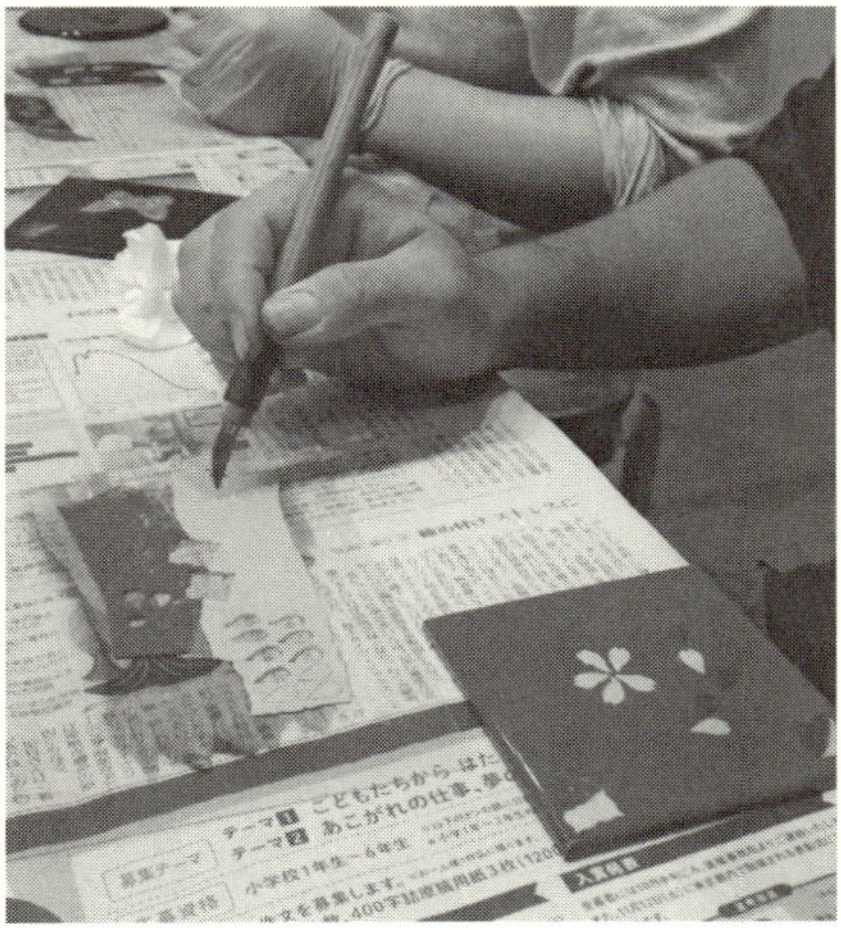

図4　琉球漆器の技法「堆錦」のワークショップ

（29）下地に使われる錆漆（生漆に砥粉を混ぜたもの）を上塗りに施し、さらに錆漆で梅や鶯模様を盛り上げて、研いで仕上げる技法。

（30）藤田正堂展「うるしの器―父清正とともに」（二〇一一）、小林慎二漆展（二〇一二）、小林伸好展「漆黒と彩色」（二〇一四）、「藤田正堂と香川の漆工芸」（二〇一六）、藤田正堂「60の仕事―慶び―」（二〇一八）。

（31）「藤田正堂と香川の漆工芸」の際は、藤田による蒟醤のワークショップも催された。

人たちが抱えている商品の在庫を借り受け常設展示する、「津軽塗サロン」の開設を目指している。

3　二一世紀の後継者

二〇〇五（平成一七）年、津軽塗の世界に新しい風が吹くこととなる。弘前市雇用機会増大促進協議会[32]が厚生労働省から委託された地域提案型雇用創造促進事業[33]「伝統と先端技術がともに生きる弘前を支える人材活性化雇用創出プラン」の中に、「伝統工芸津軽塗担い手育成事業」が設けられた。この事業は「派遣研修事業」「担い手確保事業」「後継者育成事業」の三本柱からなるが、後者二本は、津軽塗の担い手を新たに「確保し」「育てる」ことを目的とした革新的な事業であった。「後継者育成事業」では、二〇〇五（平成一七）年度（前期・後期）、二〇〇六（平成一八）年度（前期・後期）の四期に渡って津軽塗の技術習得を目指す若者を対象とした研修が実施された。この研修は、月〜金曜日の九時〜一七時の日程で、半年間詰め込みで津軽塗の全工程を学ぶ。研修受講者は、一年目（前期・後期）が八名（漆工芸経験者三名、未経験者五名）、二年目（前期・後期）が七名（漆工芸経験者二名、未経験者五名）で、その七割が未経験者であった[34]。受講者一五名のうち、現在七名が津軽塗の職人あるいは作家として活動している。なかには、長岡造形大学で彫金[35]を学んだのちに受講し、その二つの技術を併用したアクセサリーを制作している島守宏和《しまもりひろかず》（青森県八戸市）や東北芸術工科大学・同大学院で漆工芸を学んだのち受講し、乾漆による大型のオブ

（32）青森県漆器協同組合連合会、弘前市、弘前商工会議所で構成された。

（33）通称パッケージ事業。厚生労働省が、雇用情勢の厳しい地域において、地域の関係者の創意工夫や発想を活かした雇用創出の取組を支援する。委託当初は前進の「プラス事業」であった。

（34）後継者育成事業報告書（青森県漆器協同連合組合　会長　石岡健一氏より提供）

（35）たがねを使って金属に彫刻する金工の技法。

ジェを制作している渡邊《わたなべ》希《のぞみ》（北海道札幌市）もおり、津軽という産地を越えた成果を漆工芸の世界に残している。

この事業は二ヶ年のものであったが、青森県漆器協同組合連合会が弘前市からの助成を受け、後継事業である「津軽塗後継者育成研修事業」（平成一九年一〇月～）をスタートさせる。この研修は、完全に未経験者が対象であり、三年半かけて、週三回（月・水・金）の午前九時～正午で、津軽塗を学ぶ。すでに第五期生（平成三〇年一〇月～）が研修を始めており、現在研修中の五名を除くと、四名が何らかのかたちで津軽塗に携わっている。

ここでは、この二つの後継者育成事業から巣立った二人の若手職人を紹介する。一人目は「伝統工芸津軽塗担い手育成事業」の二期生・北畠《きたばたけ》栄理子《えりこ》である。北畠は、当時全くの素人であり、求職中に偶然「担い手確保事業」の新聞広告を見つける。広告に載った唐塗の写真を見て「アメーバ模様がどうやってできているのだろう?」という興味からこの研修を受講することになった。〈漆雫〉の屋号で活動する北畠の主な仕事は、シルバーアクセサリーブランドBLUE HAWK silver studioとのコラボ商品である（図5）。彼女が塗った津軽塗のパーツをルースの代わり

図5　漆雫とBLUE HAWK Silver Studioとのコラボ商品

図6　変わり塗平盃（三上優司作）

にシルバーの枠に埋め込んでいる。これとは別に、自身の仕事として多様な変わり塗に蒔絵や螺鈿を併用したアクセサリーを制作している。この角材を削りだして素地からつくる北畠のアクセサリーは、従来の職人たちが制作するアクセサリーとはなにかが違うと評判である。

二人目は、「津軽塗後継者育成研修事業」の一期生・三上優司《みかみゆうじ》である。三上は弘前工業高等学校卒業後、東京で就職していたが、漠然と将来ものづくりに携わる仕事をしようと考えていた。あるとき、地元に残っていた同級生が津軽塗の見学に行ったという話を聞いたことから「同じものをつくるにしても津軽塗は珍しいだろう」との考えを抱き帰郷する。親の知り合いの津軽塗職人の伝手をたどり、箸専門の工房で修業をはじめ、その半年後「津軽塗後継者育成研修事業」の研修生となる。二〇一一（平成二三）年に研修を終え、さらに津軽塗技術保存会の後継者育成事業の研修生（七年）を二〇一八年に修了する。三上は、二〇〇〇年代からの全国的な生活工芸ブームの流行を意識しており、津軽塗職人で唯一「クラフトフェアまつもと」[36]（二〇一〇）や「工房からの風」[37]（二〇一五）など全国規模のクラフトフェアに作品を出品している。現在の三上の作品は、盃や箸が中心で、原色を使わない色彩の変わり塗が特徴である（図6）。これまでは、パステルカラーへの志向が強かったが、この先鶯色や臙脂などのダークトーンも取り入れられる予定である。この色彩感覚は、津軽塗技術保存会での「津軽漆塗手板」の調査や研修の経験

（36）毎年五月に長野県松本市あがたの森公園で開催される野外展覧会。

（37）毎年一〇月に千葉県市川市ニッケルコントンプラザで開催される野外展覧会。

が生かされている。「津軽漆塗手板」のような明治以前の研ぎ出し変わり塗には中間色が多く、現在の唐塗に使われる赤や緑といった原色は少数派である。三上はこれまで、加飾の極みである津軽塗を食器へ施すことを避けてきたが、今後の展望として、いわゆるハレの器である重箱を、現代の感覚に合うカラーリングと柄で塗ることに挑戦したいと語っている。

おわりに

本章で紹介した二人の若手職人は、汁椀や盆など従来産地が量産してきた製品ではなく、現代人の生活のなかに入り込んでも違和感のない漆器をつくることを志向している。これまで津軽塗に興味がなかった層、あるいは器好きではあるが津軽塗を未だ知らない層が使いたくなるような漆器を世に出すことで、多様性に富んだ津軽塗の魅力をさらに発信できる余剰が期待できる。両者とも、自身のオリジナル作品だけで個展を開催することが目標であると語る。しかし、現役の多くの職人たちが引退するであろう近い将来、「津軽塗職人」として産地を背負いながらも、工芸の世界の潮流を見極めつつ自身の創作に邁進していくのは、茨の道であろう。

〔引用・参考文献〕

青森県教育委員会編『青森県無形文化財調査報告書　第一集　津軽塗』一九七五年

青森県史編纂文化財部会編『青森県史文化財編　美術工芸』青森県、二〇一〇年
あおもり草子編集部『あおもり草子』二二八号、企画集団ぷりずむ、二〇一五年
岩城尚子「津軽塗業界における団地設立以後の影響」『弘大地理』第二〇号　一一頁―一五頁　弘前大学教育学部地理学研究室、一九八四年
木田拓也『工芸とナショナリズムの近代』吉川弘文館、二〇一四年
佐藤武司『あっぱれ！　津軽の漆塗り』弘前大学出版会、二〇〇五年
住谷晃一郎『讃岐漆芸　工芸王国の系譜』河出書房新社、二〇〇五年
對馬恵美子「青森県における明治期の美術」『青森県立郷土館研究紀要』第三三号、七一―九〇頁、青森県立郷土館、二〇〇九年
望月好夫『津軽塗』理工学社、二〇〇〇年
森仁史『日本〈工芸〉の近代』吉川弘文館、二〇〇九年

八角五段重箱「お祝い」（津軽塗技術保存会所有ならびに写真提供）

column

発明王国青森

日比野愛子

農業県として有名な青森県。けれどもさまざまな発明が生み出されている発明県でもある、といえば読者のみなさんは何を想像するだろうか？

まずは写真を見てほしい。円柱の鉄板に、たくさんのくり貫かれた穴が並んでいる。実はこれはホタテの選別機である。青森県はホタテの漁獲量が多く、北海道についで第二位（二〇一七年）である。青森県のホタテは陸奥湾で養殖される。養殖といっても、餌をやる必要がなく、海の中で自然に存在しているホタテの幼生（赤ちゃん）がプランクトンを食べ勝手に育っていくのを助けるだけでよい。このように書くととても簡単なようだが、実のところホタテの養殖にはさまざまな手間がかかる。

何のための機械？（筆者撮影）

たとえば養殖の初期には大まかに三つのステップが必要だ。まず、採苗器と呼ばれる網を海に投入する。採苗器にホタテの幼生が付着する。付着したホタテが一㎝程に成長したところで採苗器から稚貝を回収する。続いて、この稚貝を今度は網カゴに入れ、海中で育てる。カゴに入れたホタテが成長していくにつれ密度が高くなり、カゴ自体にも生物が付くので、水の流れが悪くなる。そのためホタテの稚貝を別の新しいカゴに入れ替える。そして、ホタテの大きさが六㎝ほどまでに育った後は海中で育てることになる。このとき、丸籠といった別のカゴに入れ替えることもあれば、耳釣りといってホタテをそのまま直に海中に吊るすこともある。

このようにホタテが育っていく途中で何度かホタテを選り分ける作業があり、機械が手助けする必要がある。写真にある選別機がぐるぐる回され、その中にホタテの稚貝が通されると、小さい稚貝が機械の下に振るいおとされ、大きいものだけが残るという仕組みだ。さらにホタテの養殖で重労働となるのが網カゴの洗浄である。海の中に吊るしておく網カゴには多くの付着物がつき洗浄が大変だったところ、洗浄のための機械が発明されることによって、働く時間が大幅に減ったという。ほかにも貝殻に付着するゴミを取る機械、貝殻の端に小さな穴をあける機械など、さまざまな発明品がホタテの生産を支えている。

青森の発明品は、青森ならではの自然環境にあわせて生み出されてきた。多くは、重労働を行なう農業者・漁業者の悩みを地域の鉄工所が聞いて開発し、細やかに改良を重ねることで発達したものだ。その造形はまるで一つの生き物のようにユニークであり、地域によって微妙に違いが見られるのも面白い。ここではホタテをめぐる機械を紹介したが、ニンニクなど、ほかの作物の裏にも多くの発明の物語がある。

みなさんが青森県の美味しい作物・・・リンゴ、ニンニク、ナガイモ、ホタテ、マグロ・・・を食するとき、これらがどのような機械と人のタッグによって生み出されてきたのかを想像してみるのも乙ではないだろうか。

〔参考文献〕

相馬敏光『北辺のいぶし銀：発明に挑む青森県の人・起業』中長印刷・出版部、二〇一一年

おわりに

青森への初旅行は、八甲田山でのバックカントリースキーが目的でした。八甲田の冬山は写真でしか見たことのないような銀世界でした。体感気温がマイナス一五度、ゴーゴーと強風が音をたてていました。しかしいったん滑降をはじめ、樹氷を抜け林のなかに入ると、いっさいの風がやみ、澄み渡った静けさが訪れるのでした。ようく耳を済ませれば、天高い場所の風の音だけが聞こえます。ダイヤモンドダストが降り注ぐなかで夢か現か定かではなく、身体の感覚さえもおぼろげになっていくような体験でした。あまりの美しさに大阪へと帰る機内でもぼーっとしていたことを覚えています。

八甲田山の冬は雪中行軍遭難事件であまりにも有名ですが、そのいっぽうで世界中からバックカントリースキーのファンを集める美しい山でもあります。ある意味で、一つ間違えば命を落とすような危険と隣り合わせであることも天国のような美しい場所を作りだしている理由なのかもしれません。一九九〇年代以降、ウインタースポーツや山岳スポーツが少しずつ斜陽となってきたことから若いスキーヤーを見かけることはありませんが、生きているあいだに一度くらい体験してみたらよいのではと思える娯楽の一つです。

青森県は本書のなかでも紹介されているように「まほろば」と称されるに相応しい場所です。人間は生を受けたときに必ず死にゆく運命を歩みはじめます。そして多くの人間が生を重ねるなかで必ず一度は死ぬことを意識することになります。八甲田山に限らず、青森県の様々な場所が生と死とが隣り合わせであることを感じさせてくれます。久渡寺、恐山、仏ケ浦、キリストの墓などなど、数えはじめればきりがないほどあります。そしてそれらの場所は、死ぬことへの恐れを少し和らげ、心を癒してくれるものだったりもします。

現代は温暖化や地殻変動による災害が頻発し、いつ何が起こるかわからない時代を生きていくこととなりました。また世界に目を向ければテロや紛争が終結を迎える気配はなく、むしろ争いばかりの時代へと突入したように思います。人間が平和に幸せに生きていくことを望むのであれば、自分のことだけを考えていては叶えられないということをわたしが学ぶ社会学は教えてくれます。地縁血縁による社会、学校縁や趣味縁といった選択縁による社会、そしてそこから世界全体を見渡し、よりよい社会を構想していくためには誰もが社会を知る必要があると考えています。

本書は観光や街歩きの場所について学問的な視点からのガイドブックです。この「観光」という用語の由来にもあるように、様々な地域について観ること・知ることは、社会の来し方行く末に思いを馳せることと同義です。弘前大学人文社会科学部が地域の大学として本書を刊行することができたことで、青森県を含む北東北・北海道の地域社会への貢献となると信じて疑いません。また本書を手に取ってくださった方々も地域社会への貢献を考えてくださる貴重な読者であり旅行者であるだろうと推測しています。

本書を編集するにあたり、場所と時間、美と愛着に関わる玉稿を弘前大学の教員の方々から賜りました。また弘前大学人文社会科学部の今井正浩学部長からは多大な援助をいただきました。ありがとうございました。本書は青森県内外の様々なインフォマントの力によって成り立っています。日常的な研究活動や教育活動を支えてくださる地域の方々には特にお礼を申し上げたいと思います。本シリーズの生みの親である奈良女子大学の寺岡伸悟氏には、社会貢献として最も有効な手段として本書編集のお話をご紹介いただきました。改めてお礼申し上げます。本シリーズの愛知版の編者で愛知県立大学の井戸聡氏には編集にあたってご助言をいただきました。また昭和堂の大石泉氏には無理な編集スケジュールをお願いしてしまいましたが、力強く「お原稿をいただいたからには必ず出版いたします」というお言葉をいただき頼りにいたしました。本当にありがとうございました。

本書が地域社会だけでなく様々な形の社会や読者のみなさまのお役に立てることがあれば、と心より祈念しております。

羽渕一代

●は行●

●ま行●

●や行●

●ら行●

●わ行●

●さ行●

●た行●

●な行●

索引

亀谷　学（かめや・まなぶ）／弘前大学人文社会科学部講師／イスラーム史・ユーラシア史／『イスラームは特殊か：西アジアの宗教と政治の系譜』（共著）勁草書房、2018年など

髙瀬雅弘（たかせ・まさひろ）／弘前大学教育学部教授／社会学／『人と建物がつむぐ街の記憶―山形県鶴岡市を訪ねて（1）―』（編著）弘前大学出版会、2018年など

花田真一（はなだ・しんいち）／弘前大学人文社会科学部講師／計量経済学／『再生可能エネルギー普及政策の経済評価』三菱経済研究所、2012年など

成田　凌（なりた・りょう）／弘前大学非常勤講師／都市社会学・地域社会学／「津軽と相撲：データとエピソードでみる津軽の相撲」『津軽学』9号、津軽に学ぶ会、162-177頁、2014年など

川瀬　卓（かわせ・すぐる）／弘前大学人文社会科学部講師／日本語学／「前置き表現から見た行為指示における配慮の歴史」高田博行・小野寺典子・青木博史編『歴史語用論の方法』ひつじ書房、2018年など

足達　薫（あだち・かおる）／弘前大学人文社会科学部教授／西洋美術史／『黎明のアルストピア』（共著）ありな書房、2018年など

尾崎名津子（おざき・なつこ）／弘前大学人文社会科学部講師／日本近現代文学／『織田作之助論―〈大阪〉表象という戦略』和泉書院、2016年など

仁平政人（にへい・まさと）／弘前大学教育学部講師／日本近現代文学／『川端康成の方法―二〇世紀モダニズムと「日本」言説の構成』東北大学出版会、2011年など

諏訪淳一郎（すわ・じゅんいちろう）／弘前大学国際連携本部准教授／文化人類学・音楽人類学／『パフォーマンスの音楽人類学』勁草書房，2012年など

曽我　亨（そが・とおる）／弘前大学人文社会科学部教授／人類学／『シベリアとアフリカの遊牧民』（共著）東北大学出版会、2011年など

山田厳子（やまだ・いつこ）／弘前大学人文社会科学部教授／民俗学・「口承」研究／『講座東北の歴史 第5巻 信仰と芸能』（分担執筆）清文堂、2014年など

杉山祐子（すぎやま・ゆうこ）／弘前大学人文社会科学部教授／生態人類学・アフリカ地域研究／『地方都市とローカリティー弘前・仕事・近代化』（共著）弘前大学出版会、2016年など

近藤　史（こんどう・ふみ）／弘前大学人文社会科学部准教授／地域研究／『争わないための生業実践―生態資源と人びとの関わり―』（分担執筆）京都大学学術出版会、2016年など

植月　学（うえつき・まなぶ）／弘前大学人文社会科学部准教授／動物考古学／『十二支になった動物たちの考古学』（分担執筆）新泉社、2015年など

柴田彩子（しばた・あやこ）／弘前大学非常勤講師／民俗学・人類学／「「道つくり」という場が作るものー集落における共同作業の意味」『弘前大学大学院地域社会研究科年報』第13号、2017年など

羽渕一代（はぶち・いちよ）／弘前大学人文社会科学部教授／社会学・情報メディア論／『どこか〈問題化〉される若者たち』（編著）恒星社厚生閣、2008年など

髙橋憲人（たかはし・けんと）／弘前大学非常勤講師／芸術教育学／『Drawing Tube vol. 01 Archive』（共著）Drawing Tube、2017年など

日比野愛子（ひびの・あいこ）／弘前大学人文社会科学部准教授／社会心理学・科学技術社会論／『つながれない社会』（共著）ナカニシヤ出版、2014年など

執筆者一覧（執筆順：氏名／所属〔2019 年 3 月現在〕／専門分野／主要業績）

今井正浩（いまい・まさひろ）／弘前大学人文社会科学部教授／西洋古典学／“Chrysippus and Early Alexandrian Physicians on the Location of the Control Centre of the Soul” Japan Studies in Classical Antiquity, Vol. 3（2017）など

増山　篤（ますやま・あつし）／弘前大学人文社会科学部教授／地理情報科学／“Methods for detecting apparent differences between spatial tessellations at different time points” International Journal of Geographical Information Science, Vol. 20（2006）など

大橋忠宏（おおはし・ただひろ）／弘前大学人文社会科学部教授／交通経済学・地域科学／「日本の国内航空旅客市場における輸送密度の経済性」『運輸政策研究』、財団法人運輸政策研究機構、Vol. 14（3）、pp.9-15、2011 年など

渡辺麻里子（わたなべ・まりこ）／弘前大学人文社会科学部教授／日本古典文学・中世文学／「天台談義所をめぐる学問の交流」『中世文学と寺院資料・聖教』竹林舎、2010 年など

片岡太郎（かたおか・たろう）／弘前大学人文社会科学部講師／文化財科学・保存科学／『亀ヶ岡文化の漆工芸 II 北日本における先史資源利用の研究』（共著）六一書房、2015 年など

白石壮一郎（しらいし・そういちろう）／弘前大学人文社会科学部准教授／人類学・社会学／『サイレント・マジョリティーとは誰か―フィールドから学ぶ地域社会学』（分担執筆）ナカニシヤ出版、2018 年など

呉　書雅（う・しゅうや）／弘前大学非常勤講師／高等教育学／「日本学生支援機構貸与型奨学金が大学生の収入・支出に与える影響―プロペンシティースコアマッチングによる検証―」『生活経済学研究』第 49 巻、2019 年など

西村君平（にしむら・くんぺい）／弘前大学非常勤講師／高等教育学／「蓋然論理とその評価方法論的含意」『日本評価研究』第 14 巻第 1 号、2014 年など

平井太郎（ひらい・たろう）／弘前大学大学院地域社会研究科准教授／社会学／『ふだん着の地域づくりワークショップ』筑波書房、2017 年など

古村健太郎（こむら・けんたろう）／弘前大学人文社会科学部講師／社会心理学／「対人関係を読み解く心理学―データ化が照らし出す社会現象―」（分担執筆）サイエンス社、2019 年など

澤田真一（さわだ・しんいち）／弘前大学人文社会科学部准教授／英文学・ニュージーランド文学／『オーストラリア・ニュージーランド文学論集』（共著）彩流社、2017 年など

関根達人（せきね・たつひと）／弘前大学人文社会科学部教授／日本考古学／『墓石が語る江戸時代』吉川弘文館、2018 年など

荷見守義（はすみ・もりよし）／弘前大学人文社会科学部教授／中国史／『明代遼東と朝鮮』汲古書院、2014 年など

上條信彦（かみじょう・のぶひこ）／弘前大学人文社会科学部准教授／日本考古学／『縄文時代における脱殻・粉砕技術の研究』六一書房、2015 年など

武井紀子（たけい・のりこ）／弘前大学人文社会科学部准教授／日本古代史／『岩波講座日本歴史』第 3 巻古代 3（共著）岩波書店、2014 年など

大学的青森ガイド―こだわりの歩き方

2019年3月30日　初版第1刷発行

編　者　弘前大学人文社会科学部
責任編集者　羽渕　一代

発行者　杉田　啓三

〒607-8494 京都市山科区日ノ岡堤谷町3-1
発行所　株式会社　昭和堂
振込口座　01060-5-9347
TEL（075）502-7500／FAX（075）502-7501
ホームページ　http://www.showado-kyoto.jp

印刷　亜細亜印刷

ISBN 978-4-8122-1816-7
乱丁・落丁本はお取り替えいたします。
Printed in Japan